Andreas Püttmann

Wie katholisch ist Deutschland …

… und was hat es davon?

Andreas Püttmann

Wie katholisch ist Deutschland ...

... und was hat es davon?

BONIFATIUS

Bibliografische Information
der Deutschen Nationalbibliothek
Die Deutsche Nationalbibliothek verzeichnet diese Publikation
in der Deutschen Nationalbibliografie; detaillierte bibliografische
Daten sind im Internet über http://dnb.ddb.de abrufbar.

Umschlaggrafik und Gestaltung: Christian Knaak, Dortmund
Druck und Bindung: Pustet, Regensburg / printed in Germany
Bildnachweise des Titels: Um Himmels willen: dpa,
Kölner Dom: Mel B / pixelio, Steinmeier: Pressefoto Thomas Köhler,
Merkel: Tim Reckmann / pixelio,
Berliner Dom: Thomas Wolf, www.foto-tw.de, Kohl: dpa,
Adenauer: dpa, Käßmann: Rolf K. Wegst,
Kretschmann: Bündnis 90/Die Grünen NRW, Papst Benedikt XVI: dpa,
Altötting: Siddharta Finner, Dipl.Ing-Architektur

ISBN 978-3-89710-712-0

www.bonifatius-verlag.de

Gewidmet allen Brüdern und Schwestern im Glauben,
die sich in den ideologischen Wirrungen unserer Zeit
unbeirrt und unerschrocken an Jesus Christus ausrichten;
die mitfühlend und streitbar für die Würde und
Freiheit jedes Menschen und für eine kluge, demokratische
Politik mit Mut und Augenmaß eintreten;
die gegen falsche Propheten in ihrer Kirche die Geister
unterscheiden, komme es gelegen oder ungelegen,
um Lob und Tadel unbesorgt.

Inhalt

Vorwort

Als ich mich für einen Vortrag im Jahr 2011 erstmals des Themas *„Wie katholisch ist Deutschland – und was hat es davon?"* annahm, ging es mir biografisch eigentlich „gegen den Strich". Gerade war auf Initiative evangelischer Freunde in einem evangelischen Verlag mein Buch „Gesellschaft ohne Gott. Risiken und Nebenwirkungen der Entchristlichung Deutschlands" erschienen. Um bei der medizinischen Begrifflichkeit zu bleiben: Als Kirchen mit sichtlich nachlassender Vitalität ohne klare Diagnose und anschlagende Therapie gemeinsam darniederliegend, macht es wenig Sinn zu spekulieren, wer wohl einflussreicher und nützlicher in der Gesellschaft sei. Zudem war ich als Mitarbeiter evangelischer Zeitschriften und Freund einer „Ökumene der Frommen" gerade erst in ein evangelisches Medien-Kuratorium gewählt worden. Meine erste Predigt in einer Gemeinde der rheinischen Landeskirche stand bevor – wohin ich zur Eröffnung des Jubiläumsjahres am Reformationstag 2016 als Prediger zurückkehrte. Insofern fühlte ich mich weder damals noch heute prädestiniert und disponiert dazu, Vorzüge des Katholizismus in die Welt zu posaunen.

Andererseits: Seit meiner Jugend in der unter Konrad Adenauer aus Trümmern erstandenen, von Helmut Kohl regierten Bundesrepublik hatte die konfessionelle Stimmungslage sich so verändert, dass es mir angebracht schien, einmal gegen den Trend eine kleine „katholische Leistungsschau" zu versuchen. Nicht zur Untermauerung religiöser Wahrheitsansprüche, für die ein Sozialwissenschaftler keine Kompetenz hat. Ebenso wenig, weil ich wie jeder Rheinländer, laut Konrad Beikircher, auch der evangelische, „chromosomal katholisch" wäre und meine subjektive Befindlichkeit öffentlich zu rationalisieren gedächte. Noch weniger, weil mir der organisierte deutsche Katholizismus besonders imponierte. Mich motiviert vielmehr sein schwindendes Selbstbewusstsein. Eine wichtige Aufgabe des Publizisten sehe ich darin, „antizyklisch" zu wirken. Thomas Mann bezeichnete sich 1934 als „Mensch des Gleichgewichts. Ich lehne mich instinktiv nach links, wenn der Kahn rechts zu kentern droht – und umgekehrt." Drohendes Kentern nach rechts – nicht der hiesigen katholischen Kirche, aber etlicher Demokratien und leider auch von Teilen des katholischen Milieus – gibt Anlass, der Rückschau auf konfessionelle Prägungen und Konkurrenzen (I) und katholische Gemeinwohlbeiträge in der Bundesrepublik (II) einen Ausblick zum kirchen- und staatspolitischen Kurs des deutschen Katholizismus (III) folgen zu lassen. Die eben erwähnte Predigt zur „Freiheit eines Christenmenschen" (IV) soll die Überlegungen ökumenisch beschließen.

Wer dieses Buch in der Erwartung zur Hand nimmt, eine kleine Chronik oder Organisationsskizze der deutschen katholischen Kirche samt Würdigung seines Bistums, Verbandes, Ordens, Forschungsbeitrags oder klangvollen Namens darin zu finden, wird enttäuscht sein. Deshalb wollen wir ihn erst gar nicht mit einem Namens- und Sachregister, Literaturverzeichnis und großen Anmerkungsapparat in Versuchung führen. Vielmehr geht es um das nicht so leicht Fassbare oder Sichtbare des Katholischen in Deutschland, um seine politisch-kulturellen und sozialpsychologischen Spuren, vorzugsweise um Missverstandenes und Umstrittenes, um Imageprobleme und Machtfragen, speziell (aber nicht nur) im Vergleich zum Protestantismus. Enttäuschen werde ich wohl auch jene, die Bücher über Glaube und Kirche vor allem zur Selbstbestätigung ihrer theologischen oder kirchenpolitischen Lagerzugehörigkeit lesen. Solche Beheimatung brauche ich nicht. Mir reicht die römisch-katholische Kirche, die mir vertraut und lieb geworden ist. Doch auch mit Christen anderer Konfessionen und sogar mit manchem Agnostiker weiß ich mich verbunden in der Überzeugung: „Mag die geistige Kultur nun immer fortschreiten, mögen die Naturwissenschaften in immer breiterer Ausdehnung und Tiefe wachsen, und der menschliche Geist sich erweitern, wie er will, über die Hoheit und sittliche Kultur des Christentums, wie es in den Evangelien schimmert und leuchtet, wird er nicht hinauskommen", so Goethe am 11. März 1832 zu Eckermann. Und nur dann, wenn dieser Geist in der Kirche wach und kritisch in alle Richtungen bleibt, kann unser Glaube dieses hohe Niveau halten und seine in alle Lebensbereiche hinein wirkende Strahlkraft entfalten, die für Deutschlands größten Dichter „von der Person Christi ausging und die so göttlicher Art, wie nur je auf Erden erschienen ist. Fragt man mich, ob es in meiner Natur sei, ihm anbetende Ehrfurcht zu erweisen, so sage ich: Durchaus."

Für das 500-jährige Reformationsgedenken konnte man erwarten, dass das konfessionelle Meinungsklima in „Deutschland, Lutherland" (Christine Eichel, 2015) sich trotz eines vergleichsweise beliebten Papstes noch deutlicher zur evangelischen Seite hin neigen würde. Daher erschien mir ein antizyklischer Beitrag zur Rolle der Konfessionen sinnvoll, als der Bonifatius-Verlag mich zu einem Buchprojekt einlud. Dass das Manuskript kürzer als „Gesellschaft ohne Gott" wurde und auch gemeinsame Herausforderungen der Kirchen behandelt, möge verdeutlichen, wie nachrangig mir konfessionelle Aspekte gegenüber der Bedeutung des Christlichen an sich erscheinen. Sie sollten nur nicht ignoriert, kulturell unterschätzt oder aus ökumenischer Rücksicht unterschlagen werden. Im Geleitwort zu meiner Dissertation: „Ziviler Ungehorsam und christliche Bürgerloyalität. Konfession und Staatsgesinnung in der Demokratie des Grundgesetzes" (1994) machte sich Wolfgang Bergsdorf eine Mahnung des Historikers Thomas Nipperdey zu eigen: Es gelte, die konfessionelle Spannung, auch wenn sie im öffentlichen Erscheinungsbild verblasse, weiterhin als eine der „fundamentalen alltäglichen und vitalen Grundtatsachen des deutschen Lebens", des Denkens, der Identifikation und des Habitus, zu verstehen und auch als eine Wirklichkeit der Politik wahrzunehmen.

Dass es heute weniger gläubige Christen in Deutschland gibt als damals, und wohl auch etwas weniger in der Politik – wenngleich überdurchschnittlich in Regierungsverantwortung –, macht Nipperdeys These nicht obsolet. Ethisch und soziokulturell bleiben konfessionelle Muster auch dort noch für geraume Zeit wirksam, wo Glaube und religiöse Praxis schwinden. „Der Platzregen des Evangeliums rauscht nicht mehr, aber klamm ist es in Deutschland geblieben" (Johannes Gross) – und das ist weit vorteilhafter als es klingen mag.

Bonn, im Februar 2017
Andreas Püttmann

I. Wie katholisch ist Deutschland?

„Kognitiv minoritär":
Die katholische Konfession in der Defensive

In Umfragen zum Vertrauen in Institutionen schneidet die katholische Kirche regelmäßig schlecht ab, signifikant schlechter als die evangelische. Auf die Infratest-Frage: „Ich nenne Ihnen jetzt eine Reihe von Einrichtungen und Organisationen. Bitte sagen Sie mir für jede, wie viel Vertrauen Sie in sie haben: sehr großes Vertrauen, großes Vertrauen, wenig Vertrauen oder gar kein Vertrauen?", sprach im Juni 2015 nur jeder Fünfte der katholischen Kirche das Vertrauen aus (4 % „sehr großes", 16 % „großes"), 40 Prozent bekundeten „weniger" und 31 Prozent „gar kein Vertrauen". Der evangelischen Kirche vertrauten 41 Prozent (davon 5 % „sehr"), also mehr als doppelt so viele und deutlich mehr als sie Mitglieder hat. Zudem fiel die krasse Distanzierung: „gar kein Vertrauen" ihr gegenüber mit 13 Prozent weit geringer aus[1].

Bei einer Forsa-Umfrage im Februar 2016 zum Vertrauen in Institutionen[2] schaffte es die evangelische Kirche mit „großem Vertrauen" bei 45 Prozent der Befragten ins Mittelfeld, die katholische mit nur 27 Prozent auf Rang 29 von 38, knapp vor Versicherungen und Banken, hinter dem Zentralrat der Juden (40 %) und nicht sehr weit vor dem Zentralrat der Muslime (21 %). Deklassiert wurden beide Kirchen von den Universitäten (80 %), der Polizei (77 %), dem Bundesverfassungsgericht (72 %),

---

1   Infratest dimap: ARD-Deutschlandtrend vom Juni 2015,
    http://www.infratest-dimap.de/fileadmin/user_upload/dt1506_bericht.pdf

2   http://www.stern.de/politik/deutschland/deutsche-vertrauen-eigenem-arbeit-
    geber--universitaeten-und-aerzten---umfrage-fuer-den-stern-6701676.html

den Schulen (71 %), der Bundeswehr (60 %), den Krankenkassen und Meinungsforschungsinstituten (je 57 %) sowie den Stadtverwaltungen (56 %); die katholische zudem von Gewerkschaften (46 %) und Unternehmern (44 %). Selbst die krisengeschüttelte Europäische Union und die viel gescholtene Presse (35 %) schnitten besser ab. Einziger Trost: Der Papst übertraf mit 50 Prozent weit das Vertrauen in seine Kirche – und auch in die evangelische Kirche. An den Bundespräsidenten (68 %) und die durch die Flüchtlingskrise gebeutelte Bundeskanzlerin (54 %) reichte allerdings auch er nicht heran.

Hitliste des Vertrauens (2016)

Universitäten	80 %
Polizei	77 %
Bundesverfassungsgericht	72 %
Schulen	71 %
Bundespräsident	68 %
Bundeswehr	60 %
Krankenkassen	57 %
Meinungsforschungsinstitute	57 %
Stadtverwaltungen	56 %
Bundeskanzlerin	54 %
Papst Franziskus	50 %
Gewerkschaften	46 %
evangelische Kirche	45 %
Unternehmern	44 %
Zentralrat der Juden	40 %
Presse	35 %
Europäische Union	35 %
katholische Kirche	27 %
Versicherungen	26 %
Banken	23 %
Zentralrat der Muslime	21 %
Politische Parteien	19 %
Börse	16 %
große Konzerne	16 %
Manager	13 %
Werbeagenturen	10 %

1997, als die Katholiken auch im wiedervereinigten Deutschland wieder knapp zur Mehrheitskonfession geworden waren, schrieb Hans Conrad Zander über seine katholische Kirche: „In der Hackordnung der öffentlichen Wertschätzung stehen wir inzwischen, in den Medien täglich erfahrbar, so tief, dass unter uns niemand mehr kommt außer Hare Krishna und Scientology. […] Ob es uns passt oder nicht, wir sind ‚kognitiv minoritär' geworden. So komisch sind wir wie zuvor die Juden. Mehrheiten sind nämlich dumm. Die kognitive Majorität ist genauso dumm, wie wir es waren, als wir, damals im Mittelalter, die kognitive Majorität waren. Aber sie merkt das nicht. Wir haben das damals auch nicht gemerkt. Es kennzeichnet ja die Mehrheit – und es macht sie dumm –, dass sie sich selber nicht infrage stellt. Weil sie die kognitive Macht hat, ist sie zugleich dumm und selbstbewusst. An ihren eigenen Begriffen misst sie, souverän und selbstverständlich, die kognitiven Minoritäten, zum Beispiel heute die katholische Kirche." In der Tat: Zur Dummheit tendieren Mehrheiten, sofern sie Teile der Realität, die nicht ins etablierte Schema ihrer „herrschenden Meinung" passen, durch unbewusste Vermeidungsstrategien „kognitiver Dissonanz" ausblenden. So kann sich ein Realitätsverlust entwickeln, der irgendwann in einer Bruchlandung auf dem Boden unverrückbarer Tatsachen zu enden droht. Bis dahin dauert es allerdings oft eine Weile.

Für eine Minderheit – die katholische Kirche versammelt offiziell noch gut ein Viertel, nach Umfragen zur Kirchenverbundenheit ein Sechstel der Bevölkerung – heißt dies zunächst, einen langen Atem zu haben und sich vom Unverständnis kognitiver Mehrheiten nicht so rasch beirren zu lassen. Allzu leicht tut sie es aber doch und misst sich, „angstvoll und verkrampft, nicht an den eigenen Maßstäben, sondern an den Maßstäben der Majorität"; sie unterliegt damit, „fremdbetrachtet, fremdbewertet, den Gesetzen des Zerrspiegels und wirkt, auch auf sich selber, notwendig komisch". Das führt dann zu Selbstaussagen wie: „Der Katholizismus in Deutschland ist historisch auf dem Weg von einer selbstbewussten, vitalen Avantgarde in ein Nischendasein."[3]

Aus dieser Wahrnehmung erwachsen laut Zander zwei Versuchungen: „Je tiefer wir absinken in die kognitive Minorität, desto mehr gerät unsere Kirche in eine spastische Bewegung. Angstvoll starrend auf das, was die Welt, was die kognitive Mehrheit von ihr hält, versucht sie abwechselnd, sich in ihre abseitig und komisch gewordene Identität trotzig einzubunkern, dann wieder versucht sie, ihrer Komik zu entfliehen, indem sie sich, mit enormem theologischem Wortgeklingel, ‚liberalisiert'." So habe das Erste Vatikanische Konzil beschlossen, „diesen ganzen komisch gewordenen katholischen Hokuspokus im kulturellen Ghetto integral zu restaurieren", während das zweite den Ausweg im „aggiornamento" gesucht habe: „Wie eine Eidechse auf der Flucht vor einem Mächtigeren plötzlich ihren Schwanz fallen lässt, so ließen wir jetzt alle jene Teile unseres komisch gewordenen Erscheinungsbildes, die uns zuvor unentbehrlich schienen, plötzlich fallen: Latein? Komisch, weg damit. Der Teufel? Komisch, weg damit. Weihrauch? Komisch, weg damit. Beichtstuhl? Komisch, weg damit. Rosenkranz? Komisch, weg damit. Kreuzweg? Komisch, weg damit. Thomas von Aquin? Komisch, weg damit. Kutten und Soutanen? Alles komisch, weg damit. Die Gregorianik? Ganz ganz komisch, sofort weg damit. Und nachdem wir so viel Komik so übereilig abgeschafft haben, wundern wir uns maßlos darüber, dass die Welt uns nicht nur unverändert komisch findet, sondern sogar, eindeutig, noch komischer als zuvor. Woran könnte das liegen? Nur an einem:

---

3   Joachim Frank: Wulff-Nachfolge. Zeichen für Krise des Katholizismus, in: Kölner Stadt-Anzeiger vom 3.3.2012

Noch haben wir das Allerkomischste nicht abgeschafft. Noch haben wir den Zölibat. Den müssen wir abschaffen. Ganz ganz schnell. Dann, ja dann, sind wir endgültig raus aus unserer unerträglichen Komik."[4]

Kein Wunder, dass in einer Situation gebrochenen Selbstbewusstseins eine Art „aggressiven Mitleids" mit zölibatären Priestern Konjunktur hat: „Statt diesen antibürgerlichen Frömmigkeitsartisten und Entsagungskünstlern Respekt entgegenzubringen, möchte sie das Saalpublikum unserer Spaßgesellschaft mit rhythmischem Klatschen zum Beischlaf treiben, denn die regelmäßige und möglichst sofortige Triebabfuhr ist einer der heiligsten Glaubenssätze der Gegenwart."[5] Die negative Zölibat-Fixiertheit einer sonst kirchenindifferenten Öffentlichkeit verwundert angesichts des Befundes einer österreichischen Studie[6], wonach 80 Prozent der katholischen Geistlichen bei einer Aufhebung des Zölibats „sicher" (47 %) oder „wahrscheinlich" (33 %) weiter ehelos leben würden und zwei Drittel (69 %) ihr eheloses Leben bisher als „recht glücklich" betrachteten. Ein Fazit der Studie: „Pfarrer leben in einem dichten Netzwerk von Beziehungen, das sie trägt. Ehelos leben erleben viele Pfarrer daher auch nicht als vereinsamend." Das Argument, dann könne man den Zölibat ja ruhig der Freiwilligkeit des Einzelnen überlassen, verkennt: Ehelos Lebende gibt es in allen Berufen aus verschiedensten Gründen, ganz ohne religiösen Grund. Das Alleinstellungsmerkmal des katholischen Priesters wäre somit verloren. Die verbleibenden zölibatären Priester

---

4   Hans Conrad Zander: Zehn Argumente für den Zölibat. Ein Schwarzbuch, Düsseldorf, 3. Aufl. 1997, 147-150.

5   Matthias Matussek: Das katholische Abenteuer. Vom Mut, der Moderne ein Ärgernis zu bleiben, in: Der Spiegel 18/2011, 136-138, 137f.

6   Paul Zulehner: Wie geht's, Herr Pfarrer? Ergebnis einer kreuz&quer-Umfrage: Priester wollen Reformen, Graz 2010.

würden irgendwann als gewöhnliche Singles wahrgenommen, die nur nicht „die Richtige gefunden" hätten, habituell eben „Solitäre" seien oder dem anderen Geschlecht eh nicht zugeneigt. Insofern ist die Rede, man wolle doch nur den „Pflichtzölibat" abschaffen, nicht realistisch zu Ende gedacht und ein Pseudokompromiss. Womöglich würden ehelose Priester sogar unter einen Erwartungsdruck geraten, eine patente Pfarrfrau mitzubringen, die – ob mit eigenem Beruf oder nicht – im Gemeindeleben mittut. Kurzum: Ein Stück „Verbürgerlichung" der Kirche mehr, ein Stück Kontrastgesellschaft weniger.

Es ist hier nicht der Platz, um die gewichtigen Argumente für und gegen den Zölibat, den laut dem letzten „Trendmonitor Religiöse Kommunikation" auch etwa 80 Prozent der deutschen Katholiken ablehnen, ausführlicher abzuwägen. Zur Illustration der geistlosen Leichtfüßigkeit, mit der sich unsere säkulare Gesellschaft über jahrhundertealte Eigenheiten und Gesetze einer Weltkirche erhebt und mokiert, ist dieses Identitäts- und Unterscheidungsmerkmal des Katholischen aber durchaus zu erwähnen. Für das Zweite Vatikanische Konzil, auf das sich katholische Zölibatskritiker sonst meistens gern berufen, ist es „ein Zeichen und zugleich ein Antrieb der Hirtenliebe und ein besonderer Quell geistlicher Fruchtbarkeit in der Welt". Der Zölibat, die Lebensform Jesu, sei „in vielfacher Hinsicht dem Priestertum angemessen" und „eine köstliche göttliche Gnadengabe" (Lumen Gentium 42). Darüber sollte man nicht so einfach wie heute üblich hinweggehen, insbesondere nicht über den Zeichencharakter für Gottes Gegenwart und für eine zukünftige Welt, in der die menschliche Liebe erst ihre definitive Erfüllung finden wird. Übersehen wird auch, dass ehelos lebende Priester, Ordensleute sowie manche geistlich berufene Laien sich damit nicht nur ganz dem Dienst an Gott und dem Nächsten bzw. an ihrer Gemeinde hingeben, sondern auch die schicksalhafte Ehelosigkeit oder Verlassenheit vieler Menschen solidarisch teilen. Kardinal Woelki sprach im August 2016 von einem „widerständigen und scheinbar unzeitgemäßen Zeichen der Liebe Gottes mitten unter uns", das „seine Bedeutung ganz und gar nicht verloren" habe und nicht in erster Linie aufgrund geringer Nachwuchszahlen über Bord geworfen werden dürfe.

Auf die Versuchung „trotziger Einbunkerung" einer „komisch gewordenen" Minderheit müssen wir später noch zurückkommen. Was Zander nämlich nicht sieht: Das Verdummungsrisiko herrschender, denkfaul und unangemessen selbstbewusst gewordener Mehrheiten kann unter Umständen auch Minderheiten ereilen, je nach dem Maß ihrer sozialen Abkapselung. In den Nischen und Wagenburgen Gleichgesinnter herrschen sogar, künstlich hergestellt, nahezu 100-prozentige Mehrheiten. Sie halten für jede durch Kritik von außen erzeugte kognitive Dissonanz eine Vermeidungsstrategie parat. Für eine Kirche ist damit das Risiko der Versektung angesprochen. Auch das von Zander so effektvoll karikierte Fallenlassen traditionell-katholischer Glaubensinhalte und Riten trifft nur einen Teil der Wahrheit. Denn anders als „die Eidechese auf der Flucht vor einem Mächtigeren" ihren Schwanz, ließ die katholische Kirche einen Teil ihrer tradierten Frömmigkeitskultur nicht ängstlich fallen, sondern es gingen einfach immer weniger Katholiken hin.

1990: Statt „Deutschland wird protestantischer" eine „katholische Machtübernahme"

Zu den Allgemeinplätzen der Wiedervereinigungsdiskussion nach dem Zusammenbruch der SED-Diktatur gehörte die Feststellung, Deutschland werde künftig „protestantischer, nördlicher und östlicher ausgerichtet sein", so CDU-Generalsekretär

Volker Rühe; das in der Bonner Republik erst zehn Jahre zuvor entstandene leichte Übergewicht des katholischen Bevölkerungsteils kehre sich mit dem Beitritt der knapp 17 Millionen Deutschen in den Stammlanden der Reformation um in Richtung eines „Deutschland, protestantisch Vaterland"[7] – so wie 1871 nach der „kleindeutschen" Gründung des „Heiligen Evangelischen Reiches deutscher Nation", wie sich der Berliner Hof- und Domprediger Adolf Stoecker ausdrückte. In diesem Reich waren katholische Christen allerdings eine als Reichsfeinde verdächtigte und als „Staatsbürger zweiter Klasse" (Oswald von Nell-Breuning) behandelte Drittel-Minorität. Für den preußischen Philosophen Eduard von Hartmann mussten Katholiken „begreifen lernen, dass sie nicht gesetzestreue deutsche Staatsbürger" sein könnten, ohne nach dem „katholischen Prinzip als Ketzer dazustehen, und dass sie gute Katholiken nicht sein könnten, ohne, mindestens der Gesinnung nach, Hochverräter an ihrem Vaterland zu werden"[8]. Preußens Religionspolitik hatte der Freiherr vom Stein 1819 so charakterisiert: „Der preußische Staat ist ein evangelischer Staat und hat über ein Drittel katholischer Untertanen. Das Verhältnis ist schwierig. Es stellt sich richtig dar, wenn die Regierung für die evangelische Kirche sorgt mit Liebe, für die katholische Kirche sorgt nach Pflicht. Die evangelische Kirche muss begünstigt werden."[9]

So wundert es nicht, dass der Kölner Erzbischof und frühere Oberhirte von Berlin mit Wohnsitz im Osten der Stadt, Joachim Kardinal Meisner, der im Dezember 1988 von Johannes Paul II.

---

7   Michael Inacker: Deutschland, protestantisch Vaterland?, in: Rheinischer Merkur vom 25.5.1990, 40.

8   Zit. n. Heinrich Raab (Hg.), Kirche und Staat. Von der Mitte des 16. Jahrhunderts bis zur Gegenwart, München 1960, 112.

9   Zit. n. Heinrich Schrörs: Geschichte der katholisch-theologischen Fakultät zu Bonn 1818-1831, Köln 1922, 5.

gleichsam als Vorbote der Deutschen Einheit nach Köln versetzt worden war, in einem Interview des Rheinischen Merkur vom 24. November 1990 warnend auf die Reichsgründung von 1871 anspielte: „Das Elend mit der deutschen Nation ging doch los, als uns gleichsam der südliche Lungenflügel amputiert wurde. Dann wurden wir kurzatmig und sind von einer Katastrophe in die andere gestürzt." „Spiegel"-Herausgeber Rudolf Augstein – er hatte 1953 (alias „Jens Daniel") unter dem Titel: „Deutschland – ein Rheinbund?" beklagt, die Eliten der Bundesrepublik opferten „das Land östlich der Elbe auf dem Altar eines imaginären West-Europa" – erklärte dagegen mit Genugtuung, das vereinte Deutschland werde „mehr protestantisch als katholisch dominiert sein"; die Achse Europas verlaufe fortan nicht mehr am Rhein, sondern verschiebe sich nach Osten, just in jene Gebiete jenseits der Elbe, die sein Erzfeind Adenauer nach anekdotischen Berichten aus seiner Zeit als Kölner Oberbürgermeister als „asiatische Steppe" bezeichnet und auf Bahnreisen in die „heidnische Stadt" Berlin nur bei zugezogenem Vorhang durchquert haben soll[10].

Die konfessionellen Untertöne der Wiedervereinigungsdebatte erinnerten an die Gründungszeit der Bundesrepublik, in der Linke den dezidiert christlichen, aber nicht klerikalen Konrad Adenauer als kirchlichen Erfüllungsgehilfen darstellten und die katholische Kirche als eine „fünfte Besatzungsmacht". Der Präsident der evangelischen Kirche in Hessen und Nassau, Martin Niemöller, schmähte das 1949 aus den Westzonen gegründete staatliche „Provisorium" als „ein Kind, das in Rom gezeugt und in Washington geboren" worden sei; Westdeutschland sei ein letztlich „katholischer Staat", im Bundeskabinett säßen

---

10   Siehe Frank Pfetsch: Die Außenpolitik der Bundesrepublik 1949-1980, München 1981, 137.

zu viele Katholiken[11] – es waren 10 von 14. Das lässt sich über die Kabinette Merkel nicht mehr sagen: Im jetzigen finden sich neun Protestanten und sechs Katholiken. Diese kommen allerdings zur Hälfte von der SPD. Aus der Partei der Kanzlerin stehen sechs Protestanten einem Katholiken gegenüber, der zudem noch nie sonderlich als solcher aufgefallen ist. Auch Merkels Generalsekretär und der Fraktionschef sind evangelisch, und zwar profiliert. Dieses krasse konfessionelle Ungleichgewicht unter den relevantesten CDU-Bundespolitikern wird durch die fünf stellvertretenden Bundesvorsitzenden (zwei katholisch, drei evangelisch) und die katholische Kulturstaatsministerin bei der Bundeskanzlerin nicht wesentlich verringert. Es ist auffällig für eine Partei, deren Mitgliederbasis etwa zur Hälfte katholisch und nur zu einem Drittel evangelisch ist und deren Fraktion mit der CSU im Bundestag stets mehrheitlich aus Katholiken bestand.

Lässt sich daraus schließen, „dass die CDU-Vorsitzende ihre Partei systematisch entkatholisiert hat und nur die Protestanten fördert? Nicht ganz. Angela Merkel hatte auch Pech mit den Katholiken", gab 2015 ein Essay der Frankfurter Allgemeinen Sonntagszeitung unter dem Titel: „Luther regiert"[12] zu bedenken und erinnerte an das Scheitern von Christian Wulff, Karl Theodor zu Guttenberg, Norbert Röttgen und Annette Schavan, um dann zu folgern: „Eine Aversion gegen Katholiken hat Merkel nicht, zumindest nicht grundsätzlich"; vielmehr brächten „frühere Vorfeld-Organisationen der CDU wie der Bund der Deutschen Katholischen Jugend, die Katholische Arbeitnehmer-Bewegung

---

11   Interview in der New York Herald Tribune vom 14.12.1949, deutsch im Wiesbadener Kurier vom 16.12.1949, Abdruck in: Kirchliches Jahrbuch 1949 (76. Jg.), 240ff.

12   Markus Wehner: Luther regiert. An der Spitze der deutschen Politik sind vor allem Protestanten tätig. Katholiken sind zur Seltenheit geworden. Warum eigentlich?, in: FAS vom 29.3.15, 11.

oder Kolping" wegen ihres Bedeutungsverlustes „keinen Partei-
nachwuchs mehr hervor". Zudem seien für protestantische Politiker wie Merkel, Schäuble oder de Maizière „Bescheidenheit
und Demut wichtig, das Verständnis von Politik als Dienen", was
bei den Bürgern gut ankomme. „Glamour-Politikern misstrauen
sie eher. Der barocke, lebemännische Stil, den katholische Politiker von Franz-Josef Strauß bis Oskar Lafontaine an den Tag
legten, scheint jedenfalls fast ausgestorben." Vielleicht etwas
zu klischeehaft und selektiv diese Beschreibung, denn man
wird auch lebemännische Protestanten und bescheidene, eher
asketische Katholiken in der Politik finden. Wichtiger ist: Einem
überzeugten katholischen Christen wird heute ein überzeugter,
bekenntnisfreudiger Protestant in herausragender politischer
Position lieber sein als ein konfessionell nahezu unkenntlicher
Katholik – oder ein „Paradekatholik", der durch die Betonung
seiner Konfessionszugehörigkeit (und dann meist auch Recht-
gläubigkeit) Kompetenzmängel kaschieren oder Milieusym-
pathien, Medienaufmerksamkeit, Posten und Spendengelder
generieren will. Solche durchsichtigen Versuche, konfessionelle Larmoyanz- und Empörungsressourcen zu bewirtschaf-
ten, nützten weder der Partei noch der christlichen Sache, im
Gegenteil[13].

Abgesehen von einer gewissen Protestantisierung der CDU
unter Angela Merkel spürte man entgegen den Prognosen lange nichts von einer Verschiebung der konfessionellen Gewichte in Deutschland durch die Vereinigung mit den Stammlanden der Reformation. Das lag zunächst daran, dass die Zahl der
ostdeutschen Protestanten in der „Wendezeit" immer weiter
nach unten korrigiert werden musste: Aus dem ursprünglich

---

13   Dazu mein Plädoyer im Pro und Kontra: Wer vertritt die Katholiken? Brauchen
      die katholischen Unionsanhänger eine eigene Interessenvertretung?, in: Die Ent-
      scheidung 3-4/2010, 28, http://www.aek-online.de/AEK_JU_Entscheidung.pdf

80-prozentigen evangelischen Bevölkerungsanteil in der DDR waren 1990 nicht 31 (wie noch im Dezember 1989 angenommen), sondern 21 Prozent geworden[14]. Zugleich sank die Einschätzung, dass der Einfluss der Kirche zunehmen werde, in nur vier Monaten zwischen Mai und September 1990 von 77 auf 63 Prozent[15]. Als am 3. Oktober beim Freudenfest des wiedervereinigten deutschen Volkes die Glocken der Volkskirchen fast überall stumm blieben, war dies ein sinnfälliger Ausdruck dafür, dass die Kirchen etwas ins Abseits geraten waren. Die Desillusionierung musste besonders den konfessionell dominanten und gesellschaftlich ambitionierten ostdeutschen Protestantismus hart treffen, in dessen Reihen sich ein volkskirchliches Selbstbild erhalten hatte, mit dem sich nicht selten die durch politische Anerkennung von außen beförderte Vorstellung einer „Heldenkirche" verband: „Mithilfe gewaltiger finanzieller Zuschüsse aus dem reichen Westen hielt die Minderheitenkirche über drei Jahrzehnte die Fiktion aufrecht, sie sei nach wie vor eine große Volkskirche […], eine in ihrer selbstbewussten Demut wahrhaft christliche Kirche, die das Martyrium schon geschmeckt hatte und die sich so wohltuend von der satten, oberflächlichen Westkirche abhob, deren vermeintlich inniges Bündnis mit dem kapitalistischen System und dessen Hochrüstung sie jeglichen geistlichen Charismas entkleidete."[16]

Nach dem Beitritt der DDR zur Bundesrepublik begann eine zweite Phase protestantischer Desillusionierung: Bei den Wahlen und der Besetzung öffentlicher Ämter in den neuen Bundes-

---

14 Siehe Gisela Helwig, Artikel: Kirchen, in: Werner Weidenfeld/Karl-Rudolf Korte (Hrsg.): Handwörterbuch zur deutschen Einheit, Bonn 1991, 424-431, hier: 424.

15 Allensbacher Archiv, IfD-Umfrage 9003/I.

16 Gerhard Besier/Stephan Wolff: „Pfarrer, Christen und Katholiken". Das Ministerium für Staatssicherheit der ehemaligen DDR und die Kirchen, Neukirchen-Vluyn 1991, 83.

ländern erlangten katholische Christen, die „Minderheit in der Minderheit", weit überproportionale politische Präsenz. Die „Kinder der doppelten Diaspora" wurden aus der inneren Emigration an die Schalthebel der Macht katapultiert. Etwa in Sachsen: Fast jeder dritte Landtagsabgeordnete war Katholik. Der Ministerpräsident, der Landtagspräsident, der Oberbürgermeister der Landeshauptstadt Dresden und jener von Chemnitz: alle katholisch. Auch die Ministerpräsidenten von Mecklenburg-Vorpommern und Thüringen, Gomolka und Duchac: Katholiken. Als 1991 nach dem Rücktritt des Protestanten Gerd Gies mit Finanzminister Werner Münch auch noch ein Katholik zum Ministerpräsidenten des Landes Sachsen-Anhalt gewählt wurde, während in Sachsen eine Diskussion über den konfessionellen Proporz in den Rundfunkräten entbrannte, waren dies die Tropfen, die das Fass zum Überlaufen brachten.

„Wir haben die SED entmachtet, und nun übernehmen die Katholiken die Macht." – Dieser Satz gehe um im ostdeutschen Protestantismus, berichtete Ehrhart Neubert, Referent für Gemeindesoziologie in der Theologischen Studienabteilung beim DDR-Kirchenbund in Berlin und Mitbegründer des „Demokratischen Aufbruchs". Die Katholiken störten den konfessionellen Frieden durch „eine Legendenbildung, die die Rolle der Protestanten in der DDR verdächtigt und schmälert und die der katholischen Kirche aufwertet"[17]. Die evangelischen Kirchen seien aber „die entscheidenden Träger der Veränderung der DDR" gewesen, indem sie einer Gleichschaltung in das Gesellschaftssystem widerstanden, als Anwalt der Bevölkerung gedient und als Wortführer der Wende ein Schutzdach für die Gruppen der Opposition gestellt hätten; „mehr noch, das gesamte Phänomen

---

17   Ehrhart Neubert: Die Freunde von gestern: Konkurrenzkampf und Verdrängung. In Ostdeutschland meldet sich die kleine katholische Minderheit mit großen Ansprüchen zu Wort, in: imprimatur 8/1991, 385-392, hier: 387.

kann geradezu als protestantische Revolution bezeichnet werden". Dieser „überragende Anteil der Evangelischen an der Wende" sei „in einem Land mit protestantischer Geschichte und Prägung eigentlich folgerichtig. Das ist mit der Rolle der katholischen Kirche in Polen vergleichbar." Im Unterschied dazu habe die katholische Kirche in der DDR zu gesellschaftlichen Fragen weitgehend geschwiegen. „Erst sehr spät, als die Revolution praktisch vollzogen war, im Dezember 1989, haben die Bischöfe die Katholiken zur politischen Mitarbeit aufgerufen. Da aber galt es schon, Machtpositionen für die neue Ordnung zu erringen." Nun werde, ausgehend von den vier katholischen Ministerpräsidenten und einer Mehrzahl katholischer Minister, „die Personalpolitik in den neuen Ländern in katholischem Interesse betrieben. Wo die Personaldecke der Katholiken reicht, setzt sich dieses auch in untere politische Ebenen bis in die Landratsämter und Kommunen fort. Auch bei der Neugründung sozialer Einrichtungen streben die Katholiken in einer Art Verdrängungsstrategie an, möglichst überall präsent zu sein, auch wenn schon evangelische Anstalten vorhanden sind."[18] Auch der überaus medienpräsente Wittenberger Pfarrer und Dozent am dortigen Predigerseminar, Friedrich Schorlemmer, griff die katholische Kirche scharf an. Sie habe vierzig Jahre lang geschwiegen, ihre Mitglieder zum Schweigen angeleitet und sich dann nach der Wende als entschiedener Gegner des DDR-Staates dargestellt, der sich „nie die Finger mit Formeln wie ‚Kirche im Sozialismus' schmutzig gemacht" habe[19]; wer damals geschwiegen habe, solle auch jetzt „stille sein"[20].

18   Ders.: Im Wettkampf bleibt die Ökumene auf der Strecke, in: Deutsches Allgemeines Sonntagsblatt vom 6.12.1991, 3.

19   Zit. n. epd vom 10.7.91.

20   Zit. n. KNA vom 18.7.91.

Evangelische Underdog-Ängste in der EU, katholische in der Berliner Republik

Die massive Katholizismuskritik vornehmlich linksorientierter protestantischer Kreise beschränkte sich nicht auf den Prozess der deutschen Wiedervereinigung. Sie hatte ein Pendant im Westen: Das von der EKD subventionierte „Deutsche Allgemeine Sonntagsblatt" führte am 26. Oktober 1990 unter dem Titel: „Das Kreuz sucht wieder den Adler" einen heftigen Angriff gegen „die konfessionelle Eigensucht" der römisch-katholischen Weltkirche. Nach der rhetorischen Eingangsfrage, ob es wohl die Gottesdienstübertragungen von Radio Vatikan gewesen seien, die Osteuropa vom real existierenden Sozialismus befreit hätten, ging Autor Clemens Müller mit dem „triumphalismusanfälligen Katholizismus römisch-wojtylanischer Herkunft" ins Gericht. Rom reklamiere unter Berufung auf die Bedeutung der Papstwahl von 1978 die Urheberschaft für die Befreiung des Ostens vom Kommunismus für sich und beraube durch diese Fehldeutung der jüngsten Geschichte, wie sie Bischof Georg Sterzinsky als „Bauchredner" des Papstes verbreite, die Demokratiebewegungen Osteuropas ihres Sieges.

Da kam es allerdings nicht gelegen, dass ausgerechnet Michail Gorbatschow, als Sprachrohr des Papstes gänzlich unverdächtig und von Amts wegen einer der intimsten Kenner der einschlägigen politischen Prozesse, in einem Interview der Tageszeitung „La Stampa" vom 3. März 1992, das von etwa hundert Zeitungen weltweit übernommen wurde, erklärte: „Was in Osteuropa in den letzten Jahren geschehen ist, wäre nicht möglich gewesen ohne diesen Papst, ohne die große, auch politische Rolle, die Johannes Paul II. im Weltgeschehen gespielt hat. […] Ich bleibe überzeugt von der Wichtigkeit des Handelns Papst Johannes Pauls II. in diesen Jahren. […] Wir stehen vor einer

außergewöhnlichen Persönlichkeit. Ich möchte nicht übertrei-
ben, aber ich habe einen besonderen Eindruck empfunden, als
ob von diesem Mann eine Energie ausgeht, dank der man ein
tiefes Gefühl des Vertrauens ihm gegenüber empfindet."

Das „Deutsche Allgemeine Sonntagsblatt" ging noch weiter:
Die von Rom postulierte Neuevangelisierung Europas sei, wie
der Tübinger Theologe Jürgen Moltmann dargelegt habe, „eine
schlechte Idee", weil sich dahinter die Absicht einer „Rekatho-
lisierung Europas" verberge. Das Gefährlichste an der „Ver-
päpstlichung der Befreiung Osteuropas" und der „römisch-
katholischen Kriegsgewinnlerei" sei, dass sie einhergehe „mit
einer neuen Schwärmerei für das Abendland. Schon in den
Jahren nach der Katastrophe des Ersten Weltkrieges war solche Schwärmerei einmal in katholischen Kreisen Mode." Jenes
Abendland sei nicht nur fromm und romantisch, sondern auch
antidemokratisch, antijüdisch, antiliberal und antiaufklärerisch
gewesen. Hinter dem Motto des 91. Katholikentages 1992 in
Karlsruhe: „Eine neue Stadt ersteht – Europa bauen in der Einen Welt" witterte die Zeitung am 19. Juni 1992 unter der Überschrift: „Verwirrend. Wie katholisch ist Europa?" den Versuch,
„der Europäischen Bischofssynode, dem Papst und dem Kardinal Ratzinger bei ihrer Großoffensive ‚Neuevangelisierung Europas' Schützenhilfe zu leisten" […] Sollen hier Positionen ab-
gesteckt und Ansprüche angemeldet werden?" Sogar über den
harmlosen Untertitel der Katholikentagsillustrierten: „Christen
auf dem Weg nach Europa" ereiferte sich Norbert Sommer:
„Also auf dem Weg sind wir alle schon lange. Aber dass die Katholiken wieder einmal für alle Christen sprechen wollen, das
geht doch zu weit." Hämisch fügte er hinzu, die Dänen hätten
mit ihrem Nein zu den EG-Beschlüssen von Maastricht „die zen-
tralkomitee-katholische Europaeuphorie ins Wanken gebracht".

Von offen bekundeter „Angst vor einem katholischen Europa" war in Berichten über die EKD-Synode 1991 in Bad Wildungen zu lesen: In der zur Union strebenden Zwölfergemeinschaft stellten die Katholiken 62 Prozent der Bevölkerung. In dieser Lage, sagte EKD-Ratspräsident Martin Kruse, sei „die Zersplitterung der Kräfte und Stimmen im evangelischen Lager auf keinen Fall hilfreich"[21]. Dass ihm „das protestantische Hemd in Europa näher ist als der ökumenische Rock", demonstrierte Präses Peter Beier im Januar 1992 auf der Synode seiner rheinischen Landeskirche: Es sei „höchste Zeit", sich schützend vor die vielen evangelischen Minderheitenkirchen zu stellen, „die schlichtweg Angst haben, dass sie im vereinigten Europa noch mehr an den Rand gedrängt werden"; die „zeitweilige Unkenntlichkeit des Protestantismus" müsse durch Formulierung eines „Propriums des Protestantismus" überwunden werden – auch wenn „in Rom oder anderswo irgendwer die Stirn runzelt"[22].

In der „Süddeutschen Zeitung" vom 12.1.1993 nahm sich Eric Hoesli unter dem Titel: „Das protestantische gegen das katholische Europa. Die EG ist von katholischen Werten geprägt" der evangelischen Sorgen an, in einem Westeuropa mit 320 Millionen Einwohnern als etwa 40 Millionen Protestanten von 200 Millionen Katholiken dominiert zu werden. Laut Hermann Goltz, Religionshistoriker und Mitarbeiter beim Ökumenischen Kirchenrat in Genf, sähen „manche Protestanten vielleicht, ohne es zu wissen, in Brüssel ein neues Rom"[23].

---

21 Zit. n. Rüdiger K. Durth: Wider einen christlichen Provizialismus, in: Rheinischer Merkur vom 8.11.1991, 30.

22 Zit. n. ders.: Kooperation statt Konkurrenz. Der rheinische Präses Beier will, dass der Protestantismus das Engagement für Europa verstärkt, in: Rheinischer Merkur vom 24.1.1992, 23.

23 Eric Hoesli: Das protestantische gegen das katholische Europa. Die EG ist von katholischen Werten geprägt, in: SZ vom 12.1.1993

Selbst die BILD-Zeitung begann mit konfessionellen Rechen-spielen, allerdings auf die Zusammensetzung der Bundes-regierung bezogen: In der Rubrik „Bonn vertraulich" zählte Mainhardt Graf Nayhauß am 15.10.1992 im Kabinett Kohl zehn Katholiken, acht Protestanten und einen Konfessionslosen und resümierte: „Also geringe Übermacht der Katholiken. Im Kanz-leramt sind sogar von sechs Abteilungsleitern fünf katholisch." Allerdings seien Kohls „Kronprinzen" Schäuble und Rühe, sei-ne einzige Stellvertreterin im Parteivorsitz Angela Merkel und Kanzleramtschef Bohl evangelisch „und – wichtiger – CDU-Ge-neralsekretär Hintze ist ehemaliger evangelischer Pastor! Dabei sind zwei Drittel der Kanzlerpartei katholisch. Aber: In der CDU gibt es einen ‚Evangelischen Arbeitskreis', dafür keinen katho-lischen! […] Von den bisher sechs Bundespräsidenten war nur einer (!) katholisch: Lübke. Von den sechs Kanzlern drei evan-gelisch: Erhard, Brandt, Schmidt. Im heutigen Bundestag gibt es mehr Protestanten (259) als Katholiken (221). Aber 191 Abge-ordnete nannten keine Konfessionszugehörigkeit. Will heißen: Bonn ist nicht katholisch, sondern wird immer *heidnischer*."

Die protestantischen Sorgen über eine katholische Dominanz fanden nur in einem Punkt ein Pendant auf katholischer Seite: bei der Entscheidung über den künftigen Regierungssitz. Die Diskussion darüber wurde mit unverkennbar konfessionellem Unterton geführt. Während der evangelische Bundespräsident Richard von Weizsäcker frühzeitig die vollen Hauptstadtfunk-tionen für Berlin forderte, witterten Berlinbefürworter bei Bun-deskanzler Helmut Kohl eine heimliche Bonnpräferenz. Die An-hänger der rheinischen Bundeshauptstadt konnten es gar nicht glauben, dass der „Enkel" Konrad Adenauers schließlich nach langer Zurückhaltung „Verrat" beging und sich für Berlin aus-sprach. Als die Entscheidung für die alte Reichshauptstadt ge-fallen war, betrachteten viele Katholiken die verlorene Schlacht als ein Cannae des katholischen Deutschland. Nun also doch die heidnische Stadt, über die der Zentrumspolitiker Peter Reichensperger gesagt hatte: „Wer ein oder zwei Semester an der Universität Berlin studiert hat, kann nicht mehr katholisch sein."[24] Joachim Kardinal Meisner erinnerte daran, dass die Katholiken mit Berlin „nicht die besten Erfahrungen"[25] gemacht hätten; er befürchte, dass nach der Verlegung des Regierungssitzes von Bonn nach Berlin der christliche Einfluss auf Regierungsstil und Inhalte der Politik merklich zurückgehen werde. Die katholische Bundestagspräsidentin und Bonnbefürworterin Rita Süßmuth widersprach am Morgen nach der Hauptstadtentscheidung der Auffassung, dass sich durch das Votum für Berlin nichts Wesentliches geändert habe: „Im Gegenteil, hier ist nichts mehr, wie es vorher war."[26] Bei der Analyse des Abstimmungsergebnisses machte sie die Journalisten auf die Konfessionszugehörigkeit der Abgeordneten aufmerksam. Die 218 katholischen Bundestagsabgeordneten hatten mit Zweidrittelmehrheit für Bonn gestimmt, von den 248 evangelischen nur 36 Prozent. Betrachtet man nur die alten Bundesländer, stimmten sogar 73 Prozent der katholischen Abgeordneten für Bonn, aber selbst von den westdeutschen protestantischen Abgeordneten 58 Prozent für die Stadt im Osten.[27]

Das katholische Unbehagen angesichts der Entscheidung für Berlin konnte aber nur kurz die dominante Konfliktlage

---

24 Zit. n. Günter Baadte: Diskussionsbericht, in: Anton Rauscher (Hg.), Probleme des Konfessionalismus in Deutschland seit 1800 (Beiträge zur Katholizismusforschung, Reihe B), Paderborn u.a. 1984, 167-196, 170.

25 Zit. n. Kölner Kirchenzeitung vom 2.7.1991

26 So Rita Süßmuth im Gespräch mit dem Journalistenkreis „Union Presse" am 24.6.1991 in Bonn.

27 Siehe Udo Wengst: Wer stimmte für Bonn, wer für Berlin? Die Entscheidung über den Parlaments- und Regierungssitz im Bundestag am 20. Juni 1991, in: Zeitschrift für Parlamentsfragen 3/1991, 339-343, 341f.

überdecken: Besorgnis und Verärgerung der Protestanten über die katholische Dynamik in der Politik. Der im Vorfeld der Wiedervereinigung als künftiger konfessioneller „Underdog" geltende Katholizismus zeigte deutlich weniger Beunruhigung und antiprotestantische Affekte als dies umgekehrt die geradezu mit Erbitterung vorgetragene Kritik evangelischer Kreise an der katholischen Kirche erkennen ließ. Dieses Ungleichgewicht spiegelte sich in einer gemeinsamen ökumenischen Erklärung der Kirchenleitungen Sachsen-Anhalts wider. Der katholische Bischof von Magdeburg, Leopold Nowak, und von evangelischer Seite Kirchenpräsident Eberhard Natho sowie Bischof Christoph Demke versuchten, die Gemüter in einem Schreiben an die kirchlichen Mitarbeiter zu besänftigen. Unter den sieben konfessionellen „Ängsten, Verdächtigungen und Pauschalurteilen", die sie erwähnten, gab es nur zwei Kritikpunkte an der evangelischen Kirche, nämlich politisch links zu sein und als beherrschende Kirche der Reformation die katholische Kirche nicht als Partnerin zu betrachten. Die Mehrheit der referierten Vorwürfe richtete sich gegen die katholische Kirche, nämlich: CDU-Verbundenheit, unverhältnismäßig starke Vertretung in politischen Gremien, Einleitung einer Art Gegenreformation, Steuerung der Aktivitäten katholischer Politiker von Rom aus.[28]

Die doppelte Legende der erst „schweigenden", dann machthungrigen Kirche

Zu den wirklichen Gründen des „katholischen Frühlings" in den neuen Ländern gehört zunächst, dass die Katholiken nach dem Ende des SED-Regimes seltener politisch desavouiert er-

---

28   Siehe KNA-Dokumentation vom 24.7.1991

schienen. Die von einer Zweidrittelmehrheit[29] des evangelischen Kirchen-Establishments getragene Kompromissformel „Kirche im Sozialismus" erwies sich nun als Kompromittierungsformel. Der Berliner Erzbischof Sterzinsky zeigte sich im April 1991 erfreut über die hohe Achtung, welche die katholische Kirche in den neuen Bundesländern genieße. Wenn katholisch zu sein heute bedeute, vertrauenswürdig zu sein, dann hänge das damit zusammen, dass die Katholiken „nicht sonderlich anfällig" gewesen seien für das Regime[30]. „Nie an den sozialistischen Staat geglaubt" zu haben, sagte etwa jeder zweite ostdeutsche Katholik, aber nur jeder dritte Protestant und jeder fünfte Konfessionslose[31]. Doppelt so oft wie Protestanten berichteten Katholiken, sie selbst oder ihre Familie seien wegen ihrer religiösen Haltung benachteiligt worden (35:17 %); Protestanten erklärten um 11 Prozent häufiger als Katholiken, „eigentlich nicht sagen" zu können, dass sie „damals unter dem System gelitten", sich „bedrängt oder benachteiligt gefühlt haben" (53:42 %)[32]. Bei der Wahlabsicht der ostdeutschen Befragten mit konkreter Parteiangabe lag die SED-Nachfolgepartei PDS unter Konfessionslosen bei 16 und unter Protestanten bei 6 Prozent; bei den Katholiken war der Wert nahe Null[33].

Die Katholiken in der DDR waren 1990 aber nicht nur unbelasteter, sondern auch selbstbewusster und optimistischer. Der

---

29 „Immer dieses eine Drittel!", habe sich Bischof Albrecht Schönherr geärgert über die kirchliche Opposition gegen das Konzept der „Kirche im Sozialismus", erinnerte sich Reinhard Steinlein, der fast 20 Jahre bis 1978 zur Leitung der evangelischen Kirche von Berlin-Brandenburg gehörte (Fehltritte bei der Gratwanderung. Interview im Rheinischen Merkur vom 14.8.1992, 22).

30 Im KNA-Redaktionsgespräch in Bonn, zit. n. KNA vom 23.4.1991

31 Allensbacher Archiv, IfD-Umfrage 5061 (März 1992)

32 Ebd., IfD-Umfrage 5060 (Januar 1992)

33 Allensbacher Jahrbuch der Demoskopie 1984-1992 (Bd. 9), hrsg. von Elisabeth Noelle-Neumann und Renate Köcher, München 1993, 717.

Aussage: „Ich merke häufiger, dass sich andere nach mir richten", stimmten in einer Allensbach-Umfrage nach den ersten freien Wahlen zur Volkskammer 34 Prozent der Katholiken zu, aber nur 28 Prozent der kirchennahen und 21 Prozent der kirchenfernen Protestanten; unter den jüngeren Christen (bis 40 Jahre) war die konfessionelle Differenz noch ausgeprägter (36 : 20 %). Die Aussage: „Ich bin selten unsicher, wie ich mich verhalten soll" bejahten 38 Prozent der kirchennahen Katholiken und 24 Prozent der kirchennahen Protestanten. Zu einem deutlich geringerem Anteil als unter den Protestanten meinten Katholiken: „Wenn die Regierung ein ungerechtes Gesetz erlassen hat, kann ich überhaupt nichts dagegen tun"; unter den „Kindern der DDR" (bis 40 Jahre) tat sich hier eine regelrechte Kluft auf (36 : 54 %). Die Katholiken fühlten sich in der Umbruchphase der DDR demnach weniger ohnmächtig, selbstsicherer und häufiger als Meinungsführer anerkannt. Gefragt nach dem „wichtigsten Ziel" aus vier Vorgaben, votierten unter kirchennahen Christen mehr katholische als evangelische für die beiden Prioritäten: „Die Meinungsfreiheit schützen" und „mehr Mitsprache der Bevölkerung bei wichtigen Regierungsentscheidungen" (je 27 : 16 %); evangelische favorisierten häufiger die Ziele: „Die Ordnung im Lande aufrechterhalten" (42 : 37 %) und „Die Preissteigerung bekämpfen" (23 : 8 %). Sie tendierten also mehr als Katholiken zu „materialistischen" Wertorientierungen und weniger zu demokratietypischen. In Westdeutschland gab es bei dieser Frage keine konfessionellen Differenzen oder eher umgekehrt ausgeprägte.[34]

---

34 Allensbacher Zählungen der IfD-Umfragen 2287 und 3201 für Andreas Püttmann: Ziviler Ungehorsam und christliche Bürgerloyalität. Konfession und Staatsgesinnung in der Demokratie des Grundgesetzes (Politik- und Kommunikationswissenschaftliche Veröffentlichungen der Görres-Gesellschaft, Bd. 9, hrsg. von Hans Maier, Heinrich Oberreuter, Otto B. Roegele und Manfred Spieker), Paderborn u. a. 1994, 356ff.

Angesichts eines als „protestantische Revolution" bezeichneten Umsturzes überraschen auch Allensbacher Daten vom Frühjahr 1990 zur Beteiligung an Protesten und Willenskundgebungen in der DDR. „An einer genehmigten Demonstration" teilgenommen zu haben, erklärten 57 Prozent der kirchennahen Katholiken und 41 Prozent der kirchennahen Protestanten, von ihrer Beteiligung „bei einer Unterschriftensammlung" berichteten 67 Prozent der Katholiken und 53 Prozent der Protestanten[35]. Die Katholiken fielen zwar als die viel kleinere Konfessionsgemeinschaft weniger ins Gewicht, zählten sich aber zur Hälfte (und zu 10 Prozent häufiger als die Protestanten) unter die Menschen, „denen Freiheit über alles geht"[36]. Von einer zupackenden Einstellung nach der Befreiung vom SED-Regime zeugt die für die Besetzung von Ämtern relevante Aussage: „Ich übernehme gern Verantwortung": Im Westen machten sich dies Protestanten häufiger zu eigen als Katholiken (57 : 48 %), in der „gewendeten" DDR war es beinahe umgekehrt (47 : 63 %)[37].

Die katholischen Bischöfe ermunterten durch öffentliche Verlautbarungen zu dieser Haltung. Sie hatten die Gläubigen in einer Erklärung vom 7.11.1989 – also nicht, wie Ehrhart Neubert behauptete, „erst sehr spät, als die Revolution praktisch vollzogen war, im Dezember 1989" – aufgefordert, „die Pflicht zur politischen Verantwortung wahrzunehmen [...] durch Mitwirkung in frei gewählten Volksvertretungen, durch Ausübung von Macht, die demokratisch zu kontrollieren ist"[38]. In einem Hirtenwort zum Jahreswechsel hieß es: „Bisher war es vor allem an uns Bischöfen, uns zu den Lebensfragen des Volkes zu äußern.

---

35 Ebd., 359.

36 Allensbacher Archiv, IfD-Umfrage 9001 (April 1990).

37 Püttmann, Ziviler Ungehorsam, 359.

38 Zit. n. Gerhard Lange u. a. (Hg.): Katholische Kirche – Sozialistischer Staat DDR. Dokumente und öffentliche Äußerungen 1945-1990, Leipzig 1992, 389f.

[…] Nun aber sind wir alle aufgefordert, im Rahmen der neu gewonnenen Möglichkeiten unsere Verantwortung für unser Volk wahrzunehmen."[39] Bereits seit dem Spätsommer 1989 hatten katholische Oberhirten sich hinter die Demokratiebewegung gestellt: am 17. September der amtierende Vorsitzende der Berliner Bischofskonferenz, Bischof Joachim Wanke, vor circa 20 000 Wallfahrern auf dem Erfurter Domplatz – was jedoch weder von den Zeitungen der Ost-CDU noch von irgendeinem westlichen Journalisten berichtet wurde, „sodass das Klischee von der schweigenden katholischen Kirche weiter gepflegt werden konnte"[40]; drei Tage später Bischof Johannes Braun von Magdeburg; am 24. September Bischof Georg Sterzinsky beim Pontifikalamt in der Berliner Hedwigskathedrale und am 22. Oktober die Bischöfe Theodor Hubrich von Schwerin und Joachim Reinelt von Dresden. Letzterer predigte: „Zögern und Zaudern sind jetzt falsch, die Wahrheit muss an den Tag. Das Volk kommt nicht als Bittsteller, es will sein Recht. Mit beachtlicher Disziplin verlangen die Menschen, was recht ist. Wir erwarten die Öffnung der Grenzen in allen Richtungen. Es ist auf Dauer unerträglich, in einem fast allseits verriegelten Land zu bleiben. Wir erwarten einen angemessenen Spielraum für gesellschaftliche Pluralität. Wahlen müssen Wahlen werden. Wir erwarten eine wahrheitsgetreue Information in Presse und Funk. Die unerträgliche Schönfärberei untergräbt das Vertrauen. Wir erwarten absolute Gewaltfreiheit gegenüber friedlichen Demonstranten, wir erwarten effektivere Wirtschaftsstrukturen. Wir werden nicht zimperlich an die Arbeit gehen und nicht zufrieden sein mit einem Anstrich der Fassade. Der Dialog muss den Dingen auf den Grund gehen, sonst bringt er nichts. Jetzt genügen

---

39   Ebd., 393ff.

40   Bernhard Dittrich: Die katholische Kirche unter der Herrschaft des SED-Staates (II). Ein Rückblick zwei Jahre nach Öffnung der Mauer, in: Anzeiger für die Seelsorge 12/1991, 514-520, 515.

uns eben nicht Bananen, sondern die Karten müssen auf den Tisch."

Und vor 1989? Auch hier kann von einer „schweigenden Kirche" keine Rede sein, sondern davon, „dass die Bischöfe das Kirchenvolk über nahezu jedes Thema von allgemeiner Aktualität deutlich unterrichtet haben"[41]. Sie verurteilten die Zwangskollektivierung der Landwirtschaft, die Einführung der Jugendweihe, die „wachsende atheistische Propaganda" und „schwere Bedrängnis" im Hirtenwort „Kirche unter dem Kreuz" (1959), die „Erziehung zum Hass" (1974), die Einführung des obligatorischen Wehrunterrichts (1978) sowie ein „Weltanschauungsdiktat", das die Christen „unter der Flagge des Sozialismus für den Aufbau einer religionsfreien, atheistischen Gesellschaft vereinnahmt"; auch diesbezüglichen Versuchen der Blockpartei CDU müsse „mit aller Entschiedenheit" widerstanden werden (1986). Diese Klarheit der katholischen Haltung gegenüber der DDR, von Bischof Otto Spülbeck (Meißen) 1956 in einer Predigt auf den Punkt gebracht mit den Worten: „Dieses Haus bleibt uns ein fremdes Haus", spiegelten die Machthaber in wütenden Reaktionen. Im Fastenhirtenbrief 1960 erkannte der evangelische Ost-CDU-Chef August Bach den „imposantesten Ausdruck" einer „Hetze gegen unseren Staat", und Generalsekretär Gerald Götting schimpfte auf die darin enthaltenen „Positionen des politischen Klerikalismus"[42].

Im Oktober 1988 gab es ein sehr grundsätzliches gemeinsames Hirtenwort, in dem die Bischöfe auf Stimmen eingingen, „die mit kritischem Unterton fragen: Warum bringt ihr Katholiken

---

41   Konrad Repgen: Leben in einem fremden Haus. Katholiken in der DDR, in: Rheinischer Merkur vom 5.6.1992

42   Zit. n. Wolfgang Knauft: Katholische Kirche in der DDR. Gemeinden in der Bewährung 1945-1980, Mainz 1980, 119.

euch nicht stärker ein? Macht doch mit! Hier sagen wir klar und deutlich: Die materialistische Weltanschauung der in diesem Land regierenden Partei ist für einen katholischen Christen kein Fundament seines Welteinsatzes. Eine Mitarbeit in Organisationen, deren marxistisch weltanschaulicher Charakter wiederholt betont und herausgestellt wird, kann es für den katholischen Christen nicht geben, also z.B. eine Mitgliedschaft in der SED. Er wird sich auch nicht in Berufe oder Stellungen begeben, in denen er sich dem Leben der Gemeinde fernhalten oder gar aus der Kirche austreten muss." Andererseits hieß es ebenso deutlich: „Ein wirklicher Jünger Jesu Christi kann sich nicht in das Schneckenhaus eines rein privaten Christentums zurückziehen. Wo der sachliche Einsatz für ein gutes, vernünftiges und gerechtes Anliegen gefragt ist, wo Hilflose und Schwache unseren solidarischen Einsatz brauchen, dürfen wir uns nicht verweigern. Wir wollen also gemäß unserem christlichen Weltauftrag ein mutiges Ja sagen zu unseren Pflichten in Beruf und Alltag. Die beste Gewähr gegen ungewollte Vereinnahmung ist das konsequente Leben aus dem Glauben und eine radikale Christusbindung. Wir wollen mit allen Menschen guten Willens konstruktiv zusammenarbeiten. Doch sei noch einmal an das Wort von Kardinal Meisner in Dresden erinnert: Die Christen in unserem Land möchten ihre Begabungen und Fähigkeiten für unsere Gesellschaft einbringen, ohne dabei einem anderen Stern folgen zu sollen als dem von Bethlehem." Das war eine Art „Magna Charta" zur Ortsbestimmung der Katholiken in der DDR ein Jahr vor der Wende.

Die unmissverständliche Bejahung des Weltauftrages der Christen war ein gutes Fundament für das dynamische katholische Engagement unter Bedingungen der Freiheit: Auf die Allensbacher Listenfrage, was von dem, „was die Kirchen in der Bundesrepublik machen", sich nun auch die Christen in der befreiten

DDR zur Aufgabe machen sollten – „Worum sollten sich die Kirchen hier vor allem kümmern?" –, fiel die Zustimmung der Katholiken im April 1990 durchweg stärker aus als die der Protestanten: „Krankenhäuser, Altenheime" (100 : 91 %), „Kirchliche Jugendarbeit, Jugendverbände (92 : 78 %), „Kircheneigene Zeitungen, Zeitschriften" (84 : 58 %), „Vertretung der kirchlichen Interessen in Presse, Rundfunk und Fernsehen" (80 : 44 %), „Kirchliche Bildungswerke, Akademien" (73 : 41 %), „Wissenschaftliche Arbeit, Hochschule, Universitäten" (64 : 30 %), „Politischer Einfluss durch kirchennahe Vereinigungen, Verbände" (52 : 32 %), „Kirchliche Fernseh- und Rundfunksendungen" (59 : 43 %), „Religionsunterricht in den Schulen" (67 : 41 %), „Christliche Gewerkschaften" (33 : 20 %). Die protestantischen Antworten lagen meist näher bei denen der Konfessionslosen als bei denen der Katholiken. Es herrschte also eine ganz andere Stimmung des Aufbruchs und der Gestaltungsfreude im ostdeutschen Katholizismus als im Protestantismus. Angemessene Antworten auf die aktuellen sozialen Probleme vermuteten bei ihrer Kirche 77 Prozent der ostdeutschen Katholiken und 62 Prozent der Protestanten – was nicht bloß der Ausdruck einer generell stärkeren katholischen Kirchenbindung sein kann, sondern als DDR-spezifischer Befund zu deuten ist, denn in der Bundesrepublik lagen beide Konfessionen hier etwa gleichauf (30 : 27 %)[43].

Hinzu kam, dass die Fiktion des „dritten Weges" zwischen Kapitalismus und Sozialismus weit mehr Anhänger unter den Protestanten hatte. Im „Brief aus Lehnin" vom 15. Februar 1968, als Beitrag zur Verfassungsdebatte gedacht, hatten die evangelischen Bischöfe in der DDR ja auch postuliert: „Als Staatsbürger eines sozialistischen Landes sehen wir uns vor die Aufgabe

---

43   Allensbacher Archiv, IfD-Umfragen 3201, 2287.

gestellt, den Sozialismus als eine Gestalt gerechteren Zusammenlebens zu verwirklichen." Davon konnte mancher nun nicht lassen. Die Protestanten engagierten sich meistens im „Neuen Forum", im „Demokratischen Aufbruch", in der Sozialdemokratischen Partei oder in weiter links stehenden Gruppierungen, etwa der „Vereinigten Linken", welche sämtlich bei den Wahlen ein Debakel erleben sollten. Die Katholiken wandten sich fast geschlossen der CDU zu und rückten mit deren Wahlerfolgen auch stärker in die politischen Ämter ein.

Neben dieser politischen Positionierung, die katholischerseits eindeutig auf den Abschied vom Sozialismus gerichtet war, standen den Protestanten in der Frage der nationalen Einheit ihre „Anschluss"-Aversionen im Weg. Seit Jahrhunderten daran gewöhnt, sich als „Landeskirche" an die staatliche Struktur anzuschmiegen, fühlte sich mancher wohl zu sehr als Teil einer „DDR-Kirche", als dass er jetzt binnen Monaten davon hätte lassen können. Die Idee, die DDR als einen Ort „gerechteren Zusammenlebens" zu erhalten, statt nach Artikel 23 Grundgesetz der Grundordnung der Bundesrepublik beizutreten, kam unter den Katholiken praktisch gar nicht auf. Indes zeigte sich Konsistorialpräsident Manfred Stolpe noch am 7. November 1989 überzeugt, dass „der größte Teil der DDR-Bürger fest entschlossen" sei, „die DDR als antifaschistische, sozialistische und rechtsstaatliche Republik zu erhalten"[44]. Auch im Westen zögerten Protestanten in dieser Frage, und die westdeutsche evangelische Studentengemeinde forderte am 21. November 1989 sogar, das Brandenburger Tor müsse geschlossen bleiben und die DDR sich demokratisch und sozialistisch erneuern, statt „zu einem Spekulationsobjekt bundesdeutscher Kapital- und Wirtschaftsinteressen" zu

---

44   Zit. n. epd vom 8.11.1989, 7.

werden[45]. Von solchen Verirrungen lässt sich aus der katholischen Kirche nicht berichten.

Zugespitzt kann man also sagen: Die evangelischen Kirchen wurden nach dem Umsturz der DDR und in den neuen Ländern nicht durch eine gezielte katholische „Verdrängungsstrategie" behindert, sondern beraubten sich selbst durch einen falsch – auf den demokratischen Sozialismus – geeichten sozialethischen Kompass, durch ihre Unsicherheit und Zögerlichkeit sowie ihre parteipolitischen Positionierungen in der neuen Lage ihrer Einflusschancen und riefen dann laut hinter den Katholiken her: „Haltet den Dieb!"

Von deutscher Papstverdrossenheit zum „Santo subito!"

Jahrzehntelang herrschte in Deutschland unter Katholiken – jedenfalls denen im Westen – die Meinung vor, die „deutsche Kirche" müsse sich von Rom emanzipieren. Im August 1989 fragte das Institut für Demoskopie Allensbach: „Wenn zwischen der Spitze der katholischen Kirche, also dem Papst und den römischen Kardinälen, und den Bischöfen eines Landes in einer ganz wichtigen Frage zwei gegensätzliche Auffassungen bestehen: Sollte Rom dann diesen Bischöfen nachgeben, oder kann der Papst verlangen, dass die Bischöfe sich der römischen Auffassung anschließen?" Bei einem guten Drittel Unentschiedener (35 %) meinte eine klare Mehrheit von 39 zu 26 Prozent: „Rom sollte nachgeben." Eine konkret-persönliche Frage lautete: „Der Papst entscheidet ja zuweilen in wichtigen Fragen anders, als manche Katholiken es wünschen. Wie

---

45   Siehe Andreas Siebenhüter: Wegbereiter der Wende. Die Rolle der Kirchen in der DDR im Umbruchprozess (Beiträge zur Gesellschafts- und Bildungspolitik, Nr. 164, 3/1991, hrsg. vom Institut der deutschen Wirtschaft), Köln 1991, 23.

denken Sie darüber: Fühlen Sie sich als Katholik verpflichtet, sich an jede wichtige Entscheidung des Papstes zu halten, oder würden Sie sich auch darüber hinwegsetzen, wenn Sie selbst anders denken?" Obwohl hier nicht von unbedeutenden, sondern wichtigen Entscheidungen die Rede war und nicht von einem Gewissenskonflikt, sondern bloß von „anderem Denken", erklärten 70 Prozent: „Würde mich darüber hinwegsetzen" und nur 16 Prozent: „Fühle mich an Entscheidungen gebunden" (14 %: „Unmöglich zu sagen"). Nur unter den vor 1930 Geborenen waren die Meinungen einigermaßen geteilt (45 : 35 %), bei den ab 1960 Geborenen fast gar nicht mehr (86 : 3 %)[46].

Auf die Frage: „Wenn Sie jetzt einmal an Papst Johannes Paul II. denken, und was Sie über ihn als Mensch wissen: Würden Sie sagen, Papst Johannes Paul II. ist für Sie persönlich in irgendeiner Hinsicht ein Vorbild, oder würden Sie das nicht sagen?", antworteten 1995 64 Prozent aller Befragten und 51 Prozent der Katholiken: „Würde ich nicht sagen"; trotz der geradezu einladend offenen Fragestellung („in irgendeiner Hinsicht") vermochten nur 18 Prozent der Bevölkerung und 33 Prozent der Katholiken etwas Vorbildliches an dem 2014 heiliggesprochenen Pontifex zu erkennen; selbst unter den kirchennahen Katholiken meinten zwar 59 Prozent: „Ist ein Vorbild", doch immerhin 28 Prozent: „Würde ich nicht sagen"; die negative Antwort war seit 1980 in der Bevölkerung insgesamt von 45 auf 64 Prozent gestiegen[47]. Das von politischem Wohlwollen gespeiste Ansehen Karol Wojtylas als Inspirator und Schutzpatron der „Solidarność" war parallel zur Entfaltung seiner moralischen Lehre und Regierungsweise gesunken. Für diesen Papst,

---

46   Siehe Allensbacher Jahrbuch 1984-1992, 208.

47   Vgl. Allensbacher Jahrbuch der Demoskopie 1993-1997 (Bd. 10), hrsg. von Elisabeth Noelle-Neumann und Renate Köcher, München 1997, 285.

der angeblich „hinter das Zweite Vatikanische Konzil zurück-wollte", entschuldigten sich viele Katholiken geflissentlich im Gespräch über ihre Kirche. Dagegen wurden Eugen Drewer-mann und Hans Küng geschätzt, und selbst für Uta Ranke-Heinemann geriet das Prädikat „Kirchenkritikerin" zum „Sesam-öffne-dich" der Medienpräsenz. Marxistisch inspirier-te „Befreiungstheologie", „Kirche von unten" und allerlei „Re-form"-Begehren, die auf eine Angleichung an die evangelische Kirche hinausliefen, waren „in" – Rom, der „Heilige Vater" (schon diese Anrede galt „kritischen" Katholiken als Anmaßung), die „Amtskirche" und der „römische Zentralismus" waren „out", verpönt. Johannes XXIII. wurde als Reform- und Friedenspapst gepriesen wie eine Gegenikone zu Johannes Paul II. Übrigens im Gegensatz zur Einschätzung Adenauers, des laut ZDF-Ple-biszit (2003) Ersten unter „unseren Besten": Der „größte Deut-sche" (vor Martin Luther) hielt den Roncalli-Papst für naiv, nach Aussage von Erzbischof Loris Capovilla „für politisch dumm". „Zu dem geh' ich nie wieder!", soll der Kanzler am 22. Januar 1960 nach einer Audienz beim Papst gegrummelt haben.

Schlimmer noch als Johannes Paul II. erschien vielen deut-schen Katholiken (und erst recht Protestanten) sein Präfekt der Glaubenskongregation, der als angeblicher Verräter sei-ner reformerischen Anfänge zu einer Art gefallenem Engel der „Konzilsgeist"-Verteidiger avanciert war. Schon der Name die-ses Bayern schien lautmalerisch die Schärfe und Härte seiner dogmatischen Kriteriologie zu intonieren, die wie eine Mäh-maschine durch die bunte Pracht von Unkraut und Weizen deutscher Universitätstheologie ratterte und sogar den selbst gefühlt unfehlbaren Küng „ratz-fatz" niederstreckte. Ratzinger wurde im Klischee zum Fortsetzer der Inquisition stilisiert, zum „Panzerkardinal", zum verstockt reaktionären Doktrinär und bösen Geist des Polen-Regiments.

Als Johannes Paul II. sich in eindrucksvoller Weise von der Welt verabschiedete und starb, erwischte die Woge der Sympathie und Ehrerbietung über Kontinente, Kirchen- und Religionsgrenzen hinweg seine deutsch-katholischen Kritiker kalt. Doch für kritische Selbstreflexion blieb kaum Zeit, da die kirchenfremden Medien sogar papstverdrossene Reformkatholiken in eine bisher ungekannte Medienpräsenz katapultierten und zu autorisierten Sprechern der Papstkirche erhoben. Etwas vom Glanz Johannes Pauls II. strahlte nun auch auf jene ab, die sich bisher als Katholiken eher in Mimikry übten. Jürgen Rüttgers, eben noch im Streit um die Präimplantationsdiagnostik auf Konfrontationskurs zu kirchlichen Lehrautoritäten, wurde im nordrhein-westfälischen Wahlkampf so mutig katholisch, dass er bei Michel Friedman das christliche Menschenbild für „überlegen" erklärte und bezeichnenderweise völlig überzogene Reaktionen auslöste („Rüttgers: Katholizismus ist überlegene Religion", „Rüttgers brüskiert Nicht-Katholiken", „NRW-Wahl: ‚Rüttgers bläst zum Heiligen Krieg'"). Alt-68er und frühere Straßenkämpfer kehrten ihre katholischen Wurzeln heraus, linke Salonliteraten bekannten sich zu ihrer Messdienervergangenheit, Spitzenprotestanten wie Bischof Wolfgang Huber und Antje Vollmer verteidigten den Papst sogar gegen innerkatholische Kritikaster wie Heiner Geißler. Selbst der „Spiegel" verneigte sich vor dem „Jahrtausend-Papst auf dem Weg in die Unsterblichkeit" und „Die Zeit" titelte schlicht, melancholisch und besorgt: „Ohne Ihn". Kurzum konnte man den Eindruck gewinnen: „Alle Medien wurden jäh katholisch."[48] Nur ein kleines Häuflein von Hardcore-Papstgegnern wie der suspendierte Priester und emeritierte Theologieprofessor Gotthold Hasenhüttl oder Eugen Drewermann ließen sich als

---

48   Josef Isensee bei der Podiumsdiskussion „Zwischen Weltverantwortung und Transzendenzverlust" des Kongresses „Freude am Glauben" im Juni 2005 in Regensburg.

unbeirrte Papstkritiker von Kurzzeit-Kirchenexpert(inn)en wie Sabine Christiansen oder Heiner Bremer in den Talkshows herumreichen. Sie wirkten allerdings angesichts der wuchtigen Bilder und Worte der Liveübertragungen aus Rom, Polen und aller Welt anachronistisch.

Dagegen fand Kardinaldekan Joseph Ratzinger beim Requiem für Johannes Paul II. einfühlsam und inhaltlich prägnant den Weg zu den katholischen Seelen und darüber hinaus. Seine Predigt wurde mehrfach durch Beifall unterbrochen. Kein Zweifel: Hier sprach der kongeniale Partner und legitime Nachfolger eines Verstorbenen, der sicherlich mit Wohlgefallen vom „Fenster seiner himmlischen Wohnung" aus seinen Ratzinger auf dem Petersplatz die Hirtensorge für die verwaiste Herde übernehmen sah. Nur durch die profane Brille betrachtet war dieser 78-Jährige zu alt als Nachfolger, dazu Deutscher, eher Wissenschaftler als charismatischer Führer, polarisierender Konservativer – mit all dem schied er bei vernünftiger Betrachtung als Pontifex aus. Erst recht, nachdem er in einigen Medien zum Favoriten hochgespielt worden war, vielleicht auch um seine Chancen zu mindern, denn wer als Papst ins Konklave ging, kam bekanntlich als Kardinal wieder heraus. Auch Ratzingers Predigt vorm Einzug in die Sixtinische Kapelle ließ ihn ungeeignet erscheinen, die verschiedenen Strömungen im Kardinalskollegium hinter sich zu versammeln. Nein, hier sprach ganz der alte, berühmt-berüchtigte Protagonist der Scheidung der Geister, des Konfliktes mit dem Zeitgeist und dem liberalen Flügel der Kirche.

„Wir sind Papst!": Deutschland wird kurzzeitig katholischer

Doch „meine Gedanken sind nicht eure Gedanken, und eure Wege sind nicht meine Wege, spricht der Herr, sondern so viel der Himmel höher ist als die Erde, so sind auch meine Wege höher als eure Wege und meine Gedanken höher als eure Gedanken" (Jes 55,8f). Und so kam es aus deutsch-reform-katholischer Sicht zum kirchenpolitischen GAU: „Annuntio vobis gaudium magnum; habemus Papam: (Beifall) Eminentis-simum ac Reverendissimum Dominum, Dominum Josephum, Sanctae Romanae Ecclesiae Cardinalem Ratzinger, qui sibi nomen imposuit Benedictum XVI." Die Vertreter der Welt-kirche hatten also nicht die Italiener Martini oder Tettaman-zi, nicht einen Südamerikaner, sondern eindrucksvoll schnell den „strengen Glaubenswächter" zum neuen Stellvertreter Christi auf Erden gewählt. Zu allem Überfluss auch noch „ei-nen von uns" im Sinne der schier unverwüstlichen nationa-len Identität: „Wir sind Papst" (BILD) – was auch bedeute-te: „Wir sind wieder wer." Nicht nur, wie beim Abschied des Amtsvorgängers, wir Katholiken, sondern jetzt auch: wir Deutschen. Hunderttausende auf dem Petersplatz bis hoch in die Via della Conciliazione jubelten „il Papa tedesco", der längst ein Römer war, begeistert zu, und in den Schrecken sei-ner deutschen Problemkinder mischte sich hier und da wohl klammheimlich, beim Bundespräsidenten ausdrücklich, „ein wenig Stolz". Gratulationen aus aller Welt, zuerst vom polni-schen Staatspräsidenten, trafen ein. Da galt es für Papstver-drossene, gute Miene zum bösen Spiel zu machen.

Zumal wegen des nahenden Weltjugendtages in Köln bereits ein erster Papstbesuch anstand. Unter dem Titel: „Das Kreuz mit den Deutschen" unkte der „Spiegel": „Ausgerechnet die-ser Papst soll nun die Jugend auf dem Weltjugendtag begeis-tern, ihren Glauben stärken und sie näher an die Kirche binden. Im Vatikan gilt Deutschland als verlorenes Land. […] Weit we-niger Jugendliche als gedacht reisten in die deutschen Provin-zen. In manchen Messen wurde in den Fürbitten schon jener

Gemeinden gedacht, die keine Jugendlichen abbekommen hatten. Die Angst geht um, dass auch Köln eine Pleite werden könnte." Angeblich schwache Anmeldezahlen, insbesondere aus Polen, das nach einer regelrechten Völkerwanderung zum verstorbenen Pontifex nach Rom jetzt im Nachbarland nur 4,7 Prozent der Teilnehmer stellte, wurden auch in anderen Medien breitgetreten. Unter dem Titel: „Der fremde Papst" erinnerte die Süddeutsche Zeitung an die „Zerrüttungsgeschichte" zwischen den Deutschen und „ihrem" Joseph Ratzinger, von dem „man einen Rückfall ins Mittelalter" befürchtete; „dem Flugzeug, das am kommenden Donnerstag um zwölf Uhr mittags in Köln landen soll, wird ein Pontifex entsteigen, der zurückkehrt ins Land seiner Widersacher". Da sei das atheistische Aktionskomitee, unter dem Motto „Heidenspaß statt Höllenqual" zur öffentlichen „Enttaufungszeremonie" einladend, noch das geringste Problem.

Des Papstes Ankunft brachte seinen Gegnern die nächste Niederlage bei. Deutschlands schon fast obligatorisch evangelisches Staatsoberhaupt – „so etwas wie ein protestantischer Säkularbischof, der uns pflichtgemäße Lebenshaltung vorführt"[49] – und ein agnostischer Kanzler nebst katholischer Gattin im Dirndl bereiteten dem Landsmann einen ebenso hochachtungsvollen, herzlichen Empfang wie die Bevölkerung und ihre Hunderttausende jugendlichen Gäste aus 197 Ländern – eine eindrucksvolle Demonstration der Katholizität der Kirche, einer „Globalisierung" im Geiste Gottes und Sammlung um den Pontifex Maximus als universalen Hirten. Kilometerlang harrten Menschenmassen an beiden Rheinufern Kölns stundenlang aus, um schließlich einem kleinen weißen Punkt auf einem

---

49 So der Zeithistoriker und Präsident der Evangelischen Akademie Berlin, Paul Nolte, zit. n. Tobias Becker: Deutsche Protestantische Republik, in: Der Spiegel vom 26.11.2016, 140-145, 144.

nahenden Schiff laut und Fahnen schwenkend zuzujubeln, viele hüft- oder gar brusthoch im Wasser stehend, ermuntert durch ein wahres Papst-Wetterwunder: dem ersten schönen Sommertag seit Wochen. Ein zweites sollte am Wochenende folgen, als auf dem Marienfeld trotz schlechter Wettervorhersagen und tiefblauer Regenwolken während der Vigil, in der Nacht und am Sonntag kein einziger Tropfen Regen fiel. Ansonsten wäre die an den „Rückzug der Truppen Napoleons" erinnernde „Heerschar aus allen Ländern und in allen Sprachen der Welt"[50] wohl im Schlamm der entlegenen Industriebrache versunken.

Die Unbill des feucht-kalten Bodens unter den Massenschlaflagern, der mancherorts fehlenden Essensrationen, der verstopften Bahnhöfe und verpassten Gelegenheiten, einen Blick auf den Papst zu erheischen – all dies dämpfte die Stimmung kaum und ließ die Faszination des Glaubens nur noch deutlicher hervortreten. „Eineinhalb Tage kein Essen, dann zwei Stunden singend zu einem Stadion laufen, in das wir nicht mehr hineinkommen, keine Leinwand auf der Wiese und dann wieder singend zurück – das bringt einen schon zum Nachdenken, was hier eigentlich los ist", bekannte ein Tobias aus Speyer, der eigentlich nur hier war, „weil ein paar katholische Freunde einfach nicht locker ließen"[51]. Die Friedlichkeit und Fröhlichkeit dieser Jugend, ihr Feiern ohne Alkohol und Drogen – selbst Zigaretten sah man kaum –, ohne Konsum und Krawall, beeindruckte Journalisten, Taxifahrer, Geschäftsleute und Ordnungshüter. „Im Vergleich zu Karneval und Fußball ist das heute ein Traumjob", schwärmte ein Polizist am Absperrgitter der Poller Wiesen.

---

50   Daniel Deckers: Der Papst bleibt sich treu, in: FAZ vom 22.8.05

51   Zit. n. Rheinischer Merkur vom 25.8.05, 23.

Obwohl Papst Benedikt XVI. kein Wort über die Sexualmoral verlor und sich vor dem Weltjugendtag in einem Interview von der verbreiteten Idee distanziert hatte, „Christentum sei eine Menge von Geboten und Verboten, Gesetzen, die man einhalten muss […] und insofern etwas Mühseliges und Belastendes"[52], stürzten sich einige Medien wieder begierig auf dieses Thema, das bei dem großen Glaubensfest keines war. Penetrante Reporter befragten junge Katholikinnen weniger, warum sie an Gott glaubten, als darüber, wieso sie „vor der Ehe auf Sex verzichten wollen. Spätestens hier stößt ihre Unbekümmertheit auf Skepsis oder Unverständnis bei den Fragenden. Schnell werden ihnen Etiketten angeheftet. Da warnen Kommentatoren vor religiösen Hardlinern, Sektierern und Fundamentalisten"[53]. RTL-Aktuell füllte am zweiten Besuchstag trotz des gehaltvollen Papst-Programmes mit Gespräch beim Bundespräsidenten, einem Synagogenbesuch und einem Treffen mit Seminaristen) die Hälfte seines knappen Berichtes mit Interviews zu Kondomen und Sex – und sendete nur Antworten, die die katholische Lehre ablehnten.

Papst Benedikt XVI. wirkte freundlich zugewandt und aufmerksam zuhörend, liebenswürdig und eher sparsam in seinen Gesten. Er begrüßte ausdrücklich die Nichtgläubigen, kritisierte aber eine „merkwürdige Gottvergessenheit" der Gesellschaft; er unterschied, unbeirrt von Empfindlichkeiten, zwischen der katholischen Kirche und den (protestantischen) „kirchlichen Gemeinschaften", nannte den in Deutschland unbeliebten Kölner Kardinal Joachim Meisner seinen „Freund", ermahnte zur regelmäßigen Teilnahme an der sonntäglichen Messe und betonte die Lehre von der „realen Gegenwart des Erlösers der

---

52 Das Interview für Radio Vatikan dokumentierte die KNA am 16.8.05

53 Franz Sommerfeld: Die Entdeckung des Glaubens. Gastkommentar im Deutschlandfunk, 19.8.05

Welt" in der Eucharistie; er stellte den Weg der persönlichen Leidenschaften dem Weg gegenüber, den der Stern von Bethlehem weise und warnte, Religion dürfe „kein Markenprodukt" werden. Die Presse verstand und titelte: „Der Papst gibt keinen Rabatt" – und charakterisierte ihn als „charmant, bescheiden, bestimmt"; er spreche immer wieder ehrerbietig von seinem Vorgänger, dessen Erwähnung die Jugendlichen stets beklatschten, heische aber selbst keinen Beifall, sondern lasse „in seinen Ansprachen kaum Pausen, die durch Jubel gefüllt werden könnten. Schon gar nicht macht er Anstalten, Sprechchöre zu dirigieren, wie es Johannes Paul II. bisweilen gemacht hat. Er hält den Rummel einfach lächelnd aus."[54]

Die „Frankfurter Allgemeine Zeitung" brachte den neuen päpstlichen Habitus auf den Punkt: „Seine Schüchternheit, sein Mangel an Geschmeidigkeit waren der sichtbare Ausdruck einer reservatio mentalis gegenüber dem Trubel, den als Event auszurufen nirgends unterlassen wurde, und trugen dazu bei, dass der Eindruck großer persönlicher Würde haften blieb. […] Persönlich widerstand er der Versuchung, die allenthalben aufgestellte Behauptung seines Charismas einzulösen. Es wurden keine Kinderstirnen geküsst, und es wurde auch nicht geschunkelt zu diesen manchmal ganz grauenhaften Popklängen am Wochenende auf dem Altarhügel. Der theologische Substanzverlust, der damit aus seiner Sicht einhergegangen wäre, dürfte für ihn die größte Gefahr darstellen und nötigte ihn zu jener Reserviertheit, an die eine auf Überschwang und Ekstase versessene Öffentlichkeit nicht mehr gewöhnt ist. Aber gerade dieses Bei-sich-Bleiben erzielte Wirkung und trug wohl auch dazu bei, dass die enormen Massen bei der Vigil am Samstagabend auf dem Marienfeld und der Sonntagsmesse ebendort so still und

---

54 Raimund Neuss: Der Papst gibt keinen Rabatt. Die ersten Auftritte von Benedikt XVI. in Köln, in: Kölner Rundschau vom 19.8.05, 3.

andächtig wurden, sobald es darauf ankam"; vielleicht habe gerade in diesem Habitus des Pontifex „das ökumenische Signal" gelegen, „das Zeichen, dass etwas Protestantisches zum Katholischen gehört"[55].

Ein Jahr später, vor Benedikts Besuch in seiner Heimat Bayern, frohlockte der Regensburger Bischof Gerhard Ludwig Müller in einem Interview des „Münchner Merkur": „Wir befinden uns in einer Phase, in der die Kirchenkritik zurückgeht. Der antirömische Affekt stottert." Der Apologetik unverdächtige Zeugen für die päpstliche Autorität präsentierte „3sat" in einer Dokumentation am Vorabend des Papstbesuches. Darin bezeichnete Peter Sloterdijk den Pontifex als „Hüter der katholischen Souveränität", die man angesichts in Jahrtausenden gewachsener „weltgeschichtlicher Perspektiven" durchaus artikulieren dürfe; der „katholischen Geduld" entsprechend müsse der Papst „eine sehr hohe Immunität gegen Ströme der Zeit aufweisen". Der französisch-jüdische Philosoph Alain Finkielkraut sekundierte: „Ich weiß nicht, wie man Papst sein kann, ohne konservativ zu sein. Denn es geht ja um die Bewahrung einer großen Tradition für alle Zeit." Fortschrittlichkeit sei nicht gleichzusetzen mit einer „Anpassung an den Zeitgeist". Bundestagspräsident Norbert Lammert meinte in dem TV-Beitrag, Benedikt XVI. sei, anders als die Politiker, „nicht in der Verlegenheit, den Erwartungen anderer entsprechen zu müssen. Auf Mehrheiten kommt es da nicht an"; auch persönlich sei Joseph Ratzinger „ein wandelndes Beispiel dafür".

Der linksliberale „Stern" begrüßte den Papst überaus freundlich mit der Titelgeschichte: „Papa ante Portas. Der nette Hardliner aus Altötting." Zwar bewahre „der Frontmann Gottes" seine

---

55   Edo Reents: Ratzingers Lager. Der Papst und die Jugend in Köln, in: FAZ vom 22.8.05

bisherige Haltung: „klar, konservativ, konsequent". Doch habe „Joseph Superstar" inzwischen auch viele seiner einstigen Kritiker überzeugt. In Anspielung auf eine Formulierung Hans Magnus Enzensbergers hieß es: „Früher schwärmten nur Connaisseure von den ‚süffigen Texten' des Kardinals Ratzinger. Jetzt, Dio mio, lesen Millionen das süffige 70-Seiten-Bändchen über Liebe, Eros, Agape und Sex. Und manche Sätze klingen dabei so, als habe Nena sie geschrieben. ‚Liebe ist niemals fertig' […], notierte Benedikt in Steno an seinem Schreibtisch auf der 3. Loggia"; die Ansprachen „des Mannes, der nie ein Maximal-Pontifex werden wollte, sind Oblaten fürs Volk. Kleine Katechesen, einfach zu schlucken, biblische Unterweisungen. Egal, ob er sie in fließendem Italienisch, in Französisch, auf Deutsch, Polnisch oder in dem leichten Englisch aufsagt, das er gelernt hat – das Schöne ist: Jeder begreift sofort, worum es geht. Der da oben ist kein Buchhalter-Gott, will er sagen, und ihr seid keine missglückten Evolutionsprodukte. Ihr seid Abbilder Gottes – also, liebe Christenkinder, benehmt euch auch so."

Professor Werner Weidenfeld prägte im Bayerischen Fernsehen für Joseph Ratzinger den Begriff vom „Faszinosum der Demut". Das BFS brachte beinahe rund um die Uhr neben den Gottesdienstübertragungen in Interviews die Anhänglichkeit und Verehrung des „einfachen Volkes" und den Respekt der intellektuellen und politischen Eliten gegenüber Benedikt XVI. zum Ausdruck, leuchtete in Porträtsendungen dessen makellose Biografie aus und stellte eine launige „Münchener Runde" mit Kardinal Kasper, Landesbischof Friedrich, Fürstin Gloria und Andreas Englisch zusammen. Der Bestsellerautor hob den „Riesenerfolg" Benedikts hervor, zu dessen Ansprachen mittwochs über 50 000 Menschen auf den Petersplatz strömten, weit mehr als unter Johannes Paul II. Der protestantische Landesbischof freute sich, dass der Papst in Altötting „christozentrisch", „sehr vom Neuen Testament her gepredigt" habe – „Ich hätte vieles unterschreiben können." Im Blick auf das katholische Wallfahren hatte er auf „Phoenix" sogar eingeräumt: „Da können wir uns was von abschneiden"; Maria spiele in der evangelischen Kirche „leider eine zu geringe Rolle". Friedrich zuckte nicht einmal zusammen, als Fürstin Gloria ihren Eindruck von Begegnungen mit Kardinal Ratzinger mit den Sätzen wiedergab: „Da redet der Heilige Geist" und „Der ist ein Heiliger".

ZDF-Programmdirektor Thomas Bellut erklärte: „Wir wissen von den Reaktionen auf den Weltjugendtag und nicht zuletzt auf das Fernsehinterview Anfang August, dass gerade die Zuschauer in Deutschland außergewöhnliches Interesse und eine große Verbundenheit mit Papst Benedikt XVI. empfinden. Mit seiner Art, auf die Menschen zuzugehen, hat das Oberhaupt der katholischen Kirche neue Brücken geschlagen. Das spiegelt sich auch in einem enormen Medieninteresse wider." Die Proportionen der Berichterstattung dürften durchaus angemessen gewesen sein. Christian Geyer rechtfertigte sie in der FAZ mit dem Hinweis, dass das öffentlich-rechtliche Fernsehen dem Heimatbesuch des deutschen Pontifex ja nur „bereitwillig die Strecken einräumt, die auch Prinzenhochzeiten und anderen Glamour-Ereignissen zustehen" und ironisierte die qualitative Veränderung: Ratzinger trete als „Verwandlungskünstler" in Erscheinung, welcher nun „der ganz andere, die weiße Lichtgestalt" sei, „der helle, die Welt umarmende Popstar, nicht mehr der Dunkelmann der Inquisition, auch nicht mehr der kalte Professor".

Entsprechend positiv resümierte Radio Vatikan die Medienberichterstattung über die ersten drei Tage Benedikts XVI. in Bayern: „Die deutsche Presse ist reich an Papst-Fotos und

-Berichten, aber arm an Kommentaren. Negative fehlen völlig." In den elektronischen Medien stach nur eine vom Hessischen Rundfunk gelieferte ARD-Reportage als Miesmacher heraus: „Benedikt backstage. Beobachtungen am Rande eines frommen Staatsbesuches." Tilman Jens reihte darin 30 Minuten lang süffisante bis ätzende Invektiven gegen angeblich unangemessene Kosten und Umstände des Papstbesuches und ein „Zuviel an Untertänigkeit" aneinander – bar jeden Einfühlungsvermögens für das, was der Besuch für Millionen Menschen an geistigen, moralischen und emotionalen Werten schuf. Zehn Millionen Euro seien für den „aufwendigen Staatsbesuch" ausgegeben worden. Wenn Benedikt abgeflogen sei, könne man sich in Deutschland endlich „wieder auf republikanische Tugenden besinnen".

Angesichts des Eklats, der die Rede des Papstes an der Universität Regensburg zum wahrscheinlich meistgelesenen Text des Jahres avancieren ließ, jedoch Muslime in aller Welt empörte, drohte erstmals im Pontifikat Benedikts XVI. die Stimmung zu kippen. Doch in Deutschlands überregionaler Qualitätspresse überwogen Parteinahmen für den Papst und Zurechtweisungen „des islamischen Mobs", dessen „wie auf Kommando aufflammender Protest" für Thomas Schmid von der „Frankfurter Allgemeinen Sonntagszeitung" (17.9.06) zeigte, „dass der immer wieder beschworene Dialog der Religionen zurzeit nichts taugt. Auf Konferenzen und Podien werden die immergleichen Plattitüden ausgetauscht. Und während man sich im Westen – wie an vielen aktuellen Kommentaren abzulesen – gerne in Selbstkritik übt, reklamieren die meisten Muslime noch für die törichtesten Vorbehalte gegenüber dem Christentum Verständnis"; es liege „der Geruch von Krieg in der Luft. Da macht es nicht besonders froh, dass der Denker Benedikt XVI. im Westen nicht den Rückhalt bekommt, den er – auch um unserer

Selbstvergewisserung willen – verdiente. Es müsste eine selbstverständliche Pflicht sein, Joseph Ratzingers Recht auf kritische Worte über den Islam zu verteidigen. Doch viele derer, die gerne die Fackel der Aufklärung tragen, sagen nun, der Papst hätte lieber versöhnlich schweigen sollen. Verkehrte Welt: Der Gottesmann plädiert für die Vernunft, und die Aufklärer geben dem Dunkel des Kritikverbotes den Vorzug." Sogar der „Spiegel" (38/06) stieg mit einer 17-seitigen Titelgeschichte „Papst contra Mohammed" groß ein, inklusive Interview mit Kardinal Walter Kasper. Die in der Geschichte des Augstein-Blattes wohl einmalig um Verständnis bemühte Exegese eines theologisch-philosophischen Textes kam zu dem Fazit: „Die Argumentation des Papstes ist imponierend und schlüssig."

Kapuzinerpater Paulus Terwitte, damals Geistlicher Beirat der „Gesellschaft Katholischer Publizisten", hatte in deren Mitgliederzeitschrift „Informationen" vor dem Papstbesuch gedichtet:

„willkommen daheim menschenfischer/
doch wir lassen uns nicht gern fischen/
im land der dichter und denker/
dichten und denken/
brücken bauen/
zum herrn der ernte."

Das mochte reserviert klingen oder auch nur deskriptiv gemeint sein für ein idealistisch-kritisches Selbstbild der Deutschen. Doch nicht nur unter Intellektuellen waren „wir" auch nach der Kontroverse über „Regensburg" immer noch ein wenig Papst. Auch die Bevölkerung, die laut einer Allensbacher Umfrage im Oktober 2006 zu 93 Prozent von dem Großkonflikt Kenntnis genommen hatte, äußerte zu 60 Prozent „kein

Verständnis" dafür, „dass sich viele Moslems durch die Papstrede in ihren religiösen Gefühlen verletzt sehen"; „habe Verständnis" erklärten nur 20 Prozent. Eine noch größere Mehrheit von 74 Prozent unterstützte die Ansicht: „Das sollte man öffentlich äußern dürfen, weil das die Meinungsfreiheit erlaubt", nur 14 Prozent vertraten die Gegenposition, man sollte „so etwas aus Rücksicht auf die religiösen Gefühle anderer nicht äußern dürfen"[56].

Im Frühjahr 2007 fanden laut Forsa immer noch 70 Prozent aller Deutschen, der deutsche Papst mache eine „gute" oder „sehr gute" Arbeit. Damit genoss er eine genau so hohe Zustimmung wie Papst Johannes Paul II. kurz nach seiner Wahl. Jeder fünfte Deutsche – 2005 nur jeder neunte – und fast jeder vierte Katholik meinte jetzt sogar, Benedikt XVI. sei ein „eher fortschrittlicher Papst", seine Einschätzung als „eher konservativ" war von 72 auf 60 Prozent gesunken. Trotz des immer noch konservativen Images gefiel der Papst nur einem Sechstel der Bevölkerung „wenig" (10 %) oder „gar nicht" (6 %); einer Zweidrittelmehrheit gefiel er „ausgezeichnet" (10 %), „gut" (32 %) oder wenigstens „einigermaßen" (23 %) – Katholiken zu 84, Protestanten zu 65 Prozent[57]. Hatten sich 1999 erst 27 Prozent der deutschen Katholiken mit der „Rolle des Papstes" in „der offiziellen Haltung der katholischen Kirche weitgehend einverstanden" erklärt und 2002 34 Prozent, so waren es 2009 49 Prozent; der Anteil derer, die sich damit „(eher) unzufrieden" zeigten, war von 53 (2002) auf 41 Prozent gesunken[58].

Nicht nur der Islam, sondern auch das Jahr der „päpstlichen Ereignisse" und das „deutsche Pontifikat" dürften dazu

---

56   Allensbacher Jahrbuch 2003-2009, 821f.

57   Ebd.

58   MDG-Trendmonitor Religiöse Kommunikation 2010, Bd. I, 65.

beigetragen haben, dass die Relevanz der Religion wieder höher eingeschätzt wurde: „Überzeugt, dass Religion in der Gesellschaft wichtiger wird", zeigten sich doppelt so viele Deutsche
wie zehn Jahre zuvor (1995: 13 %, 2005: 26 %, 2006: 23 %), dass
Religion „an Bedeutung verliert", glaubte 2005 erstmals nur
eine Minderheit (22 %) – 14 Prozent weniger als 1995 (36 %) –
bei einem leicht wachsenden Anteil derer, die eine „konstan-
te Bedeutung" prognostizierten (1995: 41 %, 2006: 44 %)[59].
Deutschlands Katholiken antworteten auf die Frage: „Wie gut
passt die Kirche in die heutige Zeit?" so selbstbewusst wie seit
Ende der 1970er-Jahre nicht mehr: Damals hatten sie auf einer
Skala von 0 („passt überhaupt nicht") bis 10 („passt sehr gut")
im Durchschnitt bei 6.4 gelegen, 1999 nur noch bei 4.8, im Mai
2005 jedoch wieder bei 6.4 Punkten; höher als die Protestanten
(5.7)[60]. Die subjektive Verbundenheit mit ihrer Kirche („Wie eng
fühlen Sie sich Ihrer Kirche heute verbunden?") gaben Katholiken im Jahr 2006 auf einer Zehnerskala mit durchschnittlich 5.5
(1992: 4.8) ebenfalls höher an als Protestanten (5.0/1992: 4.2)[61].
Die Austritte aus der katholischen Kirche gingen zum dritten
Mal in Folge zurück: von 129 598 (2003) über 101 252 (2004) und
89 565 (2005) auf jetzt 84 398 (2006), den niedrigsten Wert überhaupt im vereinten Deutschland. Indes nahmen die Austritte
aus der evangelischen Kirche im Jahr 2006 leicht zu auf 121 598.

---

59   Allensbacher Jahrbuch 2003-2009, 807.

60   Ebd.

61   Ebd., 815.

Vom „Hosianna" zum „Kreuzige ihn!":
Das konfessionelle Wendejahr 2009

Während in den neuen Bundesländern mit der wachsenden Unzufriedenheit über angeblich zu langsame Wohlstandszuwächse die Dominanz der CDU schwand und zunehmend linke Parteien in Regierungsmacht gelangten, in denen fast keine Katholiken engagiert waren, zerfiel im Westen 1998 nach 16 Jahren das „System Kohl". Unter dessen Nachfolgern im Parteivorsitz begann sich die Partei zu verändern. Das Gewicht des katholischen Deutschlands schwand. Zur Wahrheit der überwiegend freundlich betrachteten ersten Amtsjahre Benedikts XVI. gehört auch die Meldung des „Spiegel" vom 14.7.2007: „Wenn der Dalai Lama am Donnerstag in Hamburg eintrifft, kann er sich vermutlich auf einen herzlichen Empfang freuen: Eine Umfrage ergab, dass 44 Prozent der Bundesbürger den tibetischen Gottkönig als Vorbild betrachten. Nur 42 Prozent entschieden sich für den Papst. Besonders bei jüngeren und gut ausgebildeten Deutschen steht der Dalai Lama hoch im Kurs." Bei einer internationalen Umfrage im Auftrag des Senders „France 24" und der Zeitung „International Herald Tribune" im Februar 2009 zur Beliebtheit von Politikern und Religionsoberhäuptern deklassierte der Dalai Lama Papst Benedikt XVI. sogar mit 83 zu 60 Prozent der Deutschen, die eine „sehr gute" oder „eher gute" Meinung über ihn äußerten.

Damals hatte Benedikt XVI. gerade die Exkommunikation von vier Bischöfen der Piusbruderschaft aufgehoben, darunter auch Richard Williamson, der – was dem Papst entgangen war – unter Berufung auf den pseudowissenschaftlichen „Leuchter-Report" die Vergasung der Juden in Nazi-Deutschland bestritten hatte (nicht aber ihre massenhafte Ermordung in Konzentrationslagern). Jetzt fielen alle publizistischen Beißhemmungen gegenüber „unserem" Papst. So berechtigt die Empörung über die Schlamperei der Kurie und die skandalösen Holocaust-Relativierungen des antisemitischen Piusbruders auch war, konnte man sich angesichts des brüsken Umschlags vom „Hosianna!" zum „Kreuzige ihn!" an Winston Churchills Wort erinnert fühlen, die Deutschen habe man entweder zu Füßen liegen oder an der Gurgel. Nun also richtete sich der *Furor teutonicus* gegen einen geistlichen Gnadenakt und eine zur Versöhnung ausgestreckte Hand. Zwar war, auch abgesehen vom Spezialfall Williamson, von Anfang an zweifelhaft, dass die verbohrten, ungehorsamen Traditionalisten Güte und Großmut des Pontifex überhaupt verdienten. Doch wenn dieser seiner Bezeichnung als „Brückenbauer" und *Pastor bonus* – guter Hirte – gerecht werden wollte, musste er nach den dauerhaften Spaltungen der Christenheit in der Geschichte doch einen für kirchliche Verhältnisse zeitnahen Versuch wagen, den verlorenen Schafen nachzugehen. Wie konnten sich selbst Katholiken darüber empören, solange der große Konzilstheologe keine Anstalten machte, für eine Einigung theologisches „Tafelsilber" zu verscherbeln? Dies geschah ja dann auch nicht, und mit Gerhard Ludwig Müller berief Benedikt XVI. im Juli 2012 einen Theologen zum Präfekten der Glaubenskongregation, der als Bischof von Regensburg durch sein entschiedenes Vorgehen gegen extreme Tendenzen in der Piusbruderschaft aufgefallen war, Richard Williamson im Januar 2009 ein Hausverbot für alle Kirchen und Einrichtungen der Diözese erteilt hatte und zu den Verhandlungen mit den Piusbrüdern immer wieder sagte: „Es geht nicht um einen Kompromiss. Das Maß ist der katholische Glaube, wie er in den Konzilien von Bischöfen und Päpsten gelehrt wird."[62]

---

62 „Die Kirche ist nicht im Mittelalter verharrt." Interview am 18.11.16 auf katholisch.de

Während einige katholisch-theologische Fakultäten gegen die päpstliche Initiative Sturm liefen[63], setzten neuer Atheismus, jüdisches Holocaust-Trauma, antipapistische protestantische Urreflexe, antirömische Affekte des Deutsch-Katholizismus und ein Beute-witternder Rudeljournalismus eine Dynamik von Verletztheit, Ressentiment, Häme und Rachegelüsten frei, die zu einem regelrechten „Papst-Bashing" führte. Viele öffentliche Reaktionen erinnerten an die Devise: „Avanti dilettanti", so als müsse man sich über die Abseitsregel im Fußball oder über Autokatalysatoren sachkundig machen, könne über Exkommunikation aber munter drauflos reden. Eine ARD-„Extra"-Sendung (4.2.09) erhob Erzbischof Lefèbvre posthum zum „Kardinal". Im Deutschlandfunk dilettierte Interviewer Dirk Müller mit der Frage, ob nicht nur die Position der Piusbrüder, sondern generell der „Alleinvertretungsanspruch der katholischen Kirche quasi ein Angriff auf die Religionsfreiheit" sei, woraufhin selbst Gotthold Hasenhüttl meinte, „das wäre vielleicht übertrieben". Auch kirchliche Zeitschriften wie „Christ in der Gegenwart" (6/09) verbreiteten vereinfachend, die Piusbrüder-Bischöfe seien „rehabilitiert" worden. Damit verbindet man gemeinhin die Vorstellung, einem Inkriminierten, fälschlicherweise Verdächtigten oder ungerecht Verurteilten werde offiziell Wiedergutmachung zuteil und eine „weiße Weste" attestiert. „Der Spiegel" drückte dem Papst die Etiketten „Der Entrückte", „Der weltfremde Stellvertreter", „Fehlbesetzung" und „Pontifex der Pleiten und Pannen" auf und ließ fast nur Papstkritiker zu Wort kommen, darunter anonyme Schmähredner aus dem Internet, die wahrheitswidrig behaupteten, Holocaust-Leugner Williamson werde „vom Papst dafür mit der Erhebung zum Bischof der katholischen Kirche belohnt".

---

63   Dazu ausführlicher Andreas Püttmann: Wir waren Papst. Eine deutsche Massenhysterie, in: Die neue Ordnung 2/2009 (63. Jg.), 109-120, 112ff.

In der „Bild am Sonntag" sah Peter Hahne, der es als evangelischer Theologe eigentlich besser wissen müsste, durch den Vorgang sogar ein katholisches Dogma widerlegt: „Also hatte Martin Luther doch recht, als er im Jahr 1519 die Unfehlbarkeit des Papstes kritisierte und damit seine Verbannung aus der Kirche riskierte." Dass Luther selbst sich derb antijüdisch eingelassen hatte und dass die Unfehlbarkeit eines in Glaubens- und Sittenfragen „ex cathedra" – in aller Form höchster apostolischer Amtsgewalt – endgültig entscheidenden Papstes erst Jahrhunderte später definiert wurde, musste er ausblenden, um diesen billigen konfessionalistischen Punkt zu machen. Auch sein EKD-Ratskollege Bischof Wolfgang Huber, damals ranghöchster Protestant in Deutschland, konnte es nach anfänglichem Schweigen nicht lassen, sich in einem Interview der FAZ (6.2.09) in den „innerkatholischen Klärungsprozess" einzumischen. Seine Begründung war denkwürdig: „Die Fragen sind in der Öffentlichkeit dringlicher geworden, seit sich die Bundeskanzlerin in diesem Zusammenhang geäußert hat." Diese Logik – spricht die Landesherrin, fühlt sich auch der Landesbischof dazu veranlasst – erinnerte geradezu an alte Zeiten von „Thron und Altar".

Die evangelische Pastorentochter im Kanzleramt hatte den deutschen Pontifex ausgerechnet auf einer Pressekonferenz mit einem muslimischen Autokraten mit den Worten gemaßregelt, der Papst müsse „sehr eindeutig" erklären, dass es keine Leugnung des Holocaust geben dürfe, und unmissverständlich deutlich machen, dass es „einen positiven Umgang mit dem Judentum insgesamt" geben müsse; „diese Klarstellungen sind aus meiner Sicht noch nicht ausreichend erfolgt". Eine Frage zu diesem Thema hatten Merkels „spin doctors" vom Bundespresseamt vorab bei Journalisten angeregt, enthüllte die „Süddeutsche Zeitung" später[64]. Vielleicht hielten sie das emotionalisierte Thema für geeignet, von der zu diesem Zeitpunkt schlechten Presse für die Bundeskanzlerin abzulenken und Führungsstärke zu demonstrieren. Laut ZDF-Politbarometer fanden denn auch 65 Prozent der Bevölkerung „die Kritik Merkels am Papst richtig", 28 Prozent nicht[65]. Forsa fragte für den „Stern": „Finden Sie es richtig, dass die Kanzlerin den Papst öffentlich zu einer Klarstellung zum Thema Holocaust aufgefordert hat?" – und stieß auf dreimal so viel Zustimmung wie Ablehnung (71 : 24 %)[66]. Dass „bei Ihnen persönlich das Ansehen des Papstes durch die Wiederaufnahme Richard Williamsons in die Kirche gelitten" habe, verneinte allerdings eine knappe Mehrheit der Befragten (48 : 42 %)[67].

Die SPD-Wahlkämpfer Frank-Walter Steinmeier und Franz Müntefering eiferten Merkel ebenso nach wie CDU-Vize Christian Wulff. In Zeitungen war von „Kulturkampfstimmung" die Rede. FAZ-Romkorrespondent Heinz-Joachim Fischer bezweifelte hingegen, dass durch die Aufhebung einer Exkommunikation „die deutsche Staatsräson" tangiert sei, nur weil ein beteiligter „britischer Kryptobischof aus der argentinischen Pampa im schwedischen Fernsehen" den Holocaust relativiert hatte; eine schon unter diplomatischen Gesichtspunkten ungewöhnliche Kritik am Papst, „gleichsam im Vorbeigehen zwischen

---

64 „Dann sagte ein Mitarbeiter des Bundespresseamtes einem dpa-Journalisten, dass es durchaus möglich und erlaubt sei, die Kanzlerin in der nächsten Pressekonferenz nach dem Papst zu fragen, obwohl ein ausländischer Gast dabei sein werde", berichtete Evelyn Roll in der Süddeutschen Zeitung vom 5.9.2009

65 https://de.statista.com/statistik/daten/studie/3861/umfrage/meinung-zur-papst-kritik-von-angela-merkel/

66 https://de.statista.com/statistik/daten/studie/3743/umfrage/meinung-zur-papst-kritik-der-kanzlerin/

67 https://de.statista.com/statistik/daten/studie/3744/umfrage/ansehensverlust-des-papstes-durch-wiederaufnahme-von-willamson/

dem Präsidenten Kasachstans und dem nächsten Krisenge-
spräch – das schafften nur Deutsche, wunderten sich manche
im Vatikan" (3.3.09). In den kommenden Wochen traten Par-
teimitglieder in großer Zahl – die Rede war von Tausenden –
aus der CDU aus, darunter erstmals überhaupt ein früherer
CDU-Ministerpräsident (von Sachsen-Anhalt): Professor Werner Münch. Der ARD-„Deutschlandtrend" ermittelte im März
mit 32 Prozent für die Union einen Rückgang von über 5 Prozent in der Wählergunst. Doch in der Parteiführung regte sich
kein offener Widerspruch. Nur Bundestagspräsident Norbert
Lammert wagte eine Distanzierung vom antipäpstlichen „rhetorischen Überbietungswettbewerb, der weder gerechtfertigt
noch fair, noch in der Sache hilfreich ist" – freilich nicht ohne
vorher beteuert zu haben, dass auch er Benedikts Entscheidung in der Causa Williamson „völlig unverständlich" finde.

Kirchennahe Katholiken als unbedeutende CDU-Randgruppe?

Unabhängig von der Bewertung in der Sache ist für unser Thema die Opportunitäts- und Machtfrage aufschlussreich: Offenkundig schätzte die Christdemokratin die papsttreuen Katholiken als Quantité négligeable ein, welcher im Zweifel nichts
anderes übrig bleiben werde, als die Union zu wählen. Stalins
höhnische Frage nach den „Divisionen des Papstes" – die nach
der Wahl Karol Wojtylas zum Pontifex 1978 wie ein Bumerang
über Polen auf das Sowjetimperium zurückgefallen war –
schien im Kalkül deutscher Wahlkämpfer wieder mehr im Sinne
Stalins beantwortet zu werden: Die Getreuen des Papstes fielen
selbst in der Unions-Wählerschaft nicht mehr entscheidend ins
Gewicht, gab 2011 – nach Erwin Teufels Anmahnung von mehr
„C"-Profil – Matthias Jung von der „Forschungsgruppe Wahlen"

im „Tagesspiegel" zu verstehen: „Was die christliche Komponente angeht, hat die Union mit Sicherheit kein Defizit. Kaum jemand wird sagen, dass die Union fern von den Kirchen ist. Aber der Anteil der kirchlich Gebundenen ist natürlich sowohl in der Gesamtbevölkerung als auch in der Anhängerschaft der Union quantitativ deutlich zurückgegangen. Nur noch jeder zehnte Unionswähler stammt aus dem Bereich der Katholiken mit einer starken Kirchenbindung. Und es ist nicht so, dass ein Großteil der Katholiken mit starker Kirchenbindung eine andere Partei wählt – es gibt einfach nicht mehr."[68] So leicht kann sich ein Politikberater auf höchster Ebene irren. Zwei Jahre später gründete sich die AfD, mit eigenem (allerdings kleinem) Christen-Arbeitskreis und laut Umfragen 2016 rund vier Millionen christlichen Sympathisanten, darunter je 200000 Protestanten und Katholiken mit starker Kirchenbindung.

Auch ohne dieses heutige Wissen konnte man schon damals entgegnen: Erstens bemisst sich die Christlichkeit einer Partei sozialethisch mehr nach deren programmatischer Substanz und politischer Praxis als nach der wahrgenommenen Kirchennähe. Zweitens gehören nicht nur „Katholiken mit starker Kirchenbindung" zum „C"-relevanten Klientel, sondern auch kirchennahe Protestanten. Sie stellen einen Großteil jener Enttäuschten, die sich in Kleinparteien wie der „Partei Bibeltreuer Christen" zusammenfanden, die keineswegs durchweg bedeutungslos waren: Als Edmund Stoiber die Bundestagswahl 2002 verlor, die Union 6000 Stimmen hinter der SPD landete und darum weitere vier Jahre mit Wolfgang Thierse als Bundestagspräsident leben musste, erreichten die christlichen Kleinparteien zusammen etwa 120000 Stimmen. Drittens geht es nicht

---

68   „Die CDU muss bei den Jüngeren gewinnen." Interview mit dem Wahlforscher Matthias Jung über die Programmatik der Partei und die Rolle der Kanzlerin, in: Der Tagesspiegel vom 3.8.2011

bloß um jene Enttäuschten, die eine andere Partei wählen, sondern auch um Abwanderer zu den Nichtwählern.

Viertens waren schon potentielle CDU-Wähler zu einer anderen parlamentarischen Partei abgewandert. Eine Studie der Adenauer-Stiftung, deren Daten übrigens Jungs Forschungsgruppe Wahlen erhob, stellt fest: „Im zeitlichen Umfeld der Bundestagswahl 2009 ist der Anteil katholischer FDP-Wähler angestiegen"[69]; mit 43 Prozent der Wählerschaft der Liberalen war er weit größer als jener der Protestanten (28 %) und Konfessionslosen (25 %). 28 Prozent der FDP-Wähler waren mindestens gelegentliche katholische Kirchgänger, kaum weniger als bei der Union (33 %) und deutlich mehr als bei Grünen, SPD und Linken. Im Vergleich zur Wahl 2005 legte die FDP unter Katholiken stark zu (+ 6 %), während die CDU bei ihnen (– 4 %), insbesondere den regelmäßigen Kirchgängern (– 5 %) stärker verlor als bei anderen konfessionellen Gruppen.

Fünftens hätte eine qualitative Analyse der Bedeutung christlicher Wahlbürger auch deren soziologisches Profil zu beachten. Elisabeth Noelle-Neumann identifizierte durch ihre „Skala Persönlichkeitsstärke" Meinungsführer in allen sozialen Schichten. Deren typische Eigenschaften sind: Geselligkeit, Kommunikationsfreude, Familiensinn, Hilfsbereitschaft, Fröhlichkeit, Optimismus und eine hohe Mediennutzungskompetenz. Vieles davon findet sich überdurchschnittlich bei kirchennahen Christen wieder. Allensbach-Projektleiter Wilhelm Haumann verweist auf „ein überdurchschnittliches Interesse der Kirchennahen an außerkirchlichen Themen und auch eine überdurchschnittliche Bereitschaft, sich öffentlich über soziale oder politische Fragen zu äußern". Der Bertelsmann-Religionsmonitor 2008 betont,

---

69   Viola Neu: Religion, Kirchen und Gesellschaft. Ergebnisse einer Umfrage der Konrad-Adenauer-Stiftung, Sankt Augustin/Berlin 2012, 12.

„dass religiöse Inhalte einen strukturierenden Einfluss auf das gesamte Erleben und Verhalten eines Individuums ausüben", dass sogar häufig „gesellschaftliche Diskurse in einer religiösen Semantik geführt werden und eine religiöse Signatur tragen", was die Gruppe der Hochreligiösen „auch soziologisch und politologisch höchst bedeutsam" mache; bereit, „ihre religiösen Überzeugungen aktiv in die öffentliche Diskussion einzubringen", seien sie ein „nicht zu unterschätzender sozialer Faktor"[70].

Und von all dem abgesehen: Eine Union, die sich der Tradition als „Demokratie der Toten" (Gilbert Keith Chesterton) verpflichtet weiß, sollte hierzu auch Konrad Adenauer hören. Auf dem CDU-Bundesparteitag 1962 schärfte er den Delegierten ein: „Wie es auch immer sein mag, ich würde empfehlen, das ,C' in unserem Namen als Leitmotiv nicht davon abhängig zu machen, ob es uns politisch mehr oder weniger Stimmen bringt, sondern dazu aus klaren Gründen prinzipieller Entschiedenheit zu stehen und die Frage der Opportunität in diesem Punkte überhaupt nicht zuzulassen."

Evangelische Häme für den „angeschlagenen Boxer"

In der EKD wurde die Veränderung des konfessionellen Meinungsklimas nicht ohne Genugtuung wahrgenommen. Eine im Oktober 2009 an die Öffentlichkeit gelangte kirchenamtsinterne Expertise von Oberkirchenrat Thies Gundlach stellte die eben noch so stark erscheinende katholische Kirche als „angeschlagenen Boxer" dar; „die intellektuelle und positionelle

---

70   Stefan Huber: Aufbau und strukturierende Prinzipien des Religionsmonitors, in: Bertelsmann-Stiftung (Hg.): Religionsmonitor 2008, Gütersloh 2007, 19-29, 25 und 28.

Präsenz in gesellschaftlich relevanten und politisch heiklen Fragen" werde auch deshalb neuerdings „deutlich von der evangelischen Kirche dominiert und geprägt", weil vom neuen Vorsitzenden der Deutschen Bischofskonferenz, dem Freiburger Erzbischof Robert Zollitsch, keine orientierende und prägende Kraft ausgehe. Der katholische „Ökumene-Bischof" Gerhard Ludwig Müller nannte diese Bemerkungen „plumpen Nonsens", die Deutsche Bischofskonferenz sagte die halbjährliche Plenarsitzung des katholisch-evangelischen Kontaktkreises ab.

Kaum war der durch die peinliche Indiskretion angerichtete Schaden durch Entschuldigungen von höchster Stelle begrenzt, da exemplifizierte mediale „Begleitmusik" zur Wahl des neuen EKD-Ratsvorsitzenden konfessionalistische Konkurrenzen. Im Leitkommentar: „Weiblich und streitbar" der „Frankfurter Allgemeine Zeitung" vom 9. Oktober hielt es der Redakteur und evangelische Theologe Reinhard Bingener für angebracht, sich und den Lesern auszumalen, wie „orthodoxe Patriarchen und manche römisch-katholische Würdenträger ob der Wahl Margot Käßmanns verstört an ihren Gewändern nesteln". Er begrüßte „die Wahl einer geschiedenen Frau" zur höchsten Kirchenrepräsentantin und als „ökumenisches Signal" dafür, dass man „Streit in Kauf nimmt" und Schluss mache mit dem „ökumenischen Stillhalten". Schon möglich und legitim. Doch musste man dafür die Repräsentanten anderer Kirchen und eines anderen Kirchenverständnisses als verlegene Trottel in komischen Gewändern karikieren, die diese Wahl kalt erwischt habe?

Bingener sah die Huber-Nachfolgerin schon deshalb gegenüber „männlichen Nachfolgeaspiranten" im Vorteil, weil sie „die Einzige" sei, die neben Huber „öffentlich wahrgenommen" wurde. Sie habe „den Zusammenhang von Religion und Mediengesellschaft verstanden". Bedeutet dies nicht, dass eine weitgehend kirchenfremde, entchristlich-te Öffentlichkeit und ihre „gatekeeper" – die Nachrichtenflut selektierende „Schleusenwärter" – im journalistischen Berufsstand darüber mitbestimmen, wen eine Kirche an ihre Spitze wählt? Wird hier nicht personalpolitisch ein Mechanismus der Anpassung und Selbstsäkularisierung transparent, der die wachsende „positionelle Präsenz" der evangelischen Kirche im Vergleich zur katholischen in einer immer kirchenferneren Umwelt erklärt? So kann man sich leicht „in politisch heiklen Fragen" prägend fühlen: durch die letztlich erborgte Kraft via Schulterschluss mit der vorherrschenden Meinung. Eine Kirche, die sich unter diesen Umständen „dominant" wähnt, merkt gar nicht, dass in Wirklichkeit sie die Dominierte ist. Wenn nicht größere geistliche Vitalität, sondern die Wahrnehmung als in der Lebensführung weniger fordernde „Kirche light" das Geheimnis „positioneller Präsenz" in der säkularen Gesellschaft ist, sollte man sich seiner „Relevanz" als Kirche besser nicht zu laut rühmen.

Dass der liberale Kulturprotestantismus, schon in Gestalt einer Reihe hoch respektabler Bundespräsidenten – darunter ein Pastor und drei EKD-Synodale –, der Republik wertvolle integrative Dienste leistete, gleichsam als Kompromiss zwischen dem christlichen und dem areligiösen Deutschland, soll damit nicht geschmälert werden. Der wichtigsten politischen Mission des liberalen Kulturprotestantismus könnten wir aber vielleicht gerade erst beiwohnen: Eine protestantische Pfarrerstochter als Kanzlerin, im Amt gewachsen, stemmt sich als christlich-liberales Bollwerk autoritären Kräften im In- und Ausland entgegen: in Aufgeregtheiten versachlichend, pflichtbewusst, empathisch, frei von Eitelkeit und Affären, mit beachtlichen „Steherqualitäten" und Frustrationstoleranz. Das katholische Deutschland hat sie damit – bis auf jene, die sich auch an Papst Franziskus reiben – versöhnt. Deutlich wurde dies durch einen demonstrativen doppelten Schulterschluss zwischen Kanzlerin und Katholiken zu Beginn des Wahljahres 2017: Am 23. Januar hielt Merkel beim Würzburger Diözesanempfang – im CSU-Land – die Festrede, eine Woche später wurde sie in Stuttgart mit dem Eugen-Bolz-Preis für praktizierte christliche Verantwortung in der Politik ausgezeichnet. Die Laudatio hielt der Vorsitzende der Deutschen Bischofskonferenz, Kardinal Reinhard Marx. Die Eugen-Bolz-Stiftung pflegt das Andenken an den von den Nationalsozialisten ermordeten Katholiken und Staatsmann Eugen Bolz (1881–1945).

Missbrauchsskandal: Glaubwürdigkeits-GAU und antikatholische Kampagne

Einen gravierenden Glaubwürdigkeitsverlust des Katholizismus als gesellschaftlicher Größe in Deutschland bedeutete die Aufdeckung von zahlreichen Fällen sexuellen Missbrauchs durch eine kleine, aber dem Anspruch der Kirche nach beschämende Anzahl von Priestern und Kirchenmitarbeitern. Im Januar 2010 löste eine beherzte Initiative des Jesuiten Klaus Mertes am Berliner Canisius-Kolleg die Aufklärung der meist Jahrzehnte zurückliegenden Taten aus. Im weiteren Verlauf wurde journalistisch oft nicht deutlich zwischen Opfer- und Täterzahl, Verdachtsfall und Fakt sowie nach Art und Schwere der Vergehen differenziert: Früher in weiten Teilen der Gesellschaft übliche Formen körperlicher Züchtigung (Ohrfeigen, Schläge, Stockhiebe) und psychisch belastende Schikanen, unangemessene Zärtlichkeiten und sexuelle Annäherungsversuche, handfeste genitale Übergriffe und Vergewaltigung gleichkommender Sexualverkehr landeten in einem Topf.

Skandalös war neben den Taten selbst, dass etliche Täter aufgrund eines irrigen Läuterungs- und Therapie-Optimismus nur versetzt und an anderer Stelle wieder in der Arbeit mit Kindern und Jugendlichen eingesetzt wurden, aber auch, dass mancher kirchliche Vorgesetzte auf Hinweise unzureichend reagierte oder den Opfern nicht adäquat begegnete. Der Sekretär der Deutschen Bischofskonferenz, Jesuitenpater Hans Langendörfer, fand angemessene Worte: „Die Enthüllungen zeigen ein dunkles Gesicht der Kirche, das mich erschreckt." Während von Island aus eine Aschewolke über den europäischen Kontinent zog, fand der Trierer Bischof Stephan Ackermann, Beauftragter der Deutschen Bischöfe für Fälle sexuellen Missbrauchs, für die lange Zeit tabuisierten Übergriffe das Bild: „Eine giftige, stinkende Wolke entlädt sich."

Zwar konnte man im Blick auf die verfügbaren Daten, die auf etwa ein Prozent Betroffener im Klerus und, so der Kriminologe Christian Pfeiffer, auf einen Anteil katholischer Kirchenmitarbeiter von 0,1 Prozent an der Gesamtzahl aller Missbrauchsfälle schließen ließen, nicht von einem „systemischen" Phänomen reden. Doch wären viele Taten nicht passiert, wenn in der Kirche nicht über lange Zeit ein systemischer Ungeist von Verdrängung und Verleugnung geherrscht hätte, dem der Schutz der Institution und das Ansehen des Priesterstandes wichtiger war als der Schutz der Opfer. Dieses Denken vom Vorrang des kirchlichen Kollektivs vor dem Individuum, der heiligen Institution vor der (fast immer) unheiligen Person kann man auch in anderen Zusammenhängen bis heute vor allem im rechtskonservativen Kirchenmilieu antreffen. Gegen Versuche, das Problem auf einzelne Täter zu reduzieren und die Institution einseitig als deren zweites Opfer darzustellen, sagte Pater Mertes in einem Interview für „Zeit online" (15.4.2010): „Wenn ich die Kirche als Ganzes verstehe, kann ich mich nicht von einem Teil distanzieren.

Der Hinweis auf ‚die da' und ‚damals' funktioniert nicht – weder technisch noch theologisch. Ich kann mich nicht von den Tätern distanzieren, denn sie sind meine Brüder." Den Einwand: „Das sagen die Vertuscher aber auch!", parierte er bekräftigend: „Die sind auch meine Brüder. Um mit einem praktischen Argument zu antworten: Ich kann den Opfern doch nur signalisieren, dass ich der richtige Ansprechpartner bin, weil ich mit der Tat etwas zu tun habe. Es gibt die stellvertretende Übernahme von Schuld. Dass sich jemand als schuldig bekennt, ist doch die entscheidende Voraussetzung für einen Versöhnungsprozess! Wie könnte ich sonst eine Entschuldigung aussprechen?"

Auch Kardinal Karl Lehmann betonte in einem FAZ-Essay: „Kirche der Sünder, Kirche der Heiligen" (1.4.2010), dass der Skandal „die gesamte Institution in die Verantwortung bringt". Dazu gehörten Versuche, „durch schnelles Abwehren und Verdecken eines Verdachtes oder gar einer Verfehlung die Institution Kirche und gerade auch Amtspersonen unter allen Umständen vor einem Makel zu bewahren. Gewiss gab es da auch eine Kumpanei, wie sie in manchen ‚geschlossenen Systemen' möglich ist"; zudem habe es Fehlentwicklungen in der Rezeption des Zweiten Vatikanischen Konzils gegeben: Im Bemühen um eine „erneuerte Zuwendung zur modernen Welt" habe man „die Sogwirkung dieser Welt wohl vielfach unterschätzt. Hemmungen entfielen, eine falsche Toleranz konnte sich ausbreiten. Die ‚Welt' erwies sich als mächtiger. Die für die Zuwendung zur Welt noch wichtiger gewordene Spiritualität, innere Stärke und Selbstbehauptung hingegen schrumpften." Doch auch außerkirchliche Faktoren sprach er an: Abstand und Unterschied zwischen Erwachsenen und Kindern seien durch „gewisse Zweige der modernen Pädagogik" vernebelt worden, während „die Pädophilenbewegung zu einem unverantwortlichen Umgang mit Kindern zu verführen suchte", sodass

schönfärberische Entschuldigungen für Übergriffe zur Verfü-
gung standen. „Bei manchem, der eine starke Neigung dazu
in sich verspüren konnte, wurden die Widerstandskräfte durch
solche Entschuldigungen geschwächt." Für die Kirche mache
es allerdings „keinen Sinn, mit dem Finger zuerst auf andere zu
zeigen". Man dürfe sich „nicht wundern, wenn wir streng – gewiss auch manchmal mit Schadenfreude und Häme – an jenen
Kriterien gemessen werden, mit denen die Kirche sonst ihre
sittlichen Überzeugungen vertritt, besonders hinsichtlich der
Sexualität. Die aufgedeckten Missbrauchsfälle wirken hier wie
ein Bumerang."

Obwohl sich der zunächst besonders betroffen erscheinende
Jesuitenorden und die Bischöfe bei den Opfern entschuldigten und mit fachkompetenter Unterstützung eine konsequente Aufklärung und Entschädigung einleiteten, nahmen einige
Medien und Politiker die Affäre zum Anlass, der Kirche man-
gelnden Aufklärungswillen zu unterstellen, den Volkszorn zu
schüren und den Eindruck zu erwecken, es handele sich um ein
spezifisches Problem des katholischen Klerus. Der Vorsitzende
der Deutschen Bischofskonferenz, Freiburgs Erzbischof Robert
Zollitsch, verwahrte sich in ungewohnter Schärfe gegen den
von Bundesjustizministerin Sabine Leutheusser-Schnarrenber-
ger „undifferenziert und emotional" erweckten Eindruck, die
Kirche verweigere sich konstruktiver Zusammenarbeit mit den
Strafverfolgungsbehörden und die bis dahin bekannt gewordenen rund 120 Missbrauchsfälle stammten aus der jüngsten
Zeit. Es habe noch nie in der Bundesrepublik von Seiten der Politik eine „ähnlich schwerwiegende Attacke auf die katholische
Kirche gegeben". Die affektgeladene und interessengeleite-
te Forderung der FDP-Ministerin – Mitglied im Beirat der „Humanistischen Union" –, dass die katholische Kirche sich einem
„Runden Tisch" zur Aufarbeitung von Missbrauch allein in ihren

Einrichtungen zu stellen habe, durchkreuzte die evangelische Bundesfamilienministerin Kristina Schröder: „Ich finde es falsch, jetzt nur die katholische Kirche an den Pranger zu stellen. Probleme mit Kindesmissbrauch gibt es in unterschiedlichen Bereichen. Etwa in Internaten – egal, ob kirchliche Einrichtungen oder säkulare –, in Sportvereinen oder in Familien."[71] Zusammen mit Bundesbildungsministerin Annette Schavan schlug sie einen „Runden Tisch" aller relevanten gesellschaftlichen Gruppen vor, bei dem die Vorbeugung und Hilfe für die Opfer im Vordergrund stehen sollten.

Hans-Ludwig Kröber, bis 2015 Direktor des Instituts für Forensische Psychiatrie an der Charité in Berlin und einer der bekanntesten Kriminalpsychiater Deutschlands, sprach in einem „Cicero"-Interview (31.3.2010) im Blick auf jährlich etwa 15 000 polizeilich gemeldete Fälle von Kindesmissbrauch, auf rund 600 000 Bedienstete der katholischen Kirche und 94 Tatverdächtige in 15 Jahren von einer „verblüffend geringen Zahl. Das hieße, dass das aktuelle Risiko des sexuellen Missbrauchs in Einrichtungen der katholischen Kirche noch viel geringer ist, als ich das zuerst vermutet hätte." In der Debatte habe man zudem „sexuellen Missbrauch und Prügelpädagogik, die es damals unstreitig an allen Schulen gab, so oft vermischt, dass man das Gefühl hatte, man will die Zahlen strecken". Hinsichtlich des Klerus erklärte der bekennende „nicht gottgläubige" Lutheraner: „In jedem Fall werden Menschen in ihrer Entwicklungsphase zu Pädosexuellen, und nicht erst, nachdem sie lange Zeit auf Sex verzichten mussten. Man wird, nebenbei bemerkt und rein statistisch gesehen, eher vom Küssen schwanger als vom Zölibat pädophil." Er sei „verwundert" über die „momentane Aufregung"; heute schafften es

---

71   FAZ-Interview vom 3.3.2010

„zwei Priester der Regensburger Domspatzen auf die Titelseite, die verstorben sind und davor rechtskräftig abgeurteilt wurden. Lange nach ihrem Tod. Warum? Weil Georg Ratzinger auch bei den Domspatzen war, und man hoffte, man wäre jetzt endlich beim Papst." Seine Erfahrung mit der Kirche sei gut: „Ich habe viele Vergleichsmöglichkeiten mit anderen Institutionen, auch weil ich mich mit anderen Wissenschaftlern und Forschungsgruppen austausche, und die Bischöfe im Vatikan, die sich mit diesem Thema beschäftigten, waren die klügste und aufmerksamste Gruppe, vor der ich zum Thema sexueller Missbrauch jemals gesprochen habe."

In der auch von „reformkatholischer" Seite angestrengten Zölibatsdebatte widersprach Alice Schwarzer bei „Maybrit Illner" (11.3.2010) der Vorstellung, sexuelle Enthaltsamkeit sei eine nicht lebbare Zumutung: „Ich glaube, es gibt Menschen, Männer oder Frauen, die sich in der Tat nicht für Sexualität interessieren. In unserer völlig hochgeheizten Gesellschaft kann man sich das gar nicht mehr vorstellen. Ich respektiere das durchaus. Ich glaube ganz ehrlich gesagt auch nicht an den Zusammenhang von Zölibat und Missbrauch, überhaupt nicht." Während Illner insinuierte, dass Missbrauch „vermehrt in der katholischen Kirche geschieht", hob die Feministin hervor, dass drei von vier Fällen in Familien passierten. Gegen die Erklärung des Missbrauchsopfers Miguel Abrantes Ostrowski, der „ganz verklemmte Menschen" im Klerus für das Übel verantwortlich machte, setzte Frau Schwarzer das Beispiel der edel-linken Odenwald-Schule, an der es „eine institutionalisierte Überschreitung der Schamgrenzen" und spätestens seit 1971 regelmäßig sexuellen Missbrauch gab. Auch Psychiater Manfred Lütz erinnerte in der FAZ und im katholischen Magazin „Theo" daran, dass Linke „die Pädophilen gehätschelt" und „die katholische Sexualmoral als repressives Hemmnis für die ‚Emanzipation der kindlichen

Sexualität' bekämpft" hätten; ein 1989 im Deutschen Ärzteverlag publiziertes Buch habe offen für die Erlaubnis pädophiler Kontakte geworben. Heute aber werde „die katholische Kirche isoliert als Sündenbock für all die abseitigen und skandalösen Träume vom Kindersex gebrandmarkt, die in alternativen Kreisen vor vierzig Jahren geträumt wurden".

In den meisten Leitmedien kam die gesellschaftskritische Einordnung des Themas aber schon deshalb nicht vor, weil es den „kritischen" Journalisten in der Missbrauchsfrage um etwas anderes ging: „Jedenfalls hilft das, die katholische Kirche nach und nach kleinzukriegen", verplapperte sich eine Talkshow-Redakteurin auf einer Politiker-Geburtstagsfeier am Abend des 2. März 2010 in Berlin gegenüber einem katholischen Kollegen. In der online-Ausgabe (7.3.2010) der „Frankfurter Rundschau" war sogar kurzzeitig die Überschrift: „Papst soll zu Odenwald Stellung beziehen" zu lesen. Exemplarisch für den überdrehenden Entlarvungseifer war auch, wie Frank Plasberg in seinem Talk „Hart aber fair" (24.2.2010) gegen den Widerspruch selbst Heiner Geißlers hartnäckig versuchte, Erzbischof Zollitsch einen Vorwurf daraus zu machen, dass er die Entschuldigungserklärung der Deutschen Bischöfe nach ihrer Konferenz in Freiburg teilweise vom Blatt abgelesen habe. Zu den im Fernsehen hauptsächlich gefragten guten Haltungsnoten in „Betroffenheit" (am besten: bebende Stimme und Tränen) passte das sorgsam formulierte Statement des Vorsitzenden der Bischofskonferenz nicht; doch am Inhalt ließ sich auch für denjenigen nichts aussetzen, der eine „freie Rede" wohl schon wegen ihres höheren Risikos sprachlicher Missgriffe bevorzugt hätte, um das Rad der Skandalierung weiter drehen zu können. Der Titel der Sendung „Die Priester und der Sex" eröffnete die ganze Bandbreite der Nebenschauplätze und suggerierte dieselbe besondere Betroffenheit des zölibatären Klerus bei der Pädophilie, die auch die Justizministerin mit ihrer Sonderbehandlung der katholischen Kirche insinuiert hatte – unbekümmert darum, dass dann zwei Klassen von Opfern geschaffen worden wären: die von katholischen Geistlichen Missbrauchten als „Opferklasse Eins" und alle anderen als Opfer zweiter Klasse, die weniger staatlichen und medialen Aufarbeitungsaufwand verdienten.

Doppelmoral wurde ein Merkmal der ganzen Debatte: Diejenigen, die sonst immer auf die Selbstständigkeit der Diözesen und der deutschen Kirche pochten, gaben sich plötzlich romfixiert und verlangten ein Wort des Papstes speziell zu Deutschland, obwohl der sich schon mehrfach deutlich und einfühlsam zum Missbrauchsskandal geäußert und sich mit Opfern getroffen hatte. Kirchenträumer, die seit Jahrzehnten alles daran setzten, das Besondere und Herausgehobene des priesterlichen Amtes in der Kirche zu relativieren, betonten es nun eifrig, um einen besonders strengen Maßstab anlegen zu können. Sonst glühend Psychotherapiegläubige und Resozialisierungsoptimisten schüttelten den Kopf darüber, wie man bloß so naiv sein konnte, anzunehmen, dass pädophil auffällig gewordene Priester nach einer Therapie wieder in der Seelsorge einzusetzen seien. Renate Künast und Claudia Roth als Chefinnen der ehedem pädophilen-lobbyistischen „Grünen" kehrten, statt vor der eigenen Türe, ihre Richterrolle über die Vergangenheit der Kirche heraus. Mit diesen beiden in der „Humanistischen Union" vereint – die früher „staatliche Überreaktionen" in Sachen Kinderpornografie beklagt hatte und noch im Jahr 2000 nur mit knapper Mehrheit die Entfernung von Links zu einem Pädo-Portal auf ihrer Homepage beschloss – schwang die Bundesjustizministerin sich zur Jeanne d'Arc des Kinderschutzes in der Kirche auf. Fürsprecher eines „sozialen Gewissens", die sonst verfochten, die Kirche dürfte mit Mitarbeitern nicht so kalt und rücksichtslos umgehen wie ein weltlicher Betrieb, wollten straffällig gewordene Priester nun gleich „rausgeworfen" sehen – ohne zu bedenken, dass die Gefahr durch solche Personen damit keineswegs aus der Welt geschafft wäre. Abtreibungsbefürworter empörten sich über Gewalt gegen Kinder, Gegner strafrechtlichen Lebensschutzes forderten schon bei Missbrauchsverdacht einen Meldeautomatismus gegenüber der Staatsanwaltschaft – ohne sich hierbei um den Willen der Opfer zu kümmern. Kurzum: Solche öffentliche Heuchelei wie im Frühjahr 2010 hatte die Republik wohl noch nicht gesehen. Das alte „Écrasez l'infâme!" war wieder da. Die FAZ meldete am 31. März eine im Vergleich zum Vorjahr „qualitative wie quantitative Steigerung" von Angriffen auf Kirchengebäude, die sich „deutlicher als noch vor einem Jahr gegen die Symbole des Glaubens richteten".

Insgesamt vermittelte die Diskussion über sexuellen Missbrauch in katholischen Einrichtungen – „evangelische Fälle" kamen meist nur als Randnotiz vor – den Eindruck, dass es sich, so Jan Ross schon 2002 in „Die Zeit"[72], um „die naturnotwendigen Folgen eines widernatürlichen Systems" handele, wie es bereits der „Völkische Beobachter" behauptet habe. Joseph Goebbels wütete am 28. Mai 1937 in der Berliner Deutschlandhalle vor 20 000 Zuhörern und live übertragen auf allen Rundfunksendern gegen „Schweinereien", „herdenmäßige Unzucht" und Missbrauch von Abhängigen, die im Klerus um sich gegriffen hätten; „natürlich übertrieb er maßlos bei den Zahlen (,Tausende und Abertausende Fälle') und schwieg sich aus über die teils höchst manipulativen Ermittlungsmethoden, wobei etwa Pfleglinge und Insassen kirchlicher Heime mit Schokolade und Zigaretten zur Bezichtigung des Personals überredet worden waren". Zwei Monate zuvor hatte Pius XI. die

---

72   Jan Ross: Kabale und Triebe. Schon lange wird sexueller Missbrauch in der Kirche kritisiert, nicht immer aus edlen Motiven, in: Die Zeit vom 8.2.2002

Nationalsozialisten schwer verärgert, indem er in der Enzyklika „Mit brennender Sorge" die kirchenfeindlichen Schikanen und den ideologischen Totalitätsanspruch des Regimes anprangerte. Das Fazit des „Zeit"-Artikels, der historisch weit ins 19. Jahrhundert, in die französische Aufklärung und auf Luthers Polemiken gegen die „Hure Babylon" zurückgriff: „Die Verderbtheitskritik ist über weite Strecken ein Recyclingunternehmen, in dem Beispiele, Motive und Argumente von Jahrhundert zu Jahrhundert weitergereicht werden."

Selektion, Konsonanz und Kumulation in der Medienberichterstattung schlugen sich in Umfragebefunden nieder: Im Juni 2010 meinte laut Allensbach fast die Hälfte der Bevölkerung (47 %), „dass Kindesmissbrauch unter Priestern in der katholischen Kirche weit verbreitet ist"; nur 36 Prozent vertraten die zutreffende Einschätzung, dass „nur eine kleine Minderheit" der Priester betroffen sei[73]. Die Zustimmung zur Rolle der Kirche als moralische Instanz sank signifikant: „Die Kirche kann Antwort geben auf moralische Probleme und Nöte des Einzelnen", hatten im August 2005 noch 45 Prozent der Bevölkerung gemeint, nun – im Juni 2010 – waren es 30 Prozent, im Februar 2011 wieder 37 Prozent[74]. Eine ähnliche „Delle" zeigte sich bei der Kompetenzzuschreibung: „kann Antwort geben auf Fragen nach dem Sinn des Lebens" (63 % - 50 % - 58 %) – ein Hinweis darauf, dass die Glaubenswahrheiten in der Verkündigung der Kirche nicht von ihrer moralischen Glaubwürdigkeit abzukoppeln sind. Die Botschaft mag zwar immer größer als der Bote sein, doch zu groß darf die Diskrepanz nicht werden, sonst schlägt die moralische Glaubwürdigkeit auf die religiöse durch. Jesus lehrte ja auch, dass man die Seinen „an ihren Früchten erkennen" werde.

---

73   Allensbacher Archiv, IfD-Umfrage 10056.

74   Ebd., IfD-Umfragen 7073, 10052, 10056, 10067.

Die nach Jahresfrist erkennbare leichte Erholung bei der allgemeinen Moralkompetenz zeigte sich freilich nicht beim Vertrauen in die kirchliche Bereitschaft zur Aufarbeitung des Missbrauchs: Im Februar 2011 bekundeten immer noch 68 Prozent der Bevölkerung und 56 Prozent der Katholiken, sie hätten „nicht das Gefühl, dass sich die Kirche ernsthaft bemüht hat, diese Missbrauchsfälle aufzuklären"; nur 16 Prozent der Bevölkerung und 29 Prozent der Katholiken hatten die tatsächlichen Bemühungen wahrgenommen.

Auch die Autorität des Papstes zeigte sich beschädigt. Laut einer Forsa-Umfrage für den „Stern" war das Vertrauen in ihn im März 2010 auf 39 Prozent gefallen[75]. Das war ohne vergleichbaren Großskandal allerdings auch Johannes Paul II. so ergangen, dessen Popularität in Deutschland elf Jahre nach seiner Wahl von 70 auf 30 Prozent abgesackt war, parallel zum Schwinden der Meinung, er sei „eher fortschrittlich", von 60 auf 24 Prozent[76]. Die ebenfalls im März zur Abstimmung gestellte „Ansicht, dass der Papst angemessen mit den Missbrauchsfällen in der katholischen Kirche umgeht", teilte nur jeder Fünfte in Deutschland, 73 Prozent meinten dies nicht[77], obwohl Joseph Ratzinger schon als Präfekt der Glaubenskongregation für eine strikte Haltung im Vatikan stand. Im Juni wurde er auf die Frage: „Wer ist eine moralische Instanz für Deutschland?" zwar noch von der Hälfte der Deutschen mit angegeben, knapp vor der erst vier Monate zuvor nach einer Alkoholfahrt über eine rote Ampel vom EKD-Ratsvorsitz und Bischofsamt zurückgetretenen Margot Käßmann (49 %), doch eine Reihe aktiver Politiker

---

75 http://www.stern.de/panorama/gesellschaft/stern-umfrage-buerger-rechnen-mit-kirche-und-papst-ab-3570648.html

76 Allensbacher Jahrbuch 1984-1992, 208.

77 Laut TNS-Forschung, https://de.statista.com/statistik/daten/studie/153601/umfrage/umgang-von-papst-benedikt-mit-missbrauch/

– die als Berufsstand ein geringes Prestige haben und nicht gerade als Moralexperten gelten – zogen am katholischen Kirchenoberhaupt vorbei: Horst Köhler (66 %), Ursula von der Leyen und Angela Merkel (je 60 %), Karl-Theodor zu Guttenberg (59 %) und Joachim Gauck (53 %)[78]. Im Juli fragte das Institut: „Wer verkörpert ein Deutschland, wie Sie es sich wünschen?" Jetzt landete Benedikt XVI. mit 35 Prozent auf Platz 21 von 28, knapp vor Wolfgang Joop, Mario Barth und Heidi Klum, hinter Andrea Berg, Alice Schwarzer und Stefan Raab, abgehängt durch Günter Grass (50 %), Margot Käßmann (51 %) und Mesut Özil (52 %), deklassiert durch Angela Merkel und Thomas Gottschalk (je 59 %), Christian Wulff (61 %) und Karl-Theodor zu Guttenberg (66 %), und „Welten" hinter Joachim Löw (82 %), Helmut Schmidt (83 %) und Günther Jauch (84 %)[79].

Wer verkörpert ein Deutschland, wie Sie es sich wünschen? (2010)

Günther Jauch	84 %
Helmut Schmidt	83 %
Joachim Löw	82 %
Karl-Theodor zu Guttenberg	66 %
Christian Wulff	61 %
Angela Merkel	59 %
Thomas Gottschalk	59 %
Mesut Özil	52 %
Margot Käßmann	51 %
Günter Grass	50 %
Till Schweiger	50 %
Lena Meyer-Landrut	50 %
Stefan Raab	44 %
Alice Schwarzer	41 %
Andrea Berg	36 %
Benedikt XVI.	35 %
Wolfgang Joop	32 %
Mario Barth	32 %
Heidi Klum	31 %
Bernd Eichinger	31 %

---

78   https://de.statista.com/statistik/daten/studie/163968/umfrage/umfrage-moralische-instanz-fuer-deutschland/

79   https://de.statista.com/statistik/daten/studie/163963/umfrage/umfrage-verkoerperung-von-deutschland/

Auf die im September 2010 von „mindline media" gestellte Frage: „Einmal unabhängig von Ihrer eigenen Glaubenszugehörigkeit, ist Papst Benedikt XVI. für Sie persönlich eine moralische Instanz, die Ihnen Orientierung bietet?", antwortete nur je ein Sechstel der Bevölkerung: „Ja, sicher" und „Ja, vielleicht", genau so viele, also jeder Dritte wählte die schroffe Antwort: „Nein, auf keinen Fall" und ein weiteres Viertel: „Eher nicht"[80].

Wie ungerecht das in Deutschland verbreitete Urteil über Benedikt XVI. gerade hinsichtlich des Missbrauchsproblems war, macht eine Kolumne der „New York Times" unter der Überschrift „The better Pope"[81] deutlich, die den deutschen mit dem polnischen Papst verglich: „Der letzte Papst war ein großer Mann, aber er war auch ein schwacher Verwalter, dürftiger Delegierer und manchmal miserabler Menschenkenner. Die zögerliche Reaktion der Kirche auf die Skandale sexuellen Missbrauchs war ein Zeugnis dieser Schwächen. Da war die Freundschaft Johannes Pauls mit Hochwürden Marcial Maciel Degollado, dem Gründer der Legionäre Christi. Der letzte Papst mochte ihn und verteidigte ihn. Doch wir wissen jetzt, dass Pater Maciel ein sexuell unersättlicher Soziopath war." Sein Erfolgsgeheimnis im Vatikan: „Er war ein außergewöhnlich erfolgreicher Spendensammler, und diese Mittel flossen häufig zu Mitgliedern des inneren Kreises von Johannes Paul." Nur ein Kirchenmann sehe bei der Skandalgeschichte gut aus: Joseph Ratzinger. Jason Berry vom „National Catholic Reporter" habe berichtet, „wie Ratzinger bei einer Gruppe von Legionärs-Priestern vortrug und danach eine Geldsumme ‚für seinen Wohltätigkeitsgebrauch' erhalten sollte. Der Kardinal war ‚auf sehr herzliche Weise eisenhart („tough as nails")',

---

80   https://ottobrunner.info/item/1304-umfrage-papst-ist-keine-leitfigur

81   Ross Douthat: The better Pope, in: New York Times vom 11.4.2010, eigene Übersetzung (A.P.).

sagte ein Zeuge, und lehnte das Geld ab. Dies ist kein Einzel-
fall. In den Neunzigerjahren war es Ratzinger, der auf eine
umfassende Untersuchung im Fall Hans Hermann Groer, des
Wiener Kardinals, welcher der Pädophilie beschuldigt wurde,
drängte […]. Es war Ratzinger, der Johannes Paul im Jahr 2001
überzeugte, das willkürliche kirchliche System für die Behandlung von sexuellen Missbrauchsvorwürfen in seiner Behörde
zu zentralisieren. Es war Ratzinger, der im Jahre 2004, wenige
Tage nachdem Johannes Paul II. die Legionäre bei einer Zere-
monie im Vatikan geehrt hatte, die langwierige Untersuchung
über Maciels Verhalten wieder eröffnete. Es war Ratzinger, als
Papst Benedikt, der Maciel in ein Kloster verbannte und eine
umfassende Untersuchung seines Ordens befahl. So ließ der
hochfliegende Johannes Paul Skandale unter seinen Füßen
grassieren, und den uncharismatischen Ratzinger ließ man
stehen, um aufzuräumen". Zum Schluss fragte der Kolum-
nist: „Kann dieser Papst die Art Vertrauen und Bewunderung
für sich und sein Amt zurückgewinnen, die Johannes Paul II.
genoss? Keine Chance. Aber so unwahrscheinlich es heute auch
erscheinen mag, könnte Benedikt es doch verdient haben,
dass man sich seiner als des besseren Papstes erinnert."

Selbst angesichts von suggestiven, maßlosen und heuchleri-
schen Kommentaren hatte die katholische Kirche noch immer
mehr Grund zu Demut und Scham als zu Selbstmitleid. Sie un-
terzog sich denn auch dem schmerzhaften Prozess einer von
außen stets kritisch beäugten Selbstreinigung. Auch ungerechte Angriffe gegen sie dürften indirekt dazu beigetragen haben,
künftiges Leid von potentiellen Missbrauchsopfern abzuwen-
den, dank der moralischen Sensibilisierung der Gesellschaft
insgesamt und der Restauration eines notwendigen Tabus. Be-
denkt man dies, offenbarte sich in dem „selbstgerechten Kes-
seltreiben" (Jon Juaristi) gegen die katholische Kirche vielleicht

sogar das Wirken „jener Kraft, die stets das Böse will und stets das Gute schafft".

Einmal Kampagne, immer Kampagne?
Die Limburger Geisterfahrt

Umgekehrt war es beim dritten Großskandal, mit dem Deutschland gefühlt ein Stück weniger katholisch wurde. Hier schadeten gerade diejenigen, die typischerweise glauben, es am Besten mit ihrer Kirche zu meinen, schwer deren Ruf und Sendung. Die Rede ist von jenen Weißwäschern, die einen Schmutzfleck auf dem Gewand eines „glaubenstreuen" Bischofs wegwischen wollten und ihn dadurch – in monatelangem Starrsinn – nur verrieben und vergrößerten.

Zwar ist es sympathisch, wenn Freunde, Vereinskameraden oder Glaubensbrüder einen Beschuldigten nicht wie eine heiße Kartoffel fallen lassen. Loyalität und Solidarität dürfen sogar dann nicht enden, wenn sich der erhobene Vorwurf als zutreffend erweist. Beides bewährt sich aber nicht dadurch, dass man Fehler klein redet, Unbußfertigkeit unterstützt oder trotziges Selbstmitleid bestätigt. Loyal und solidarisch ist vielmehr, wer dem „Sünder" Hilfe leistet zu einer realistischen Lageanalyse, kompetenten Schuldbewältigung und tragfähigen Versöhnung. Zugleich wird man sich nach außen hin um Deeskalation bemühen: allzu aggressive Ankläger zur Mäßigung aufrufen, mildernde Umstände geltend machen, an Verdienste des Bloßgestellten erinnern, ihn nach Möglichkeit eine Zeit lang aus der öffentlichen Schusslinie holen. Diese praktischen Loyalitätserweise nach innen und außen müssen allerdings ineinander greifen. Sie dürfen keine Schlagseite zugunsten bloßer Außenverteidigung haben, weil Kritiker sich zu Recht erst dann besänftigen lassen, wenn der Verstoß gegen die moralische Ordnung „geheilt" ist durch Einsicht, Reue, Bekenntnis, Buße und, so weit möglich, Wiedergutmachung. Sonst dauert der Skandal an – und damit die Skandalisierung. Sie ist dann keine böswillige „Kampagne", sondern ein hartnäckiges Pochen der Gemeinschaft auf die Geltung ihrer ethischen Regeln.

Eine Kirche hat es in so einem Konflikt schwerer und leichter zugleich: Schwerer, weil sie nicht irgendeine Gemeinschaft mit einem „Korpsgeist" ist, der einen für alle und alle für einen eintreten lässt, sondern eine moralische Instanz, die ein „Wächteramt" in der Gesellschaft wahrnimmt. Auch nicht christliche Bürger haben legitime Erwartungen an einen Bischof: Gewissenhaftigkeit, Ehrlichkeit, Gemeinwohlorientierung, Dialogfähigkeit, soziale Sensibilität, angemessener Umgang mit finanziellen Ressourcen. Leichter sollte es die Kirche insofern haben, als sie ein erprobtes und verfeinertes Instrumentarium zur Pflege von Normen und Tugenden, zur Läuterung, Schuldbewältigung und Befriedung besitzt. Doch all dies konnte die Limburger Bischofsaffäre nicht einhegen oder verkürzen.

Die Ursache dafür liegt natürlich primär in Bischof Franz-Peter Tebartz-van Elst selbst: Er handelte erst unwahrhaftig und unstatthaft, und weigerte sich dann monatelang, das öffentliche Ärgernis auszuräumen durch eine konkrete, qualifizierte Entschuldigung und das Angebot des Amtsverzichts. Um dies auszulösen, hätte schon die eidesstattlich bekräftigte Falschaussage über seinen Indienflug in der First Class ausgereicht. Ein der Lüge oder sogar des Meineids überführter Bischof ist untragbar, ein absolutes „No-Go". Der einfache Satz: „Wir haben Businessclass gebucht und sind dank eines Upgrades dann First Class geflogen" – wenn nicht sofort gesprochen, dann rasch als schriftliche Klarstellung nachgeschoben –, hätte diesen Teil der

Affäre vermeiden können. Stattdessen ging Tebartz-van Elst juristisch auf den „Spiegel" los und musste sich von einer drohenden Verurteilung freikaufen. Für einen Bischof kann die Heilung eines öffentlichen Verstoßes gegen das achte Gebot aber nicht allein in der Zahlung von 20000 Euro bestehen. Die Rechtsordnung garantiert nur ein „ethisches Minimum" (Georg Jellinek), von einem Diener Gottes erwartet man mehr.

Auf der anderen Seite trugen Inhalt und Form mancher Medienberichte nicht zur Versachlichung, sondern zur Blockade selbstkritischer Einsicht beim Bischof und seinen Anhängern bei: durch polemische Übertreibungen („Protzbischof"), falsche Suggestionen (goldene Monstranz in der Liturgie zur Luxus-Illustration), öffentliche Krankheitsdiagnosen, Falschmeldungen (15000-Euro-Badewanne, Temperaturfühler als „Abhörgerät") sowie überzogene Verdikte („Sparkassenästhetik"). Solche Fehlleistungen diskreditierten den verdienstvollen Beitrag der Medien zur Aufklärung. Die Unterstützer des Bischofs nutzten die Chance, um vom Vorwurf der Unehrlichkeit und Verschwendung abzulenken und sich in das altbekannte Muster der antikatholischen Medienkampagne zu flüchten. Mancher bistumsinterne Gegner des konservativen Bischofs begünstigte auch durch kirchenpolitisch gefärbte Einlassungen oder Kritik an der „merkwürdigen Entscheidung" des Papstes, zunächst nur eine Auszeit zu verordnen, die falsche Reduktion des Konfliktes auf einen theologischen Richtungsstreit. Damit wurde ein beliebtes Deutungsmuster der Tebartz-Verteidiger bedient. Sie fragten statt nach Fakten und Normen nur nach Motiven und riefen einen „Kirchenkampf" aus, in dem man sich als guter Katholik für die richtige von nur zwei Seiten zu entscheiden habe. Der Limburger Bischofsstuhl sei als Bastion der „Romtreue" unbedingt zu halten.

Dieser vereinfachenden Sicht der Dinge wäre das ultrakatho-
lische Milieu aber wohl auch ohne die Fehlleistungen der Bi-
schofskritiker erlegen. Zu sehr hat es mittlerweile die Wagen-
burgmentalität verinnerlicht, die von der „Welt", den Medien
und dem „verweltlichten" Mainstream der Kirche nur noch
Schlechtes erwartet. In den eigenen Reihen werden falsche
Helden und – in geradezu „katakombensüchtiger"[82] Selbstviktimisierung – falsche Märtyrer kreiert, die in Wirklichkeit weniger für ihre Glaubensüberzeugungen als wegen ihrer In-
kompetenz oder Radikalität zu leiden haben. Mal ist es ein als
Geschichtsdeuter überforderter nationalkatholischer Provinz-
politiker, mal ein sich maßlos überschätzender Gesinnungsjour-
nalist oder eben ein charakterlich seinem Amt nicht gewachsener Bischof.

Die desorientierten Unterstützerkreise spielten in der Limburger Affäre eine in mehrfacher Hinsicht fatale Rolle: Erstens bestätigten sie Tebartz van Elst durch Solidaritätsadressen und
Durchhalteparolen in seinem Realitätsverlust und selbstgerechten Amtsklammern. Zweitens verzögerten sie in Gestalt
ranghoher römischer Kurienprotagonisten und Emissäre aus
Deutschland eine raschere Klarsicht bei den vatikanischen Ent-
scheidern. Noch nachhaltigeren Schaden könnten sie drittens
durch ihre totalapologetischen Einlassungen in der Medienöf-
fentlichkeit, in Talkshows, Radiointerviews und Zeitschriftenar-
tikeln angerichtet haben – und zwar nicht nur durch einen for-
cierten Prestigeverlust für die Kirche, sondern sogar durch eine
Diskreditierung des christlichen Glaubens. Denn wer schon bei
einer ganz profanen Wahrheits- und Moralfrage dermaßen offensichtlich irrt – oder interessegeleitet relativiert und täuscht –,
braucht zur Verkündigung letzter Wahrheiten und Normen erst

---

82   Johannes Gross: Protestanten und Katholiken, in: ders: Über die Deutschen, Zü-
     rich 1992, 72-100, 77.

gar nicht mehr die Kanzel zu besteigen. Wer einen unwahrhaftig und verschwenderisch agierenden Bischof deckt, wird als Streiter für Dogma und Sitte nicht mehr ernst genommen. Er nährt den Verdacht, auch beim Glauben könne es sich bloß um eine Projektion und Selbstsuggestion nach dem Motto handeln: Was der Mensch wünscht, glaubt er gerne. Wenn meine Ideen nicht mit der Wirklichkeit übereinstimmen – Pech für die Wirklichkeit! Was mein Vorurteil stört, wird wegselektiert, umgedeutet, verdrängt.

Im konkreten Fall kulminierte diese normalerweise unterbewusste Immunisierung gegen dissonante Informationen bei einigen sogar in ausdrücklicher moralischer Wurstigkeit. So antwortete ein mit der Fluglüge konfrontierter katholischer Internet-Medienmacher: „Selbst wenn der Bischof bewusst gelogen hat … so what?" Ein anderer, Professor und Ethiker, tat den Skandal salopp als „Limburger Käse" ab und sah die Wurzel des Übels in den bösen Medien: „In den Redaktionen haben sich viele verkrachte Theologen, abgefallene Priester und entsprungene Mönche festgesetzt, die ihre Ressentiments abarbeiten wollen."[83] So einfach kann man es sich machen. Nur darf man sich dann nicht wundern, wenn man außerhalb sektiererisch-selbstmitleidiger Zirkel in der Kirche nicht mehr ernst genommen wird. Mit der erklärten Weigerung, den im März 2014 nach akribischer Recherche vorgelegten kirchlichen Prüfbericht überhaupt zur Kenntnis zu nehmen, setzten manche dieser Schützengraben-Katholiken ihrem Antizeugnis gegen christliche Wahrheitsliebe und Demut die Krone auf. Einige findet man denn auch heute an der Seite „postfaktisch" agitierender Rechtspopulisten wieder.

---

83   Wolfgang Ockenfels: Von Limburg nach Köln, in: Kath.net vom 6.12.2013

Angesichts von so viel Kaltschnäuzigkeit bis hin zum Zynismus kann man den letzten Respekt vor der angeblichen Glaubens- und Kirchentreue-Elite verlieren und es fällt einem nichts mehr ein. Außer vielleicht einem sprichwörtlich gewordenen Bekenntnis zum bedingungslosen Patriotismus: „Right or wrong – my country!" Hier: „my bishop". Lagermilitanz führt zu einer Rudelmoral, die die christliche Universalethik aushebelt. Die alte Versuchung religiöser Fanatiker blitzt auf: Der Zweck heiligt die Mittel. Was ist schon so eine kleine Lüge gegen die große Wahrheit? Dagegen würde die Korrektur fest gefügter Meinungen über den „fabelhaften jungen Bischof", in denen man sich so behaglich eingerichtet hat, Anstrengung und Stress bedeuten. Die Strategien zur Vermeidung solcher „kognitiven Dissonanz" können sogar professionelle Entscheidungskriterien überlagern. So zeigte eine empirische Studie[84], dass es bei Journalisten eine Tendenz gibt, negative Meldungen über missliebige Politiker auch unter Verletzung der Sorgfaltspflicht zu veröffentlichen, während solche Meldungen über Politiker, die ihnen politisch nahe stehen, eher zurückgehalten und erst gründlich geprüft werden. „Ist doch genau das, was die Medienkampagne gegen den quer zum Zeitgeist stehenden Limburger Bischof erklärt!", würden dessen Unterstützer wohl dazu sagen – und hätten hinsichtlich mancher journalistischer Motive nicht einmal Unrecht. Doch sind sie blind dafür, dass sie selbst in ihrer Wahrnehmung und Kommentierung des Skandals dem gleichen Zusammenhang erliegen, nur in umgekehrter Richtung. Im geistigen Gefängnis ihrer apriorischen Parteilichkeit fokussierten sie sich von Anfang an auf vermeintlich entlastende Tatsachen und Lesarten, versuchten die Belastungszeugen zu diskreditieren und interpretierten die Falschaussage des Bischofs

---

84 Matthias Rosenthal: Der Einfluss von Sympathie oder Antipathie auf das journalistische Verhalten von Tageszeitungsredakteuren bei Konflikten um Politiker. Legalität und Legitimität journalistischen Handelns, Mainz 1987

zu seinem Flug spitzfindig zur ehrlichen Auskunft um. Was sie auch übersahen: Noch so viel Voreingenommenheit journalistischer Gegner können einen Amtsträger letzten Endes nicht zu Fall bringen, wenn er sich nichts zuschulden kommen lässt, sich frühzeitig und adäquat für Fehler entschuldigt oder falschen Anwürfen sachlich korrekt entgegentritt.

Sturz und Freispruch Christian Wulffs widerlegen dies keineswegs. Dass dem Ex-Bundespräsidenten bei Gericht keine Vorteilsnahme nachgewiesen werden konnte, muss noch lange nicht heißen, dass er beim Fraternisieren mit den Reichen und Kulturprominenten stets akzeptabel im Sinne der Amtshygiene agiert hätte. Schon gar nicht adäquat waren seine Reaktionen auf die Medienberichterstattung. Und am Anfang stand auch hier der Täuschungsversuch mit Wulffs Halbwahrheit zu einem privaten Kredit vor dem Niedersächsischen Landtag. Im Staat kann so ein Umgang mit der Wahrheit das Image von Politikern beschädigen und Politikverdrossenheit schüren. Die Demokratie als solche muss deshalb noch nicht an Anhängern verlieren. Sie kann auf handfeste positive Erfahrungswerte und negative Gegenschablonen von Diktatur bauen. Bei einer Kirche, die weit spekulativere Inhalte glaubhaft zu machen hat als jede politische Partei, schlägt mangelnde Wahrhaftigkeit hoher Repräsentanten viel leichter auf das ideelle Fundament durch. Der Glaube lebt mangels empirischer Überprüfbarkeit oder direkter „Gotteserfahrung" eines jeden wesentlich vom Fremdzeugnis.

Fehltritte von „Gottes Bodenpersonal" wird man zwar vernünftigerweise immer einkalkulieren. Wenn danach aber die Selbstreinigungskräfte versagen oder nur unter dem Druck der Öffentlichkeit gegen den Widerstand des frommen Milieus langsam in Gang kommen, ist es mit dem Nimbus der „societas perfecta" und des „Corpus Christi mysticum" vorbei. Dann erscheint die Kirche wie jeder x-beliebige Verein, der seine Fassade pflegt, hinter der banale Eigeninteressen statt über-individueller Ideale herrschen, vorzugsweise Interessen des Vorstandes. Wie der ADAC Auto-Rankings und Abstimmungs-beteiligungen, so frisierte Tebartz-van Elst den tatsächlichen Komfort seines Indienfluges zu den armen Menschen, „die sich so auf den Besuch gefreut haben, die ich vier Jahre vertrösten musste", sowie die Kosten seiner als „diözesanes Zentrum" eti-kettierten Residenz, die einen Designergarten für 700 000 Euro und ein bischöfliches Schlafzimmer von 48 Quadratmetern brauchte. Dagegen fällt eine frei stehende Luxusbadewanne, auch wenn sie „nur" 3 000 statt 15 000 Euro gekostet haben soll-te, in die Rubrik „Peanuts". Ein Milieu, das sich an den Strohhalm dieser Miniatur-Medienente klammert, um die Abwegigkeit der Vorwürfe gegen den Bischof zu belegen, ist argumentativ bankrott. Es bedarf dessen, was es seinen reformkatholischen Gegnern gern als Therapie ansinnt: der Entweltlichung. Bene-dikt XVI. mahnte in seiner Freiburger Rede eine „totale Red-lichkeit" an; es gelte, „jede bloße Taktik abzulegen", nichts von der Wahrheit auszuklammern, zu der auch die „Unbotmäßig-keit der Verkünder des Glaubens" gehört, und eine Kirche zu suchen, „die sich ihres weltlichen Reichtums entblößt". Für die zumindest damals erklärtermaßen „Papsttreuen" besteht also Anlass zur Reue über ihre Limburger Geisterfahrt. Zusammen mit ihrem weich in den Schoß der Kurie gefallenen Idol haben sie schweren Schaden für die Kirche angerichtet.

85 Prozent der Deutschen gingen laut ZDF-Politbarometer im Oktober 2013 davon aus, dass die Vorgänge um den Lim-burger Bischof Franz-Peter Tebartz-van Elst den Ruf der ka-tholischen Kirche „sehr stark" oder „stark" beschädigen, nur elf Prozent meinten dies nicht. Lediglich 29 Prozent waren der Meinung, dass die katholische Kirche mit den Geldern aus der

Kirchensteuer verantwortungsvoll umgehe, 42 Prozent glaubten das nicht, 29 Prozent hatten dazu keine Meinung[85]. Im selben Monat landete der Bischof bei einer Emnid-Umfrage, wer der „peinlichste Deutsche" sei, mit 33 Prozent auf dem ersten Platz vor Bushido und Boris Becker (je 27 %); Tebartz deklassierte unter anderem die Geissens, Daniela Katzenberger und Dieter Bohlen[86]. Die Zahl der katholischen Kirchenaustritte, im Missbrauchsskandal von 123 681 (2009) auf 181 193 (2010) hochgeschnellt und danach auf 118 335 (2012) gesunken, nahm nun wieder sprungartig zu auf 178 805 (2013) und 217 716 (2014).

Laut einer Infratest-Umfrage im Auftrag des SWR meinten nun fast zwei Drittel der Deutschen (64 %): „Die Kirchensteuer sollte nicht mehr vom Staat erhoben werden, stattdessen sollten die Kirchenmitglieder Beiträge zahlen"[87]; zehn Jahre zuvor hatten deutlich weniger Bürger (54 %) den Einzug der Kirchensteuer durch die Finanzämter abgelehnt, darunter 47 Prozent der Katholiken und 45 Prozent der Protestanten[88]. Nun votierten auch katholische (51 %) und evangelische (58 %) Kirchenmitglieder gegen den staatlichen Kirchensteuereinzug. Bis Ende 2016 stieg der Anteil der Katholiken, die für die Streichung der Kirchensteuer plädieren, laut einer INSA-Umfrage für die „Bild"-Zeitung (19.12.16) sogar auf 65 Prozent, ein signifikant höherer

---

85 http://www.forschungsgruppe.de/Umfragen/Politbarometer/Archiv/Politbarometer_2013/Oktober_2013/

86 http://www.haz.de/Nachrichten/Panorama/Uebersicht/Umfrage-von-Auf-einen-Blick-Limburger-Bischof-Tebartz-van-Elst-ist-der-peinlichste-Deutsche

87 http://www.infratest-dimap.de/umfragen-analysen/bundesweit/umfragen/aktuell/neun-von-zehn-fuer-vollstaendige-offenlegung-der-kirchenvermoegen/; allerdings eine unzulängliche, missverständliche Formulierung, denn nur die Kirchenmitglieder entrichten ja den „Beitrag", der vom Staat gegen Bezahlung im Auftrag der Kirche eingezogen wird.

88 Bernhard Vogel (Hg.): Religion und Politik. Ergebnisse und Analyse einer Umfrage, Freiburg 2003, 374f.

Wert als bei landeskirchlichen (59 %) und freikirchlichen (48 %) Protestanten; nur unter den Konfessionslosen wollen noch mehr (72 %) die Kirchensteuer in ihrer bisherigen Form abschaffen. Übrigens eine aus der Perspektive finanziellen Eigeninteresses kurzsichtige Forderung, denn eine Abschaffung der Kirchensteuer würde wahrscheinlich wie in anderen Ländern mit der kompensatorischen Einrichtung einer Kultursteuer mit individueller Widmungsmöglichkeit verbunden, sodass aus dem sozial gerecht gestaffelten, die kirchliche Unabhängigkeit sichernden Sonderbeitrag der Christen zum Gemeinwohl eine Abgabe aller Bürger würde.

Benedikts XVI. letzter Deutschlandbesuch und Rücktritt

Im September 2011 besuchte Benedikt XVI. zum dritten Mal sein Heimatland. Dabei hinterließ er der Nation in einer Rede vor dem Deutschen Bundestag sein politisches, genauer gesagt: staatsethisches Vermächtnis. CDU-Generalsekretär Peter Tauber, der es als Protestant schon 2005 als „bewegend" erlebt hatte, „dass nach der Geschichte des 20. Jahrhunderts und 500 Jahre nach Luther ein Deutscher an die Spitze der katholischen Kirche gewählt wurde", erinnerte sich bei Benedikts Rücktritt an die Vorgänge um die „beeindruckende" Berliner Rede: „Auch da gab es vorher einen inszenierten Aufschrei – nachher waren sich alle einig, dass der Heilige Vater kluge Worte an die Politik gerichtet hatte."[89] Wie so oft bei seinen mit Bravour gemeisterten Auslandsreisen, hatte der Papst die von ihm selbst im März 2009 so genannte „sprungbereite Feindseligkeit" seiner Gegner ins Leere laufen lassen, ohne auf klare Konturen der Rede zu verzichten. Rund 100 Abgeordnete

---

89   Peter Tauber: Danke, Joseph Ratzinger!, in: Schwarzer Peter. Blog von Peter Tauber, 28.2.2013.

– zwei Drittel der Linksfraktion, Sozialdemokraten um die Vize-Fraktionsvorsitzende Elke Ferner und Ex-Kanzleramtsminister Rolf Schwanitz sowie Grüne um Christian Ströbele und Manuel Sarrazin – hatten den Auftritt Benedikts XVI. im Reichstag kritisiert und boykottiert. „Volksvertreter" im wahrsten Sinne des Wortes, denn 39 Prozent der Bundesbürger fanden es „nicht richtig", den deutschen Papst vor dem deutschen Parlament sprechen zu lassen, nur jeder Zweite (51 %) befürwortete dies[90]. Gefragt, wie wichtig ihnen der bevorstehende Besuch des Papstes sei, antworteten 55 Prozent: „Überhaupt nicht wichtig" – darunter ein Viertel der katholischen Kirchenmitglieder – und weitere 31 Prozent aller: „Eher unwichtig" (Katholiken: 37 %). Nur einem von sieben Deutschen war der Besuch „eher" (10 %) oder „sehr" (4 %) wichtig und kaum mehr als jedem dritten Katholiken („Sehr wichtig": 11 %, „Eher wichtig": 25 %), so eine Forsa-Umfrage, die der „Stern" unter der Überschrift: „Benedikt XVI. lässt die Deutschen kalt" (15.9.11) veröffentlichte[91].

Noch aufschlussreicher waren die Ergebnisse der Umfrage im Auftrag der Bertelsmann-Stiftung: „Ist es Ihnen wichtig, was der Papst sagt?": Nur 37 Prozent der Katholiken antworteten „Ja", die absolute Mehrheit (58 %) „Nein". Protestanten und Konfessionslose bejahten die Frage nur zu je 14 Prozent („Nein": 84 bzw. 86 %)[92]. Dass sie „mit dem Wirken von Papst Benedikt XVI. nach sechs Jahren im Amt insgesamt (eher) zufrieden" seien, bekundeten 2011 in einer Umfrage von TNS-Forschung nur noch

---

90   https://de.statista.com/statistik/daten/studie/201365/umfrage/meinung-zur-rede-von-papst-benedikt-xvi-im-bundestag/

91   https://de.statista.com/statistik/daten/studie/200973/umfrage/meinung-zur-relevanz-des-bevorstehenden-besuches-von-papst-benedikt-xvi/

92   https://de.statista.com/statistik/daten/studie/201077/umfrage/umfrage-zur-autoritaet-des-papstes/

36 Prozent der Deutschen; 32 Prozent waren „eher unzufrieden"; 21 Prozent meinten: „Ist mir egal, geht mich nichts an."[93] Die im Jahr 2007 von einem journalistischen Bewunderer schwärmerisch herbei fantasierte „Benedettinische Wende" und päpstlich bewirkte „Veränderung Deutschlands"[94] war offenkundig ausgeblieben.

Die Gewichte verschoben sich erst wieder zugunsten des greisen Papstes, als dieser am 11. Februar 2013 seinen Amtsverzicht zum Monatsende ankündigte. Als wollten sie dem scheidenden Landsmann für seinen mehr als 700 Jahre Konvention sprengenden, mutigen und demütigen Schritt Respekt bekunden, vielleicht aber auch nur, um nicht im Unfrieden auseinanderzugehen, erklärten auf die Frage im ARD-Deutschlandtrend: „Wie zufrieden sind Sie alles in allem mit der Art und Weise, wie er das Amt des Papstes geführt hat?", von denen, die eine Meinung hatten, nun zwei Drittel (52 : 24 %), mit dem Wirken Benedikts XVI. zufrieden zu sein, darunter mehr „sehr zufrieden" (11 %) als „gar nicht zufrieden" (9 %); ein Viertel enthielt sich eines Urteils (19 %: „Kenne ich nicht/Kann ich nicht beurteilen", 5 % „Weiß nicht"/Keine Angabe); auch unter Protestanten und Konfessionslosen überwog die Zufriedenheit (53 : 28 % bzw. 34 : 23 %), unter Katholiken mit 69 zu 25 Prozent sogar bei Weitem – doch mit einem höheren Prozentsatz Unzufriedener als bei den Konfessionslosen[95].

---

93 https://de.statista.com/statistik/daten/studie/201374/umfrage/zufriedenheit-mit-dem-wirken-von-papst-benedikt-xvi/

94 Martin Lohmann: Maximum. Wie der Papst Deutschland verändert, Gütersloh 2007.

95 https://de.statista.com/statistik/daten/studie/252964/umfrage/zufriedenheit-mit-der-amtsfuehrung-von-papst-benedikt-nach-konfessionen/

Wie wenig die meisten Deutschen von den kulturellen und ethischen Divergenzen in der römisch-katholischen Weltkirche verstehen, illustrierten zwei Umfragen aus der Woche nach der Rücktrittserklärung: Die eine, von Forsa für den „Stern" (9/2013), wollte wissen: „Was soll der künftige Papst tun?", und ergab gewaltige Mehrheiten für „Verhütungsmittel zulassen" (95 %), „Ehescheidungen akzeptieren" (88 %), „den Zölibat abschaffen" und „Frauen zum Priesteramt zulassen" (je 82 %); hoch im Kurs auch: „das Abtreibungsrecht anerkennen" (76 %) und „die Homo-Ehe anerkennen" (60 %). Nur bei dem Vorschlag: „Stärker auf die Muslime zugehen" wurde die Mehrheit knapp (52 %)[96]. Zugleich plädierte auf die Frage im ARD-Deutschlandtrend: „Woher sollte Ihrer Meinung nach der neue Papst kommen?", eine relative Mehrheit für einen Papst aus Afrika (28 %), einen europäischen wünschten sich nur 22 Prozent, einen amerikanischen 7 Prozent („Ist mir egal"/„Betrifft mich nicht": 35 %)[97].

Ob die Positionierung der Afrikaner bei der Familiensynode heute zu einem anderen Ergebnis führen würde, darf man bezweifeln. Der Trend scheint ja auch bei Sympathien für Parteien dahin zu gehen, dass man deren innere Widersprüche und solche zu seiner eigenen Meinung nicht wahrnimmt. Das oberflächliche „Dafürhalten", Wunsch- und Ressentiment-„Denken" dominiert einen Diskurs, der diesen Namen kaum noch verdient. Politische Probleme und ethische Güterabwägungen handelt man lieber vor dem emotionalen Schnellgericht ab. Hier liegt ein Grundproblem jeder kirchlichen Lehre und Kommunikation, denn das Christentum ist eine anspruchsvolle

---

96 https://de.statista.com/statistik/daten/studie/253162/umfrage/erwartungen-an-den-kuenftigen-papst/

97 https://de.statista.com/statistik/daten/studie/252965/umfrage/umfrage-zur-herkunft-des-zukuenftigen-papstes/

Religion. Und dort, wo es sich selbst auf einen einfachen Nenner bringt – „Liebe Gott und Deinen Nächsten wie Dich selbst!" oder: „Fröhlich sein, Gutes tun und die Spatzen pfeifen lassen" (Johannes Bosco) – wird es praktisch nicht anspruchsloser. Dass der argentinische Pontifex sein Lehramt wesentlich über die „Orthopraxie" ausübt – und zwar in beiden Dimensionen: Fröhlichkeit und Güte –, ist wahrscheinlich dennoch die derzeit klügste Antwort auf die Glaubenskrise. „Eine neue Frische in der Kirche, eine neue Fröhlichkeit, ein neues Charisma, das die Menschen anspricht, das ist schon etwas Schönes", befand zu Franziskus' Amtsführung auch sein Vorgänger[98].

Entsprechend positiv die Resonanz in der deutschen Öffentlichkeit: Als der argentinische Papst gewählt war und sich recht unkonventionell auf der Loggia vorgestellt hatte, fanden laut ZDF-Politbarometer 49 Prozent der Deutschen dies „gut", nur 6 Prozent „nicht gut" (45 %: „Kein Urteil"), und auf die Frage: „Wird die katholische Kirche unter Papst Franziskus in Deutschland an Ansehen gewinnen oder verlieren?", antwortete bei einem hohen Anteil Unentschiedener (37 %) zwar die Mehrheit: „unverändert" (41 %); Ansehensgewinne wurden mit 19 Prozent aber deutlich häufiger vermutet als Verluste (3 %)[99].

Derartige Hoffnungen bestätigten sich laut Medieninhaltsanalysen zunächst nicht. Der „Media Tenor International" berichtete im Mai 2014: „Die Kluft in der Berichterstattung über den Papst einerseits und über die Würdenträger der

---

98 Papst Benedikt: „Ich wollte mehr tun als ich konnte." Der emeritierte Papst spricht mit dem Publizisten Peter Seewald über seinen Rücktritt, seine Schwächen – und warum er Franziskus schätzt, in: Die Zeit Nr. 38/2016

99 ZDF-Politbarometer vom 22.3.2013; https://de.statista.com/statistik/daten/studie/255762/umfrage/bewertung-der-wahl-von-papst-franziskus/ und https://de.statista.com/statistik/daten/studie/255759/umfrage/umfrage-zum-ansehen-der-katholischen-kirche-unter-papst-franziskus/

katholischen Kirche in Deutschland andererseits in deutschen und internationalen Meinungsführer-Medien ist immer noch groß. Die gelungene Einheit von Worten und Gesten, mit der Papst Franziskus die Journalisten weltweit motiviert, seinem Veränderungsprozess der katholischen Kirche eine Chance zu geben, findet noch keine Entsprechung im Medienimage der deutschen Führung." Während dem Vatikan gegenüber „nach Jahren medialer Skepsis von echtem journalistischen Good-Will gesprochen werden kann, dominiert in den bundesrepublikanischen Medien der Zweifel. Wenn Bischöfe dargestellt werden, dann jene, die nicht mehr ihre Ämter bekleiden, allen voran der Ex-Bischof von Limburg, Tebartz-van Elst"; es sei der katholischen Kirche „noch nicht gelungen, den Wandel an der Spitze auch über die Medien so zu kommunizieren, dass damit eine Freude über den Neubeginn zum Ausdruck kommen würde: Auf einen Beitrag über den wortgewaltigen Bischof Marx kommen zehn über Tebartz-van Elst"[100].

Zwei Päpste, vier Meinungen: Eine Katholikentypologie

Schon Anfang April 2013 wollte die ARD im „Deutschlandtrend" wissen: „Mit dem Handeln welches Papstes sind Sie zufriedener?" Die Mehrheit für Franziskus im Vergleich zu Benedikt XVI. fiel mit 55 zu 8 Prozent drastisch aus[101]. Wer von nun an in der Pluralität des deutschen Katholizismus nach einer übersichtlichen Struktur suchte, konnte sie aus der Kombination zweier Papst-Beliebtheiten ableiten. Pro und Kontra für Benedikt XVI. und Franziskus ergeben eine Kreuztabelle mit vier Katholikentypen. Im uninteressantesten Kästchen landen die wenigen,

---

100 http://de.mediatenor.com/de/bibliothek/newsletter/297/papst-begeistert-die-medien-unveraendert-katholische-kirche-in-deutschland-profitiert-kaum

101 http://www.tagesschau.de/inland/deutschlandtrend1716.pdf (Seite 29).

die auch innerhalb der Kirche mit beiden nichts anfangen können, vielleicht aus Frust über die hierarchisch-zentralistische Kirchenstruktur an sich oder wegen der Besetzung des Stuhles Petri durch zwei auf ihre Weise recht traditionell fromme ältere Herren, die keine „Modernisierung" des katholischen Glaubens zustande bringen. „Alter Sack I. folgte Alter Sack II.", brachte ein „taz"-Kommentar (13.3.2013) den Überdruss grob zum Ausdruck. Wer unter den letzten drei Päpsten keinen „Richtigen" findet, der wird wohl auch mit den künftigen „Dienern der Diener Gottes" nicht zufrieden sein und sich selbst das höchste Lehramt bleiben – so wie es am sektiererischen rechten Rand des Katholizismus zum Ausdruck kommt, am deutlichsten bei „Sedisvakantisten" und „Piusbrüdern", aber auch im bis vor Kurzem noch „papsttreu"-konservativen Milieu. Franziskus nennen manche dort auch mal gern den „Aushilfspapst Franz", „Plapperpapst" oder einfach „Papst" in Anführungsstrichen.

Insofern sind die Grenzen fließend zum zweiten Typus der Kreuztabelle: denjenigen, die Benedikt XVI. verehren und mit Franziskus fremdeln, bis hin zu offener, schroffer Ablehnung. „Cicero"-Kulturressortleiter Alexander Kissler, unter Benedikt XVI. noch in der Rubrik „papsttreu" firmierend, ätzt nun: „Vermutlich ist Jorge Mario Bergoglio ein exakt so machtbewusster, geschwätziger und am Katholischen relativ desinteressierter Relativierer, wie Papst Franziskus mehr und mehr erscheint"; er sei „sich für keine Albernheit und keinen Affront wider die eigene Kirche zu schade. Er buhlt wissensschütter um Beifall vor jenen Tribünen der Welt, die sich von ihm nichts versprechen."[102] Auf Facebook postete eine katholische „Familienschützerin":

---

102 Alexander Kissler: Ein relativ katholischer Papst, in: Cicero online vom 19.5.16, http://www.cicero.de/salon/franziskus-im-interview-ein-relativ-katholischer-papst/60925

„Pontifex auf dem Weg zur Einheits‚religion', ich widersage"
– ein Begriff, den Katholiken bei der Erneuerung des Taufver-
sprechens in der Osternacht für den „Satan" oder die „Verlockungen des Bösen" verwenden. Hubert Windisch, emeritierter
Professor der Pastoraltheologie, schrieb zum Zwischenbericht
der Familiensynode, zwar sei zu hoffen, „dass der Papst sich in
den bevorstehenden Auseinandersetzungen in doktrineller
Klarheit als Petrus, als Fels erweisen wird", aber: „Wenn nicht,
bräuchten wir einen neuen Papst."[103] Einige Monate später sollte eine Unterschriftensammlung (Petition „Filial Appeal") den
Papst unter Druck setzen, schon vor dem zweiten Teil der Synode ein klärendes Wort zum Ehebruch (wiederverheirateter
Geschiedener) und zu homosexuellen Beziehungen zu sagen,
weil sich „für Millionen gläubiger Katholiken das Leuchtfeuer zu
verdunkeln scheint"[104] – also „Kirche von unten" mal aus ganz
anderer Richtung, nach dem Motto: „Wir sind das Volk" und:
„Wer der richtige (oder auf die richtige Weise) Papst ist, bestim-
men wir." Der Anklang an jene, die sich im politischen Raum
notorisch mit „dem Volk" verwechseln und eine demokratisch
gewählte und regierende Kanzlerin als „Diktatorin" ablehnen,
ist nicht zufällig. Politischer und kirchlicher Rechtspopulismus
haben kognitiv und psychomotorisch die gleiche egozentrisch-
autoritäre Struktur.

Meistens manifestiert sich der Katholizismus des Typs 2 allerdings dezenter in Form einer hinter vorgehaltener Hand ge-
äußerten Skepsis in konservativen Kreisen. Die einen, nennen

---

103 Hubert Windisch: Die Dekonstruktion der katholischen Kirche, Kath.net vom
      16.10.14

104 Petition bittet Papst Franziskus um klärendes Wort, in: Kath.net vom 2.3.2015,
      http://kath.net/news/49322

wir sie „Mozetta-Fraktion"[105], betrauern den Verlust höfischer Pracht und liturgischer Ästhetik. Die anderen fühlen sich durch die Option für die Armen auf dem falschen Fuß erwischt, fürchten gar die Rückkehr linker Befreiungstheologie in päpstlichem Gewande. Wieder anderen schallt jetzt zu viel Selbstkritik aus der Herzkammer der Kirche, die sie zu gern als „Haus voll Glorie" ohne Makel anschauen, um Moralpredigten von „Nestbeschmutzern", und stünden sie im höchsten Rang der Kirche, Gehör zu schenken. Dass ihr Vorbild Benedikt XVI. bei Franziskus zwar „vielleicht neue Akzente", aber ausdrücklich „keine Gegensätze" zu seinem eigenen Pontifikat sieht[106], ficht sie ebenso wenig an wie päpstliche Ermahnungen gegen einen „theologischen Narzissmus" und eine „spirituelle Weltlichkeit" (Evangelii Gaudium 93-97): Letztere verberge sich „hinter dem Anschein der Religiosität und sogar der Liebe zur Kirche"; wer ihr anheim falle, sei typischerweise „einem gewissen katholischen Stil der Vergangenheit unerschütterlich treu", verbrauche „die Energien im Kontrollieren" und wolle „das Leben der Kirche in ein Museumsstück oder in ein Eigentum einiger weniger" verwandeln. Er suche „den eigenen Vorteil, nicht die Sache Jesu Christi" und sei „in der Immanenz seiner eigenen Vernunft oder seiner Gefühle eingeschlossen". „Bestimmte Normen einhaltend", fühle er sich „den anderen überlegen" und pflege „eine vermeintliche doktrinelle oder disziplinarische Sicherheit, die Anlass gibt zu einem narzisstischen und autoritären Elitebewusstsein". „Da

---

105 Eine Mozetta (auch: Mozzetta) ist ein bis zu den Ellenbogen reichender Schulterkragen über dem Chorhemd. Der Papst trägt im Sommer eine rote Mozetta aus Seide, im Winter aus Samt mit weißem Fellsaum oder eine weiße Mozetta aus Damast mit weißem Fellsaum während der Osterzeit. Die letzten beiden Varianten wurden von den Päpsten bis zu Paul VI. benutzt und unter Benedikt XVI. wieder eingeführt.

106 Zit. n. Zeit online vom 8.9.2016 („Papst Benedikt kritisiert hoch bezahlten Katholizismus").

ist kein Eifer mehr für das Evangelium, sondern der unechte Genuss einer egozentrischen Selbstgefälligkeit", so Franziskus.

Die dritte deutsch-katholische Kreuzungsvariante der Papstaffinitäten ergibt: kontra Benedikt, pro Franziskus. Hier versammelt sich der Hauptstrom des deutschen Katholizismus, der die theologischen Fakultäten und Akademien, die Kirchenpresse und die Laiengremien dominiert und unter Joseph Ratzingers Regiment stöhnte. Die im Grunde drei Jahrzehnte währende Ära dieses „Glaubenspolizisten", „Hammers Gottes", „Großinquisitors", „Doktrinärs" und „Reaktionärs" (alles aus einem „Publik Forum"-Artikel), begleitete man mit einem „grauen Nörgelton", wie es Heinz-Joachim Fischer 1991 in der FAZ ausdrückte. Die Benedikt-kritischen „Friends of Franziskus" befleißigten sich wie die Ultrakonservativen im März 2013 sofort einer Hermeneutik des Bruchs zwischen den Pontifikaten, statt wenigstens zu versuchen, im Kompositionsprinzip von Gottes Römischer Symphonie die „Riemannsche Regel" der musikalischen Formenlehre zu erkennen: „Kontrast verbindet, Wiederholung trennt." Vor allem in den ersten Monaten des neuen Pontifikates schimmerte in Publikationen des liberalen Katholizismus ein regelrechter Eifer der „Entratzingerisierung" durch.

Der neue „Papa buono" setzte fraglos neue Akzente, doch um ihn zur Projektionsfläche für eigene Kirchenträume und Papstfantasien zu stilisieren, mussten immer wieder die Vermeidungsstrategien kognitiver Dissonanz bemüht werden. Sie sorgten dafür, dass etwa Franziskus' (an Léon Bloy anknüpfende) Äußerungen zur dramatischen Alternative zwischen dem Gebet zum Herrn oder „zum Teufel", zur „ideologischen Kolonialisierung" durch die Gender-Theorie oder zur leider in Deutschland „vielfach verschwundenen" Beichte, die man Benedikt XVI. sogleich als theologisch reaktionär angekreidet hätte, nachsichtig in Kauf genommen und schnell vergessen wurden. Auch des Argentiniers von Beginn seines Pontifikates an demonstrierte Marienfrömmigkeit wurde eher als Folklore abgehakt. Motto: So sind sie halt, die Südamerikaner! Da es an harten Fakten für einen substanziellen Kurswechsel in der Glaubens- oder Sittenlehre mindestens bis zu den umstrittenen Fußnoten 329 und 351 in *Amoris Laetitia* mangelte und Franziskus' Anknüpfungen an Benedikt XVI. zahlreich, herzlich und demonstrativ waren – besonders sinnfällig durch die „Enzyklika der vier Hände" *Lumen Fidei* (2013) –, fällt der früher gegen Konservative gerichtete Vorwurf, „päpstlicher als der Papst" zu sein, inzwischen auf manche liberale Papstversteher zurück.

Die freundlich-selektive Wahrnehmung des neuen Pontifex trug dazu bei, dass er auch nach den ersten Amtsjahren höchst populär im Land seines Vorgängers war. Auf die Frage des ARD-Deutschlandtrends[107]: „Wie zufrieden sind Sie alles in allem mit der Art und Weise, wie Papst Franziskus das Amt des Papstes führt?", erklärten sich im April 2015 drei Viertel zufrieden (Katholiken: 88 %), ein Drittel davon sogar „sehr zufrieden" (Katholiken: 42 %), nur 6 Prozent waren „weniger", 4 Prozent „gar nicht" zufrieden (Katholiken: 5 % bzw. 1 %). 28 Prozent erwarteten, dieser Papst werde die Kirche „sehr stark" (5 %) oder „stark" (23 %) verändern, 55 Prozent „nur ein wenig"; bei dieser Frage wichen die Katholiken kaum von der Gesamtbevölkerung ab. Man weiß eben innerhalb der Kirche wie außerhalb: Sie ist ein großer, schwerer Tanker, der, wenn überhaupt, meistens „nur ein wenig" seinen Kurs ändert. Franziskus' steile These: „Wir müssen heute Nein zu einer Wirtschaft der Ausschließung und

---

107 https://www.tagesschau.de/inland/deutschlandtrend-305.pdf

der Ungleichheit[108] der Einkommen sagen. Diese Wirtschaft tötet", stimmten katholische Christen bei einer Allensbacher Umfrage mit 37 Prozent („sehe ich nicht so": 11 %) etwas häufiger zu als evangelische (33:17 %); dieselbe Frage ohne Verweis auf den Papst (stattdessen: „Wenn jemand sagt…") ließ die katholische Zustimmung um 11 Prozent sinken, die konfessionslose sogar um 16 Prozent (von 46 auf 30 %), die evangelische aber kaum (von 33 auf 32)[109]. Kurios: Konfessionslose ließen sich von der Autorität dieses Papstes hier weit mehr beeinflussen als Protestanten und sogar als Katholiken.

Eine Erklärung dafür gab KNA-Chefredakteur Ludwig Ring-Eifel schon gegen Ende des ersten Pontifikatsjahres: „Die Träume von einer ‚Kirche an der Seite der Armen', von aufrechten Kämpfern an der Seite des Volkes und sozial engagierten Katecheten in Basisgemeinden sind der Stoff, der vor allem das linke Gutmenschenherz erwärmt – und somit auch viele kirchliche wie nichtkirchliche Journalisten begeistert"; dabei könne es aus Kenntnismangel „zu der ungewöhnlichen Situation kommen, dass kirchenferne Medien ein ‚geschöntes' und überhöhtes Bild des Papstes zeichnen, während kirchennahe Medien sich in Zurückhaltung üben oder ein Bild entwerfen, das neben strahlendem Weiß auch einige Grautöne enthält"[110]. Begünstigt werde das positive Image auch durch die Fähigkeit des Jesuiten-Papstes zu einer zeitgemäß prägnanten Kommunikation, etwa durch Sätze wie: „Es gibt Christen, deren Lebensweise wie eine Fastenzeit ohne Ostern erscheint."

---

108 Im Wortlaut der Fundstelle in Evangelii Gaudium (Nr. 53) heißt es allerdings: „Disparität", was semantisch für eine ausgeprägter Kluft zwischen den Einkommen steht als bloße „Ungleichheit".

109 Allensbach Archiv, Freiheitsindex 2016, Tabelle 27a, 28a.

110 Ludwig Ring-Eifel: Der Papst in den Medien. Eine Herausforderung für die Journalisten, in: Communicatio Socialis 1/2014 (47. Jg.), 94-99, 96f., 99.

Oder: „Das Leben wird reicher, wenn man es hingibt; es verkümmert, wenn man sich isoliert und es sich bequem macht." Solche Sentenzen enthalten zwar „keine theologisch bahnbrechenden neuen Erkenntnisse, aber sie sind allesamt kürzer als 140 Anschläge. Sie passen damit in ein Zeitalter und in eine Generation, die weitaus mehr über Kurzbotschaften als über Aufsätze und Bücher kommuniziert. Kompatibel zum Twitter- und Facebook-Zeitalter sind auch die Foto-Botschaften des Papstes. Statt auf altertümliche Kostümierungen, die schwer zu deuten und zu übersetzen sind, setzt er auf einfache Botschaften wie eine schwarze Aktentasche, abgewetzte Schuhe, die Umarmung eines von Krankheit gezeichneten Menschen."[111]

Zu Recht wies der KNA-Chef bereits damals auf „das große Risiko" hin, das mit Projektionen auf Person und Agenda des Papstes verbunden sei: dass den „Hosianna-Rufen" bald „das ‚Kreuzigt ihn!' folgt, wenn der Papst dann doch nicht die Innovationen liefert, die manche von ihm erhoffen"[112]. Kaum ein Jahr später folgte die Bestätigung durch Inhaltsanalysen deutscher und internationaler Leitmedien: „Die Medienbegeisterung für Papst Franziskus ist zum Jahresanfang 2015 deutlich zurückgegangen", meldete der „Media Tenor"; das positive Image des Papstes als „Reformator und als Gegenspieler der korrupten Kurie und einer verknöcherten Organisation" habe eine ambivalente, wenn nicht paradoxe Wirkung, denn: „Das Bild der großen Kirchen verdüstert sich damit wieder deutlich." Die anfänglich sehr positive Berichterstattung habe „Erwartungen geweckt, die Franziskus nach menschlichem Ermessen kaum erfüllen kann. Das Beispiel von Barack Obama zeigt,

---

111 Ebd., 95.
112 Ebd.

welche Enttäuschungen folgen können". Nun gebe es „zuneh-
mende Zweifel" auch an Franziskus selbst: „Während der Papst
bislang vor allem in konservativen Kreisen in die Kritik geraten
war, haben seine Äußerungen über die ‚würdevolle' Züchtigung von Kindern nun auch liberal denkende Menschen – und
damit vor allem auch Journalisten in Deutschland – vor den
Kopf gestoßen."[113]

Für Volkes Stimme lässt sich eine signifikante Veränderung der
deutschen Papstsympathien allerdings bisher nicht bestätigen.
Im September 2016 hatte sich laut einer „YouGov"-Umfrage
zum „besseren Papst" gegenüber 2013 nur wenig an der Präfe-
renz für Franziskus geändert: Mehr als dreimal so viele Befragte
zogen den neuen (37 %) dem alten Papst (11 %) vor, „keiner von
beiden" gefiel 22 Prozent. Bei Katholiken war die Relation der
Sympathien für den Argentinier und den Landsmann ähnlich
(45:15 %). 74 Prozent aller Deutschen lobten Franziskus' „herzlichen Umgang mit den Menschen" („Stimme nicht zu": 7 %),
eine knappe Mehrheit (36:33 %) verneinte, dass „der ehemalige
Papst Benedikt XVI. in seiner Amtszeit gegen Missstände in der
Kirche vorgegangen ist"[114].

Doch dieses vorläufige Meinungsbild zugunsten von Franziskus
sollte man nicht überbewerten. Die mehrfachen Umschwünge
der Papstpopularitäten: in Johannes Pauls II. ersten Amtsjahren und wieder bei seinem Sterben, nach der „Papstwerdung"
Joseph Ratzingers sowie nach der Ankündigung seines Rück-
tritts zeigen eine Volatilität der öffentlichen Meinung an, die

---

113 Christian Kolmer: Die Medien-Begeisterung für Papst Franziskus kühlt ab, in: Media Tenor vom 1.4.2015, http://de.mediatenor.com/de/bibliothek/newsletter/586/
die-medien-begeisterung-fuer-papst-franziskus-kuehlt-ab

114 https://yougov.de/news/2016/09/15/viele-halten-katholische-kirche-fur-zu-bu-
rokratisc/

an deren gefühlter Maßgeblichkeit zweifeln lassen kann. Man muss sich deshalb zwar nicht gleich Egon Friedells böse Definition zu eigen machen: „Öffentliche Meinung ist der Lärm, der entsteht, wenn die Bretter, die die Leute vor dem Kopf haben, aneinander schlagen." Doch auf Hegel darf man – vom Wirken des Heiligen Geistes einmal abgesehen – aus der Sicht einer Männerkirche wohl rekurrieren: „In der öffentlichen Meinung ist alles Falsche und Wahre; aber das Wahre in ihr zu finden, ist die Sache des großen Mannes."[115] Angesichts des langen Atems der römisch-katholischen Weltkirche passt auch Konrad Adenauers Diktum: „Ich verstehe die Bevölkerung nicht. Erst sind sie gegen mich, dann sind sie für mich, dabei mache ich doch immer die gleiche Politik."[116]

Gott sei Dank gibt es noch das vierte Kästchen der Kreuztabelle, den Typus: pro Benedikt, pro Franziskus. Er hat genug katholische Weite, zumindest Loyalität, um die unterschiedlichen Temperamente, Stile und theologischen Akzentuierungen im Petrusamt als gleichermaßen legitim, originär christlich und bereichernd zu begreifen und vertrauensvoll als die vom Heiligen Geist gerade vorgesehene „Medizin" anzunehmen. „Das steht jedem am besten, was ihm am natürlichsten ist", meinte Cicero. In der rheinischen Kurzform: „Jeder Jeck ist anders." Man täte insofern gut daran, ein neues Pontifikat betend statt geschwätzig, gelassen statt mit angestrengten Vereinnahmungswettbewerben zu begleiten. Gegen den Papa Emeritus nachzutreten, qualifiziert schon gar nicht dazu, Franziskus' „Friend" zu sein.

---

115 Zusatz zur Rechtsphilosophie (§318).

116 Zit. n. Elisabeth Noelle-Neumann: Die Politiker und die Demoskopie (Allensbacher Schriften 9), Allensbach/Bonn 1968, 21.

Allerdings wäre auch das Nachtreten des deutschen Papstes gegen Katholiken seines Heimatlandes, „diesen etablierten und hoch bezahlten Katholizismus, vielfach mit angestellten Katholiken, die dann der Kirche in einer Gewerkschaftsmentalität gegenübertreten", im Interviewband „Letzte Gespräche" mit Peter Seewald (2016) besser unterblieben. Kluge, nicht von eigenen Interessen und Gesinnungen her kalkulierende Berater hätten den 89-Jährigen darin bestärkt, seinem 2013 angekündigten Rückzug in ein klösterlich stilles „Leben im Gebet" zu entsprechen, statt als Selbsterklärer und Schuldzuweiser – „Ich sehe die Schuld nur bei dieser Kommission", sagte er zur Rolle der „Ecclesia Dei" in der Williamson-Affäre – doch wieder die Öffentlichkeit zu suchen. Ein unwürdiges Schauspiel, das gerade jene bestürzen konnte, die Joseph Ratzinger über Jahrzehnte hinweg gegen ungerechte Kritik verteidigten. Paradox auch, dass ausgerechnet solche die Interviewpublikation feierten, die stets gegen einen Papstrücktritt waren, weil sie das Amt des „Stellvertreters Christi" (der ja auch „nicht vom Kreuz heruntergestiegen" sei) nicht seiner mystifizierten Aura beraubt sehen wollten. Nun spielten sie mit bei der Profanierung des Amtes durch einen seine Biografie und Amtsjahre kommentierenden Ruhestands-Papst – ein weiterer Hinweis auf die um sich greifende Dummheit und moralische Insuffizienz in der Wagenburg des selbst gefühlten „heiligen Rests".

Kardinaldekan Angelo Sodano hatte nach Benedikts Rücktrittsrede die schönen Worte gefunden: „Natürlich leuchten auch die Sterne am Himmel immer weiter, und so wird unter uns immer der Stern Ihres Pontifikates weiterstrahlen." Dies bedeutete für das „Design" eines Nachfolgers, dass die Kardinäle zu einem anderen Typus des universalen Hirten gelangen mussten. Hätten sie eine Art Benedikt-Fortsetzer gewählt, sich also für die Wiederholung entschieden, wäre das Risiko für einen matten Abklatsch groß gewesen. Einem „Mozart der Theologie" kann man es nicht gleichtun. Muss man es als Papst auch gar nicht, selbst wenn dann Überschriften wie: „Der Unterkomplexe" (Christ und Welt 20/2013) auftauchen. Stellt man sich die Kirche als eine Kathedrale vor, die in Dunkelheit angestrahlt wird, dann sind die Päpste wie mächtige Scheinwerfer, welche die komplexe Stein- und Glasstruktur von unterschiedlichen Seiten her ausleuchten und in ihrer Schönheit sichtbar machen. Nicht aus der Schmiede von Dichotomien, sondern aus dem Geist des katholischen „et … et" kommt der hermeneutische Schlüssel zu unserer historischen Stunde, in der erstmals „zwei Päpste" im Vatikan wohnen.

Kirchendemoskopie:
Tradierungskrise und „Relevanzdiffusion"

Der Bevölkerungsanteil der Christen aller Konfessionen in der Bundesrepublik Deutschland ist seit 1950 von 96 Prozent auf 58 Prozent gefallen. Weniger als ein Drittel des Rückgangs (ca. minus 10 %) geht auf die Wiedervereinigung mit den in zwei kirchenfeindlichen Diktaturen bis auf 25 Prozent entchristlichten DDR-Gebieten zurück. Im vereinten Deutschland 1990 waren noch 72 Prozent der Bevölkerung Kirchenmitglieder; größere Teile der Erosion geschahen zuvor und seitdem (je minus 14 %). Heute leben rund 23,5 Millionen katholische, 22,5 Millionen evangelische (inklusive 300 000 Freikirchler) und 1,8 Millionen orthodoxe Christen in Deutschland, mit einem Anteil von 28, 27 und 2 Prozent an der Bevölkerung. 9 Prozent der insgesamt 47,8 Millionen Christen haben nicht die deutsche Staatsangehörigkeit. Etwa 28 Millionen Menschen (35 Prozent) sind konfessionslos, 5 Millionen (6 %, in Umfragen weit überschätzt) muslimischen Glaubens. Buddhisten,

Hindus und Juden stellen zusammen eine halbe Million Gläubige in Deutschland.

Die Zahl der Protestanten in Deutschland, 1950 noch 43 Millionen, hat sich im Zeitraum von nur zwei Generationen nahezu halbiert. Fast zwei Drittel der Deutschen, die aus der Kirche ausgetreten sind, waren evangelisch. Von den verbliebenen Protestanten hat jeder Dritte schon mit dem Gedanken an Kirchenaustritt gespielt oder ist dazu entschlossen. Trotz des „Siebungseffekts" durch die vielen schon Ausgetretenen erklären sich nur rund 40 Prozent der evangelischen Kirchenmitglieder ihrer Kirche verbunden (davon 12 % „eng"); jeder Fünfte nennt sich nicht einmal einen gläubigen Christen, sondern „religiös, aber nicht christlich", areligiös („Ich brauche keine Religion") oder „unsicher, ich weiß nicht, was ich glauben soll"[117]. Die Mehrheit liest nie in der Bibel und spricht nie mit anderen über ein religiöses Thema. Etwa 4 Prozent der landeskirchlichen und 80 Prozent der freikirchlichen Protestanten besuchen am Sonntag einen Gottesdienst; die Freikirchler stellen demnach mehr als ein Viertel der evangelischen Gottesdienstteilnehmer und tragen wohl den größeren Teil des missionarischen Engagements. Der frühere EKD-Ratsvorsitzende Nikolaus Schneider kam angesichts der in der letzten Mitgliederstudie[118] der EKD konstatierten „Stabilität des Abbruchs" zu dem Schluss: „Eine distanzierte Kirchenmitgliedschaft vererbt sich nicht, sie stirbt aus" (FAZ vom 10.11.2014).

Die katholische Kirche hat ungefähr so viele Mitglieder wie 1950 (23,2 Mio.), doch seit ihrem Höchststand von 28,3 Millionen

---

117 MDG-Trendmonitor, Bd. I, 39.

118 Engagement und Indifferenz. Kirchenmitgliedschaft als soziale Praxis V. EKD-Erhebung über Kirchenmitgliedschaft (Erhebungszeitraum 15.10.-15.12.2012), hrsg. von der Evangelischen Kirche in Deutschland, Hannover 2014

(1990) 16 Prozent verloren. Bei ihr implodierte der Gottesdienst-besuch von 50 auf 11 Prozent. Wie das evangelische, so stellt sich auch das katholische Christentum in Deutschland und weiten Teilen Europas als eine „erkaltete" Religion dar. Die Überzeugung der Gläubigen, eine Wahrheit gefunden zu haben, die das Leben prägt und bereichert, jenseitiges Heil erlangen lässt und anderen Menschen mitzuteilen ist (Mission), findet man kaum noch. Wesentliche Inhalte des Credos und des Katechismus werden von bis zu 80 Prozent der Kirchenmitglieder nicht geglaubt oder ausdrücklich abgelehnt. Der Glaube, „dass Jesus Christus der Sohn Gottes ist", findet eine Zustimmung von etwa 55 Prozent – einer der höchsten Werte, weit vor der Dreifaltig-keit (40 %), der Auferstehung der Toten (36 %) und dem Jüngsten Gericht (25 %)[119]. Selbst das seit dem frühen Christentum belegte Verbot der Abtreibung, die das Zweite Vatikanische Konzil als „verabscheuungswürdiges Verbrechen" qualifizierte, wird nach verschiedenen Umfragen von kaum einem Drittel der deutschen Katholiken unterstützt, die kirchliche „Haltung zur Sexualität" von ungefähr einem Siebtel[120].

Die im Vergleich zum Kirchgang und zum Gebet (mindestens 1x pro Woche: 35 % im Westen, 12 % im Osten) relative Stabilität des Glaubens an Gott in der deutschen Bevölkerung (67 % im Westen, 28 % im Osten) sollte weder als zukunftsfest noch als sonderlich lebensrelevant eingeschätzt werden. Sie verdankt sich neben dem Effekt sozialer Erwünschtheit im Westen dem Umstand, dass „Überzeugungen anstrengungslos beibehalten" werden können, während „Praktiken zu ihrer Aufrecht-erhaltung immer wieder vollzogen werden müssen"[121]. Dass man

---

119 Allenbacher Archiv, IfD-Umfrage 10097 (September 2012).

120 Trendmonitor Religiöse Kommunikation, 65.

121 Detlef Pollack/Gergely Rosta: Religion in der Moderne. Ein internationaler Vergleich, Frankfurt am Main 2015, 161.

ganz allgemein und irgendwie an Gott glaube, ist leicht gesagt. Unter jungen Leuten (16–29 Jahre) tun dies trotzdem nur noch 44 Prozent. Hier zeichnen sich für die Kirchen „erdrutschartige Abbrüche" (Detlef Pollack) ab. Ihrer Kirche verbunden zu sein, bekunden unter 30-Jährige nicht einmal halb so oft wie über 60-Jährige. Nur 16 Prozent der jungen Leute beten mindestens einmal pro Woche. Entgegen landläufigen Vorstellungen findet durch Lebenszykluseffekte nur ein kleiner Teil der kirchlich Distanzierten oder Areligiösen später zu einem lebendigen Glauben und kirchlicher Praxis. Das Altersgefälle bei allen religiösen Indikatoren ist im Wesentlichen mit einem Kohorteneffekt zu erklären.

Weitgehend unzutreffend ist auch die vom expansiven Religionsbegriff mancher Studien genährte Vorstellung, die Kirchen machten für eine stabile religiöse „Nachfrage" nur das falsche Angebot. In Wirklichkeit ist die Parole: „Jesus ja, Kirche nein" längst überholt, weil die Abwendung vom Christentum heutzutage „kaum durch Kritik an der Kirche und ihrem Handeln motiviert"[122] ist – solche wird eher zur rationalen Rechtfertigung eines Kirchenaustritts herangezogen – , und weil es „eine Relevanzdiffusion des Religiösen"[123] überhaupt gibt. Die Selbstdefinition als „ein religiöser Mensch" – „abgesehen davon, ob Sie in die Kirche gehen oder nicht" – ist seit Jahrzehnten leicht rückläufig und nähert sich der 40-Prozent-Marke; in Westdeutschland lag sie 1985 bei 58, 2012 bei 49 und in Ostdeutschland bei 24 Prozent; bei den 16- bis 29-Jährigen waren es nur 33 Prozent (37 % West, 12 % Ost)[124]. Im Januar 2017 sahen sich noch 42 % der Deutschen als „religiöser Mensch"

---

122 Ebd., 466.

123 V. EKD-Erhebung über Kirchenmitgliedschaft, Kap. 1.3.5; https://www.ekd.de/EKD-Texte/92132.html

124 Allensbacher Archiv, IfD-Umfragen 4053, 10097.

(West 47 %, Ost 18 %)[125]. „Sehr" oder „ziemlich" an religiösen Themen interessiert zu sein, bekunden noch weniger: etwa ein Drittel der Bevölkerung in den alten und ein Fünftel in den jungen Bundesländern. Ein nennenswerter Aufwuchs religiöser Alternativen ist nicht nachweisbar, Konversionen zum Islam oder Buddhismus haben mehr mediale als quantitative Relevanz. Klammert man die diversen Angebote alternativmedizinischer Körperpflege und „Wellness" aus, steht der erklärten Offenheit für außerkirchliche Religiosität eine weit geringere persönliche Bekanntschaft damit gegenüber. Überzeugte Esoteriker machen kaum 5 Prozent der Bevölkerung aus[126]. Nur abergläubische Vorstellungen, etwa von der besonderen Bedeutung eines vierblättrigen Kleeblatts, einer Sternschnuppe, eines Schornsteinfegers oder der Zahl 13, haben laut Allensbach im Vergleich zu den Siebzigerjahren signifikant zugenommen.

Gegen den sonstigen Trend nahm auch der religiöse Glaube an Wunder wieder zu; auf die Frage, „ob sie schon oft oder sehr oft das Gefühl hatten, Gott oder etwas Göttliches greife in ihr Leben ein, wolle mit ihnen kommunizieren oder ihnen etwas offenbaren, antworten etwa 20 Prozent mit Ja"[127]. Insofern erscheint die Rationalisierung metaphysischer Glaubensinhalte einschließlich der biblischen Wunderberichte durch die moderne Theologie, sofern sie Akzeptanz-Hindernisse beseitigen sollte, auf einem falschen Kalkül zu beruhen. Dies gilt besonders für die defensive Behandlung christlicher Zentralthemen wie der Auferstehung Jesu und des ewigen Lebens. Entgegen der von „Reformern" lange für notwendig erachteten Entmystifizierung und Modernisierung von Kirchenräumen und Liturgien kommt die Religionssoziologie zu dem Schluss, „dass

---

125 Ebd., IfD-Umfrage 11066.

126 Pollack/Rosta, Religion in der Moderne, 117.

127 Pollack/Rosta, Religion in der Moderne, 136f.

Transzendenzvorstellungen nur dann kommunikabel sind, wenn sie eine konkrete Anschaulichkeit gewinnen"; „Religion bedarf der Vermittlung des Unbestimmbaren durch Symbole, Rituale, Ikonen, Altäre, heilige Schriften, Prozessionen oder charismatische Personen. Sie repräsentieren das Transzendente in der Immanenz und machen es damit lebensnah und lebensweltlich relevant."[128] In atmosphärisch „kalten Gebetsbunkern" (Konrad Beikircher) durch Predigten zugetextet zu werden, „als spräche ein Materialprüfer vom TÜV über den Heiligen Gral"[129] – da kommt eben auch bei vielen modernen Menschen schwerlich Glauben auf.

Als Ursache der Krise des Christentums in Europa machen Detlef Pollack und Gergely Rosta hauptsächlich kirchenexterne Faktoren aus: „Unabhängig davon, was die Kirchen tun oder lassen, welchem theologischen Leitbild sie in ihrem Handeln folgen und welche politischen Positionen sie vertreten, gehen die Austrittszahlen nach oben oder nach unten." Einflussreicher seien „ökonomische, politische und gesamtgesellschaftliche Wandlungsprozesse": Individualisierung, Urbanisierung, Massenwohlstand, Ablenkung bzw. Interessenkonkurrenz durch vermehrte Freizeitoptionen, Bildungsexpansion, Berufstätigkeit der Mütter, Mobilitätszunahme, Wertediskrepanzen (besonders bei der Sexualethik). Angesichts der medialen Dominanz kirchenorientierter Erklärungsmuster für den Schwund christlichen Glaubens mag es überraschen, „wie wenig die Kirchen Herr ihres eigenen Schicksals", sondern „äußeren Faktoren ausgesetzt" seien, „denen sie wenig entgegenzusetzen haben"; doch die Pointe der Münsteraner Studie ist eindeutig: „Das Handeln der Kirche spielt für ihre Attraktivität eine

---

128 Ebd., 476.

129 Botho Strauß, zit. n. Becker, Protestantische Republik,142.

erstaunlich geringe Rolle."[130] Dafür sprechen auch die ähnlichen Akzeptanzprobleme von evangelischer und katholischer Kirche sowie von recht unterschiedlich geführten Bistümern bzw. Landeskirchen. Niemand hat bisher ein „Rezept" gefunden, die Entchristlichung aufzuhalten. Auch die evangelikalen und charismatischen Gemeinschaften überschritten trotz ihres ausgeprägt missionarischen Selbstverständnisses bisher nicht die Zwei-Prozent-Marke; „Wo Zuwächse zu verzeichnen sind, stammen sie entweder aus der Gruppe der Migranten oder aus der Mitgliedschaft der großen Kirchen, kaum jedoch aus dem Bereich der Konfessionslosen."[131] Diese verstehen sich nur zu drei Prozent als religiös Suchende, 92 Prozent erteilen einer solchen Suche eine Absage; da sich hingegen 14 Prozent der nominellen Protestanten als religiös Suchende betrachten, ergibt sich die Paradoxie: „Außerkirchliche Religionsformen und dogmatisch nicht approbierte Glaubensvorstellungen sind innerhalb der Kirche wahrscheinlicher als außerhalb von ihr."[132] Für die meisten Menschen ist der Bereich Religion gar nicht wichtig genug, als dass sie hier mit erheblichem Zeitaufwand eine persönlich verantwortete Entscheidung zwischen Alternativen herbeiführen würden.

Der Befund, dass sie die Abkehr vom christlichen Glauben kaum beeinflussen können, ist für die Kirchen keineswegs nur deprimierend. Er entlastet auch, etwa indem die Münsteraner Religionssoziologen anerkennen, die Krise habe „wenig damit zu tun, dass es den Kirchen an Engagement, Einfallsreichtum, Professionalität und Management oder auch an der Bereitschaft (fehle), sich auf Probleme sozialer Gerechtigkeit einzulassen oder für die Demokratie und die Rechte des In-

---

130 Pollack/Rosta, Religion in der Moderne, 165.

131 Ebd., 116.

132 Ebd., 147.

dividuums einzusetzen" – „im Gegenteil": Seit den Einbrüchen in den Sechzigerjahren seien sie „deutlich gesellschaftsoffener, politischer, gesprächsbereiter, klientenorientierter, liberaler und professioneller geworden". Die Zahl der Beschäftigten der katholischen Kirche in Deutschland stieg zwischen 1950 und 2008 von 65 500 auf 203 525, wodurch die Zahl der Kirchenmitglieder pro Beschäftigtem von 382 auf 122 gesunken sei. Eine fabelhafte Entwicklung der „Betreuungsrelation", könnte man meinen.

Auch gab es beim letzten „MDG-Trendmonitor" – allerdings vor sieben Jahren – noch „keine Hinweise darauf, dass Katholiken in Pfarrverbänden weniger persönliche Kontaktchancen zu hauptamtlichen Kirchenmitarbeitern haben oder diese seltener nutzen"; zwar hatten solche Katholiken zu ihrem Pfarrer „etwas seltener persönlichen Kontakt", doch „dieses Kommunikationsdefizit wird in Pfarrverbänden offensichtlich ausgeglichen durch vergleichsweise häufigere gute Kontakte zu anderen Priestern oder hauptamtlichen Mitarbeitern wie Pastoralreferenten, -assistenten, Diakonen oder Gemeindereferenten. Die Kontakte zu Ordensleuten oder Klöstern sowie zu kirchlichen Bildungsstätten, Schulen, Katholischen öffentlichen Bibliotheken sind bei Katholiken in einer eigenständigen Pfarrgemeinde bzw. einer Gemeinde, die zu einem Pfarrverband gehört, in etwa gleich."[133] Ihren Pfarrer zu kennen, sagten Katholiken aus Pfarrverbänden sogar etwas häufiger als jene aus eigenständigen Pfarreien (92 : 87 %). Zu anderen Priestern als dem Pfarrer „guten Kontakt zu haben", berichteten 27 Prozent der „Pfarrverbands-Katholiken" und 22 Prozent derer aus einer eigenständigen Pfarrgemeinde, „zu anderen hauptamtlichen Mitarbeitern" 30 Prozent derer im

---

133 Trendmonitor Religiöse Kommunikation, 109f.

Pfarrverband und 26 Prozent derer in einer eigenständigen Pfarrei. Eine „enge" Kirchenbindung zu haben, bekundeten 21 Prozent der Katholiken aus Pfarrverbänden und 20 Prozent derer aus eigenständigen Pfarreien[134]. Von „kaum mehr erfahrbarer Zugehörigkeit" in den größeren Seelsorgeeinheiten, wie sie 2011 ein „Theologenmemorandum" behauptete, konnte zu dieser Zeit also keine Rede sein.

Ohnehin scheint das vorherrschende Verhältnis der meisten Katholiken zur Kirche heutzutage von „pragmatischem Desinteresse" gekennzeichnet zu sein: Die Kirche ist für sie „der Anwalt des Unverfügbaren, die Institution im Hintergrund, auf die man im Notfalle zurückgreifen möchte, an deren Vollzügen man selbst aber kaum teilnimmt und die man für die Bewältigung des Alltages selbst zumeist nicht als notwendig erachtet"[135]. Entgegen manchen Hoffnungen bleibt auch das vom Islam ausgehende Gefühl der Bedrohung durch das Fremde angesichts eines „leidenschaftslosen Verhältnisses zum Christentum und zu Glauben und Religion insgesamt" bisher „ohne Effekt auf die religiöse Praxis und den religiösen Glauben". Da die von einem großen Teil der Bevölkerung durchaus empfundene Herausforderung durch fremde Religionen „nicht zu einer Besinnung auf die eigenen kulturellen Wurzeln führt", muss „das Theorem des ‚cultural defence' wohl noch einmal neu überdacht werden"[136].

Immer noch stark katholisch geprägt sind in Deutschland mit absoluter Mehrheit das Saarland (61 %, 17 % Protestanten) und Bayern (52 : 20 %) und mit relativer Mehrheit Rheinland-Pfalz (44 : 30 %) und Nordrhein-Westfalen (40 : 26 %). In Baden-Württemberg sind die Konfessionen annähernd gleich stark (35 : 31 %).

---

134 Ebd., 108.

135 Pollack/Rosta, Religion in der Moderne, 127.

136 Ebd., 167.

Mehrheitlich evangelisch ist die Bevölkerung in Schleswig-Holstein (52 : 6 %), Niedersachsen (49 : 17%) und Hessen (39 : 24 %), mehrheitlich konfessionslos in den drei Stadtstaaten und allen neuen Bundesländern, und zwar meistens krass: In der „Lutherstadt Wittenberg", während des Reformationsjubiläums „so etwas wie ein evangelischer Wallfahrtsort"[137], beträgt der Christenanteil ungefähr 15 Prozent.

Dass derzeit noch knapp drei Millionen Menschen in Deutschland sonntags an einer katholischen Messe teilnehmen, beschreibt vielleicht am realistischsten, wie katholisch unser Land religiös wirklich noch ist. Denn das Sonntagsgebot gilt für katholische Christen nach wie vor, auch wenn seine Befolgung von vielen wie „optional" gehandhabt wird. Der Katechismus der katholischen Kirche bestimmt: „Wer diese Pflicht absichtlich versäumt, begeht eine schwere Sünde" (Ziff. 2181), denn: „Die sonntägliche Feier des Tages des Herrn und seiner Eucharistie steht im Mittelpunkt des Lebens der Kirche" (2177) und die Teilnahme daran „bezeugt die Zugehörigkeit und Treue zu Christus und seiner Kirche. Die Gläubigen bestätigen damit ihre Gemeinschaft im Glauben und in der Liebe" (2182). Aus wissenschaftlicher Perspektive sind dies durchaus weise Normen, denn: „Der Gottesdienst ist nicht nur theologisch, sondern auch kirchensoziologisch die zentrale kirchliche Veranstaltung, die die Kirchenmitglieder zu binden vermag", „andere kirchliche Aktivitätsformen spielen keine selbstständige Rolle"; der Gottesdienstbesuch ist „ein erstaunlich guter Indikator […] für die individuelle Religiosität insgesamt". Die Annahme der säkularisierungskritischen Forschung, „dass es sich beim Kirchgang um eine bloß äußerliche Verhaltensweise handelt, die mit der individuellen Religiosität nichts oder fast

---

137 Becker, Deutsche Protestantische Republik, 140.

nichts zu tun hat [...] ist falsch"[138]. Hiermit erklärt sich zumindest teilweise die im Vergleich zu den evangelischen Landeskirchen höhere Bindungskraft der katholischen Kirche trotz ihrer geringeren sozialen Akzeptanz. Dies lässt aber auch erwarten, dass bei weiterhin rückläufigen Kirchgangsraten der Glaube an Gott ebenfalls an Bedeutung verlieren wird. Zudem korreliert die subjektiv empfundene Wichtigkeit von Religion mit der christlichen Transzendenzvorstellung eines „persönlichen Gottes", welche „individueller, trennschärfer und prägender"[139] ist als abstrakte Vorstellungen von einem „höheren Wesen" oder einer „geistigen Macht". Diesen personalen Gottesglauben teilt nur noch jeder vierte Westdeutsche und jeder zehnte im Osten.

Neben der Tradierungskrise unterliegt der deutsche Katholizismus einer gewissen Neigung zur Selbstprotestantisierung. In Ergänzung der eingangs angeführten Amputationen des Katholischen nach Hans Conrad Zander lassen sich weitere Anpassungen schwerlich von der Hand weisen, die konservative Katholiken beklagen: „Ob es sich um die Zurückdrängung des Opfergedankens in der modernen Eucharistiefeier handelt, bei der das evangelische Abendmahl ganz sicher Pate stand, die ökumenischen Fronleichnamsfeiern, die ohne Rücksicht auf den Festgedanken von einem katholischen Stadtdekan und der evangelischen Kirchentagspräsidentin angeführt wurden, um das weitgehende Verschwinden der ‚Aussetzung' und der eucharistischen Andachten zugunsten ökumenischer ‚Frühschichten' und Friedensgebete, um den Rückgang der Marienverehrung, von der es einstmals hieß: ‚de Maria nunquam satis': Überall ist die Aufnahme reformatorischen Gedankengutes mit einer Nivellierung des katholischen Profils verbunden", wobei

---

138 Pollack/Rosta, Religion in der Moderne, 123, 117, 144.

139 Ebd., 135.

„das ökumenische Entgegenkommen sehr ungleich verteilt ist und es regelmäßig die katholische Seite ist, die sich mit […] Beflissenheit der evangelischen anempfiehlt. Das war schon bei der Augsburger gemeinsamen Erklärung zur Rechtfertigung so, gegen die sich eine ganze Phalanx evangelischer Theologieprofessoren wandte, während auf unserer Seite nur wenige kritische Stimmen in dem aufbrausenden ökumenischen Jubel vernehmbar waren"[140].

Dass Unzufriedenheit und Gleichgültigkeit unter den Mitgliedern der deutschen katholischen Kirche beträchtlich sind, zeigt die Allensbacher Typisierung der Katholiken[141]: Kaum jeder Sechste bezeichnet sich als „gläubiges Mitglied meiner Kirche" und ihr „eng verbunden" (17 %), mehr als doppelt so viele erklären sich „der Kirche verbunden, auch wenn ich ihr in vielen Dingen kritisch gegenüberstehe" (37 %) und fast ebenso viele: „Ich fühle mich als Christ, aber die Kirche bedeutet mir nicht viel" (32 %). Jeweils weitere rund 5 Prozent fühlen sich „religiös, aber nicht als Christ", „unsicher, ich weiß nicht, was ich glauben soll" oder sagen rundheraus: „Ich brauche keine Religion." Die Führung der katholischen Kirche steht also mit einer wenig loyalen Gefolgschaft einer zunehmend religionslosen Gesellschaft gegenüber. Erklären sich nur 54 Prozent der deutschen Katholiken ihrer Kirche – meist „kritisch" – verbunden, dann ist nicht die „hohe" Zahl von Kirchenaustritten erklärungsbedürftig, sondern die geringe: Warum verlassen *so wenige* der addiert 46 Prozent nicht ihrer Kirche Verbundenen, nicht einmal christlichen oder gar areligiösen „Katholiken" die fromme Körperschaft öffentlichen Rechts? Im Protestantismus ist zwar die Schar der „gläubigen Kirchennahen" noch geringer (12 %), aber

---

140 Walter Hoeres: Leitkultur und Leitideen – Bekenntnisse eines Stadtdekans, in: Theologisches, Nr. 01-02/2011 (41. Jg.), 49-56, 53f.

141 Trendmonitor Religiöse Kommunikation, 39.

in der Masse überwiegen die „kirchlich distanzierten Christen" (38 %) gegenüber den „kritischen Kirchenverbundenen" (28 %). Machtpolitisch ausgedrückt: Die Bataillone des Papstes in Deutschland sind nicht nur in großen Teilen müde und zweiflerisch, sondern auch mürrisch. Fallen dann auch noch unliebsame Entscheidungen auf Gemeindeebene, droht offene Rebellion[142].

Dass die innerkatholischen Kirchenkritiker weniger zum „Salz der Erde" taugen als es ihr selbst erhobener oder medial zugesprochener „Reformer"-Anspruch erwarten ließe, zeigt nicht nur ihr verglichen mit „gläubigen Kirchennahen" geringerer Gottesdienstbesuch, sondern auch ihre schwächere Ausrichtung auf „ein an christlichen Werten ausgerichtetes Leben": Dieses halten 84 Prozent der „gläubigen Kirchennahen" für „ganz besonders wichtig", aber nur 58 Prozent der „kritischen Kirchenverbundenen" und 23 Prozent der „kirchlich distanzierten Christen"[143]. Gehen 72 Prozent der „gläubigen Kirchennahen" jeden (38 %) oder fast jeden (34 %) Sonntag zum Gottesdienst, so sind es unter den „kritischen Kirchenverbundenen" nicht einmal halb so viele: 31 (jeden: 10, fast jeden: 21) Prozent[144]. Auch interessieren sich „kritisch Kirchenverbundene" nur zu 43 Prozent „für Themen, die die Kirche betreffen", die „gläubigen Kirchennahen" aber zu 80 Prozent[145], sowohl auf gemeindlicher als auch auf diözesaner und weltkirchlicher Ebene[146]. Unter 14 Themen, die mit Kirche und Glauben zu tun haben, zeigen sich die „Kritischen" nur an einer Kategorie etwas häufiger als

---

142 Beispiel: Peter Wensierski: Kardinal Meisner: Aufstand gegen den Hardliner vom Rhein, in: Spiegel online vom 4.4.2011

143 Trendmonitor Religiöse Kommunikation, 43.

144 Ebd., 42.

145 Ebd., 72.

146 Ebd., 98.

120

die gläubigen Kirchennahen (31 : 29 %) „ganz besonders interessiert": an „Themen, die in der Kirche umstritten sind, wie Abtreibung, Zölibat, Frauenpriestertum". Viel geringer ausgeprägt
ist ihr Interesse an religiösen Büchern (21 : 7 %), Predigt- und
Bibeltexten (28 : 9 %), aber auch daran, „welche Bedeutung
die Kirche als Institution in der heutigen Gesellschaft hat"
(34 : 17 %), „wie man in der heutigen Zeit seinen Glauben leben" (29 : 18 %) oder „Kindern Glaube und Kirche näher bringen
kann" (35 : 27 %)[147]. Im Blick auf den Wortsinn des lateinischen
„Reformatio", das nicht nur als „Umgestaltung" und „Erneuerung", sondern auch als „Verbesserung" übersetzt werden
kann, gibt die Datenlage also wenig Grund, von den „kritischen
Kirchenverbundenen" entscheidende Beiträge zur Revitalisie-
rung christlicher Glaubenspraxis und Weltverantwortung zu
erwarten.

Dass alle ihre Forderungen schon weitgehend in den evangelischen Kirchen verwirklicht sind und dass diese trotzdem weit
mehr Mitglieder verloren, sollte auch bedacht werden. Das bedeutet nicht, dass diese Forderungen alle oder in Gänze unbe-
rechtigt sein müssen – schon gar nicht, wo es um den Abgleich
kirchlicher Lehren mit dem Erkenntnisfortschritt der Human-
wissenschaften geht –, sondern nur, dass sie wenig mit dem
Kern der Kirchenkrise zu tun haben. Die für manche thematisch
monotone Dauerreformdebatte verwendete Zeit investierte
man wohl besser in Katechese, geistliche Lektüre christlicher
„Klassiker" und die Anschauung herausragender Biografien historischer wie zeitgenössischer Gestalten des Glaubens.

---

147 Ebd., 121.

Fazit: Ein schrumpfender, aber nicht chancenloser deutscher Katholizismus

Wie katholisch ist also Deutschland? Die Antworten lauten:

– nominell zu gut einem Viertel, religiös und bewusst der Kirche „verbunden" jedoch nur noch zu einem Achtel;

– religiös und „lebensweltlich" weniger prägend als zur Hochzeit der „Milieus", was auch für die politischen Eliten gilt, speziell in der ehemals katholisch dominierten Union, der einzigen mehrheitlich katholischen Partei;

– regional wie von je her am katholischsten im Süden und Westen;

– umgeben von meist katholisch geprägten Nachbarländern in einer allerdings auch immer weniger christlichen EU;

– katholischer, als es in Zukunft sein wird, wenn die Generationenkluft im Glauben sich nicht schließt;

– kirchenintern weniger selbstbewusst katholisch als früher, sondern sich selbst säkularisierend durch religiösen Individualismus, Eklektizismus und Indifferenz.

Den Glutkern katholischer Frömmigkeit und Weltanschauung jenseits bloßer Familientradition, Konvention, Zeremonienvorsorge und Austrittshemmung mögen nur noch jene rund vier Millionen Kirchenmitglieder bilden, die sich in Umfragen als „gläubig" und ihrer Kirche „eng verbunden" bezeichnen und einigermaßen regelmäßig am Gottesdienst teilnehmen. Aus soziologischer Sicht gehören zum katholischen Deutschland jedoch auch weiterhin Millionen kirchlich „randständiger", aber kulturell katholisch geprägter Menschen, die zur gesellschaftlichen Präsenz des Katholischen einen geringeren, doch nicht zu vernachlässigenden Beitrag leisten. Dass eine kognitive Minderheit mit einem Umfeld „Assoziierter", wenn sie nur redlich, engagiert, lernbereit, dialogfreudig und selbstbewusst genug bleibt, gesellschaftlich sehr wirksam und auch politisch einflussreich werden kann, zeigt nicht zuletzt die Rolle der vier Prozent Katholiken im Transformationsprozess der DDR und bis heute.

Als sich im Präsidentschaftswahlkampf des laizistischen Frankreich mit François Fillon ein bekanntermaßen praktizierender, konservativer Katholik innerparteilich gegen einen „nichtpraktizierenden" kirchenfreundlichen (Nicolas Sarkozy) und einen agnostischen Konkurrenten (Alain Juppé) durchsetzte und – bis zur Affäre um die mutmaßliche Scheinbeschäftigung seiner Frau – als aussichtsreicher Bewerber galt, stellten politische Analysten heraus, „dass sein offensiv vorgetragenes Glaubensbekenntnis viele Menschen anspricht"; die Statistik täusche „über den wachsenden Einfluss des katholischen Milieus hinweg; in den Medien ist von der ‚stillen Revolution der französischen Katholiken' die Rede"; die „Neokatholiken" trauten es sich zu, die Entwicklung der französischen Gesellschaft zu beeinflussen: „Der Einfluss der bekennenden Katholiken wächst, weil mehr und mehr Menschen den spirituellen Halt in ihrem Leben vermissen und nach einer festen Wertordnung verlangen. Bezeichnend dafür ist die wachsende Beliebtheit der konfessionellen, vor allem der katholischen Privatschulen, in denen nicht nur der Lehrer, sondern auch der Pfarrer den Bildungsweg der Kinder prägt."[148]

Dazu passt der deutsche Umfragebefund (freilich von 2003), wonach die Bevölkerung jeweils mit Zweidrittelmehrheit

---

148 Wolf Lepenies: Machen die „Neokatholiken" Fillon zum Präsidenten?, in: Welt online vom 2.1.2017

annahm, in kirchlichen Schulen herrsche „mehr Disziplin" (60 : 25 %) und werde „ein besseres Sozialverhalten" (60 : 28 %) gelernt als an staatlichen Schulen[149]. Der in der europäischen Ideengeschichte von unterschiedlichsten, auch „religiös unmusikalischen" Denkern vertretene Topos, die (christliche) Religion sei gut für die Moral[150], scheint robuster zu sein als die Plausibilität kirchlicher Wahrheitsversprechen. Aufschlussreich für Einflusschancen einer christlichen Minderheit ist auch, dass die Vorstellungen von den Positionen eines christlichen Politikers weit positiver ausfallen als die einem konservativen Politiker zugeschriebenen: Vom Christen erwartet man häufiger, „dass er sich für sozial Schwache einsetzt" (75 : 29 %), „für einen umfassenden Sozialstaat" (46 : 22 %) und „für Freiheit eintritt" (52 : 34 %), „weltoffen, tolerant ist" (52 : 17 %) und „sich für den Umweltschutz einsetzt" (35 : 18 %); weniger als bei einem Konservativen vermutet man bei ihm, „dass er von Ausländern verlangt, sich weitgehend an die deutsche Kultur anzupassen" (35 : 67 %) und „gegen die rechtliche Gleichstellung von homosexuellen Paaren ist" (28 : 58 %), „dass er patriotisch, stolz auf sein Land" (19 : 57 %) ist und fordert, „dass die Arbeitslosenunterstützung deutlich niedriger ist als das Einkommen eines Berufstätigen" (15 : 41 %)[151]. Insofern verschafft das „C" den Unionsparteien wohl einen Sympathie-Bonus, sicher aber keinen Malus. Die von Allensbach ermittelten Sympathiewerte des Wortes „christlich" lagen stets deutlich über denen von CDU und CSU, die Sympathiewerte für „konservativ" weit darunter.

---

149 Vogel, Religion und Politik, 243f.

150 Dazu ausführlicher Andreas Püttmann: Führt Säkularisierung zu Moralverfall? Eine Antwort auf Hans Joas, Bonn 2013, 12ff.

151 Allensbacher Archiv, IfD-Umfrage 10097.

Im Vergleich der Wahrnehmung von Weltreligionen und Welt-
anschauungen „als Bereicherung"[152] liegt das Christentum mit
76 Prozent in Westdeutschland und 64 Prozent in Ostdeutschland – ein bemerkenswert geringer Unterschied – unange-
fochten an der Spitze, gefolgt vom Buddhismus (62 : 48 %) und
vom Judentum (53 : 52 %); der weniger bekannte Hinduismus
verfehlt die absolute Mehrheit (49 : 42 %), der Atheismus sogar deutlich (34 : 49 %). Insofern hat die Bevölkerung auf dem
Gebiet der ehemaligen DDR das jahrzehntelange Ringen von
Christentum und staatlich verordnetem Atheismus deutlich
– wenn auch nicht praktisch – gegen den Atheismus entschieden. Motto: Die christliche Religion ist gut – für die anderen
und als kultureller Identitätsmarker. 36 Prozent der Westdeutschen und 16 Prozent der Ostdeutschen nehmen den Atheismus sogar „als Bedrohung" wahr, was über das Christentum
nur 9 bzw. 15 Prozent sagen. Klar negativ wird der Islam gesehen: Im Westen halten ihn 31 Prozent für bereichernd und
49 Prozent für bedrohlich, in Ostdeutschland, wo es viel weniger Muslime gibt, überwiegt das Bedrohungsgefühl (57 %)
das der „Bereicherung" (21 %) sogar um 36 Prozentpunkte.

Ist die mehrheitliche Wertschätzung des Christentums als für
Europa prägende geistige Kraft und Humanitätsressource evi-
dent, so muss man für die Achtung vor dem Katholizismus
tiefer schürfen in den Umfragearchiven und darf sich von der
„Wasserstandsdemoskopie" des Institutionenvertrauens – bei
dem die katholische Kirche stets schlecht abschneidet – nicht
blenden lassen. Immerhin ein Hinweis findet sich 1986 in einer
Allensbacher Umfrage zur „Kirche: wie sie ist – und wie sie sein
sollte", wobei für jede ideale Eigenschaft dann auch die Realität

---

152 Religionsmonitor. Verstehen was verbindet. Religiosität und Zusammenhalt in
     Deutschland, Autoren Detlef Pollack und Olaf Müller, hrsg. von der Bertelsmann-
     Stiftung, 37.

(„trifft zu auf…") der katholischen und der evangelischen Kirche abgefragt wurde. Das Ergebnis: Nahezu alle positiven Attribute wurden häufiger mit der evangelischen Kirche verbunden, vor allem: „lässt den einzelnen leben wie er will" (+ 30 %), „fortschrittlich" (+ 18 %), „unkompliziert" (+ 17 %), „nachsichtig" (+ 16 %), „mischt sich nicht ein" (+ 14 %), „offen" (+ 13 %), „ermutigt zu Freiheit und Selbstständigkeit" (+ 9 %), „menschlich" (+ 8 %); sogar bei „fröhlich" (+ 8 %) lagen die Protestanten vorn – für rheinische Katholiken unfassbar –, knapp auch bei den Items: „gerecht", „gütig", „hilfreich", „selbstlos", „verzeihend" und „auf der Seite der Armen". Als mehr auf die katholische Kirche zutreffend galten die Attribute „streng" (+ 37 %), „fordert eine bestimmte Lebensführung" (+ 34), „mächtig" (+ 34), „heilig" (+ 23 %), „steht Gott nahe" (+ 9 %), „sorgt für stabile Ehen und Familien" (+ 8 %) „unbequem" (+ 7 %), „stark" (+ 7 %), „geheimnisvoll" (+ 6 %), „gibt dem Leben Sinn" (+ 4 %)[153].

---

153 Allensbacher Jahrbuch 1984-1992, 202.

Konfessionelle Profildifferenzen (1986)

Trifft zu auf die	Evangelische Kirche	Katholische Kirche	Differenz
„lässt den einzelnen leben wie er will"	36 %	6 %	−30 %
„fortschrittlich"	25 %	7 %	−18 %
„unkompliziert, einfach"	19 %	2 %	−17 %
„nachsichtig"	25 %	9 %	−16 %
„mischt sich nicht ein"	20 %	6 %	−14 %
„offen"	24 %	11 %	−13 %
„ermutigt zu Freiheit und Selbständigkeit"	16 %	7 %	−9 %
„menschlich"	25 %	17 %	−8 %
„fröhlich"	13 %	5 %	−8 %
„streng"	5 %	42 %	+37 %
„mächtig"	11 %	46 %	+35 %
„fordert eine bestimmte Lebensführung"	25 %	59 %	+34 %
„heilig"	11 %	34 %	+23 %
„steht Gott nahe"	40 %	49 %	+9 %
„sorgt für stabile Ehen und Familien"	15 %	23 %	+8 %
„unbequem"	6 %	13 %	+7 %
„stark"	12 %	19 %	+7 %
„geheimnisvoll"	3 %	9 %	+6 %
„gibt dem Leben Sinn"	17 %	21 %	+4 %

Einige der eher „katholischen Eigenschaften" scheinen für das Faszinosum und die Bindungskraft einer Kirche entscheidender zu sein als Liberalität, Toleranz und „Menschlichkeit". Der Trendforscher Matthias Horx überraschte 1995 mit der Einschätzung: „Wenn wir von den Amtskirchen um ein professionelles Trend-Consulting gebeten würden – wie müsste der Ratschlag für die evangelische und katholische Kirche aussehen? […] Kaum jemand, der den Kirchen nicht Modernisierung,

Öffnung, Liberalisierung empfehlen würde. […] Doch so einfach ist die Sache nicht. […] Der Katholizismus dürfte seine ‚brand values' genau aus dem beziehen, was die Heerscharen seiner Kritiker an ihm bemängeln: dem Dogma. Gerade das Unumstößliche, das Störrische, das ‚Unmoderne' an ihm macht seine Faszination aus. Sein barockes Element, seine beharrliche, ja dickköpfige Dogmatik, sein Hang zum Ornament, zum Prunk, zur Verschwendung und Doppelmoral, ist gewissermaßen sein ‚Markenkern'"[154].

Diese Pointe zum „Markenkern" würde Horx nach dem Limburger Bischofs- und dem Missbrauchsskandal wohl nicht mehr so leicht über die Lippen kommen. Richtig daran bleibt, dass Beliebtheit und „Zeitgemäßheit" nicht nur normativ kein Maßstab für eine christusförmige Kirche sein dürfen, sondern auf längere Sicht nicht einmal eine Erfolgsgarantie für Bindungskraft und gesellschaftliche Akzeptanz einer Kirche sind.

Für eine von mehreren Großskandalen binnen weniger Jahre durchgeschüttelte Institution mag das Bild vom „angeschlagenen Boxer" nicht falsch sein. Die konfessionelle Konkurrentin jedoch, aus deren Funktionärsschicht dieses Bild an die Öffentlichkeit gelangte, ist dem Boden aus religionssoziologischer Sicht schon näher. Die einst herrschende Mehrheitskonfession des Deutschen Reiches wurde in der Bonner Republik erst „gefühlt" und dann numerisch von den Katholiken überflügelt, in den östlichen Stammlanden der Reformation von der „Konfession" der Konfessionslosen entthront, fand sich im vereinten Europa als Minderheit wieder und geriet schließlich im vereinigten Deutschland erneut in die konfessionelle Minderheit.

---

154 Matthias Horx: Trendbuch. Megatrends für die späten Neunzigerjahre, Düsseldorf 1995, 129.

Wer mit 43 Millionen Protestanten im Nachkriegsdeutschland gestartet und nun bald bei 22 Millionen angekommen ist, hat wenig Grund zu Expertisen über eine „angeschlagene" katholische Kirche. Ganz abgesehen davon, dass mehr als die 47 Millionen Christen im Lande inzwischen die rund fünf Millionen Muslime von sich reden machen.

II. … und was hat es davon?

Katholische Beiträge zum Gemeinwohl der Bundesrepublik Deutschland

Zwischen Gemeinplatz, institutioneller Evidenz und einseitigem Tabu

Die üblichen Darstellungen der kirchlichen Gemeinwohldienste verweisen entweder recht allgemein auf die Pflege der „Wertebasis" des säkularisierten Staates – er lebe „von Voraussetzungen, die er selbst nicht garantieren kann. Das ist das große Wagnis, das er, um der Freiheit willen, eingegangen ist"[155] – oder auf die institutionalisierte Caritas bzw. Diakonie, Einrichtungen des Bildungs- und Gesundheitswesens, auf Entwicklungshilfe und Friedensdienste. Hier kann die katholische Kirche in Deutschland wie die evangelische tatsächlich mit einer imposanten „Struktur des Guten" aufwarten, in der professionelle Dienste mit einem umfangreichen ehrenamtlichen Engagement verflochten sind, so wie es der Staat nicht zu organisieren vermöchte. Ohne hier eine vollständige Aufzählung der Arbeit verschiedenster katholischer Akteure leisten zu können – es fehlen z.B. die Verbände – seien erwähnt:

- rund 9 370 Kindertageseinrichtungen, in denen 95 331 Mitarbeiter 592 162 Kinder betreuen;

- 905 katholische Schulen für 360 000 Schülerinnen und Schüler;

---

155 Ernst-Wolfgang Böckenförde: Die Entstehung des Staates als Vorgang der Säkularisierung, in: ders.: Staat, Gesellschaft, Freiheit. Studien zur Staatstheorie und zum Verfassungsrecht, Frankfurt a. M. 1976, 42-64, 60.

- 17 Jugendorganisationen, die 660 000 Jugendliche zwischen 7 und 28 Jahren im „Bund der Deutschen Katholischen Jugend" versammeln, sowie fast 360 000 Ministranten;

- die Universität Eichstätt-Ingolstadt, Theologische Fakultäten an elf staatlichen Universitäten, drei diözesane Fakultäten, fünf Ordenshochschulen, fünf (Fach-)Hochschulen und zwei Hochschulen für Kirchenmusik;

- ein Begabtenförderungswerk und einen Akademischen Ausländer-Dienst für zusammen fast 2 000 Stipendiaten;

- eine Journalistenschule mit über 3 000 Absolventen, einen Katholischen Medienpreis, einen Filmdienst, die Nachrichtenagentur KNA und ein breit gefächertes publizistisches Angebot sowie eine Clearingstelle Medienkompetenz;

- 22 Katholische Akademien und 567 Einrichtungen der Erwachsenenbildung, deren Fort- und Weiterbildungsangebot jährlich knapp 3,7 Millionen Menschen wahrnehmen;

- 3 300 öffentliche Büchereien sowie einen Kinder- und Jugendbuchpreis,

- 43 eigene Museen und 100 Museen mit konzeptioneller bzw. finanzieller Beteiligung, 11 Kulturpreise, über 15 000 Chorgruppen und 3 600 Instrumentalensembles;

- 617 000 hauptamtliche und rund eine halbe Million ehrenamtliche Mitarbeiter in den 24 391 Einrichtungen der Caritas, von der Alten und Behindertenhilfe über die Schwangerschafts-, Mütterkur- und Familienberatung bis zur Sozialberatung für Schuldner und zur Suchtberatung;

– die Flüchtlingsarbeit, für die die Bistümer und kirchlichen
  Hilfswerke 2015 über 112 Millionen Euro ausgaben:
  71 Millionen zur Förderung von Initiativen im Inland,
  41 Millionen für Flüchtlingsprojekte in Krisengebieten;
  etwa 5100 Hauptamtliche und mehr als 100000 Ehrenamtliche arbeiteten mit.[156]

Weniger augenfällig, aber für das soziale Klima vielleicht noch
wichtiger sind christliche Einflüsse auf die Herzens- und Gewis-
sensbildung von Menschen und ihre millionenfachen alltäglichen Entscheidungen in Familie, Beruf und Gesellschaft. Sie
werden kaum thematisiert, obwohl die gewagte Meinung, man
werde „durch den Glauben, wenn man ihn ernst nimmt, ein
besserer Mensch", 2006 immerhin von einer knappen Mehrheit
der Westdeutschen (44 : 42 %) und einem Viertel der Ostdeutschen (25 : 55 %) geteilt wurde[157]. Am prominentesten drückte
Gregor Gysi als Nichtgläubiger immer wieder seine Furcht vor
einer „gottlosen Gesellschaft" aus[158]; zuletzt sagte er im Januar
2017 dem Magazin *Cicero*, „eine gottlose Gesellschaft, eine Gesellschaft ohne Kirchen und Religionsgemeinschaften hätte ver-
heerende Folgen"; allein die evangelische und die katholische
Kirche in Deutschland sorgten dafür, „dass es noch eine allgemein verbindliche Moral gibt".

Konfessionelle Unterscheidungen bei christlichen Beiträgen
zum Bürgerethos und zur Lebensqualität werden meistens
vermieden. Die Vorzüge einer Konfession hervorzuheben – je-

---

156 Alle Daten nach: Katholische Kirche in Deutschland. Zahlen und Fakten 2015/16
    (Arbeitshilfen 287).

157 Allensbacher Jahrbuch 2003-2009, 807.

158 Bei einer Tagung der Evangelischen Akademie Tutzing sagte Gysi: „Auch als
    Nichtgläubiger fürchte ich eine gottlose Gesellschaft", zit. n. Rheinische Post vom
    14.3.2005

denfalls der eigenen – gilt als anachronistisch, unfein, antiöku-
menisch. Dabei fällt allerdings ein Ungleichgewicht auf. Matthias Matusseks Buch „Das katholische Abenteuer" (2011) wurde schon im Untertitel als „Provokation" einsortiert. Würde ein
Autor über sein „evangelisches Abenteuer" schreiben, wäre es
wohl nicht nötig, dies als Provokation auszuweisen. Vor allem
betreibt aber gerade die evangelische Kirche gerne „verglei-
chende Werbung" und präsentiert sich implizit katholizismus-
kritisch als „Konfession der Freiheit" – obwohl Katholiken im
Jahr 2013 sogar etwas häufiger das Gefühl hatten, „in ihrem
gegenwärtigen Leben" ein „freier Mensch" zu sein als Protestanten und Konfessionslose[159]; erst seit 2014 liegen die Protestanten im Freiheitsgefühl knapp vorn, zuletzt wählten auf einer Zehnerskala 26 Prozent der evangelischen und 24 Prozent
der katholischen Kirchenmitglieder die Stufen 9 oder 10 („ganz
frei"); als tendenziell unfrei (0–4) stuften sich 7 Prozent der
evangelischen und 10 Prozent der katholischen Christen ein[160].
Auch im Innenleben der Kirchen ist die Gestaltungsfreiheit für
Katholiken – etwa in Verbänden und Vereinen – bei näherem
Hinsehen nicht geringer als für Protestanten. Zwischen dem öffentlich wahrgenommenen und dem real gelebten Katholizismus klafft hier eine Differenz, die auch durch medienwirksame
Konflikte zwischen lehramtlicher Hierarchie und katholischen
Politikern zu erklären ist.

In manchen Gesprächen mit Protestanten kann man den Eindruck gewinnen: Je weniger geistliche Substanz vorhanden ist,
desto mehr Bedeutung gewinnt das „Nicht-Katholisch-Sein",

---

159 Siehe Allensbacher Archiv, Freiheitsindex 2013, Tabelle 2b: Auf einer Skala von 1
     („vollkommen unfrei") bis 10 („ganz frei") stuften sich Katholiken durchschnittlich
     bei 6.91, Protestanten bei 6.87 und Konfessionslose/Andere bei 6.47 ein.

160 Ebd., Freiheitsindex 2016, Tabelle 2b.

wenn nicht gar das Antikatholische als protestantisches Iden-
titätsmerkmal. Die Distanz frommer evangelischer Christen
zu den Katholiken wirkt oft nicht größer, sondern geringer als
jene von bloßen „Kulturprotestanten". Das antikatholische Erbe
in den Kirchen der Reformation spiegelte sich auch in einem
(älteren) empirischen Befund des evangelischen Soziologen
Gerhard Schmidtchen wider: „Protestanten sehen Katholiken
weiter von sich entfernt, während Katholiken sich den Protestanten vergleichsweise verwandt fühlen."[161]

Konfessionell differenzierende, „grundlegende empirische
Untersuchungen neueren Datums scheint es nicht zu geben",
stellte der „Spiegel" 2016 in Erinnerung an Schmidtchens
40 Jahre alte Studien fest; vermutlich weil die Unterschiede
„sich im Alltagsleben verwischt" hätten[162]. Doch wenn man die
(wenigen) publizierten Daten der letzten Jahre, vor allem von
Allensbach, der Bertelsmann-Stiftung und dem Münsteraner
Exzellenzcluster Religion und Politik, mit älteren der Konrad-
Adenauer-Stiftung (2003, 2009) und sonstigen Einzelbefunden
zusammenführt, ergeben sich einige interessante Hinweise auf
fortbestehende konfessionelle Mentalitäten, Reflexe, Präferen-
zen, Sensibilitäten. Zwar zeigt sich schon lange: Das Merkmal
Kirchennähe ist für das soziale und ethische Profil von Christen relevanter als die Konfessionszugehörigkeit, regelmäßige
Gottesdienstbesucher unterschiedlicher Konfession ähneln

---

161 Protestanten und Katholiken. Zusammenhänge zwischen Konfession, Sozialverhalten und gesellschaftlicher Entwicklung, in: Landeszentrale für politische Bildung Baden-Württemberg (Hg.): Konfession – eine Nebensache? (Der Bürger im
Staat, 2/1984), 91-94, 94. Dass die Katholiken „auf der Welt zu viel Einfluss haben",
meinte 2013 noch jeder achte deutsche Protestant (12.4 %); Allensbacher Archiv,
IfD-Umfrage 11008 (Mai 2013). Nach dem Einfluss der Protestanten wurde leider
nicht gefragt.

162 Becker, Protestantische Republik, 140.

sich in ihrem Einstellungsprofil mehr als Mitglieder derselben Konfession mit unterschiedlicher Kirchennähe. Vor der Herausforderung des geistigen und praktischen Atheismus scheint es ohnehin wenig Sinn zu machen, die konfessionellen Differenzen zu betonen. Doch sollte die Zurückhaltung gegenüber konfessionalistischen Konkurrenzen und Ressentiments kein Forschungstabu der Religionssoziologie auslösen. Deshalb nun also zu der Frage des Untertitels, was Deutschland an Katholiken hat. Oder genauer: Was es ihm nützt, dass die Hälfte seiner christlichen Bürger in der katholischen Variante Christen sind.

Unzulässige „Funktionalisierung" der Religion?

Diese Frage löst allerdings so sicher wie das „Amen" in der Kirche Kritik bei religiösen Puristen aus. Sie sehen darin den verhassten Utilitarismus am Werk und verwahren sich gegen eine unzulässige Verzweckung des Glaubens. Es stimmt: Die Kirche ist keine „Bundeswerteagentur"[163], „kein Pumpwerk für das Gute, sondern eine Glaubensgemeinschaft"[164], ihr vorrangiges Ziel darf in Zeiten der Glaubenskrise nicht die Anerkennung ihrer gesellschaftlichen Nützlichkeit werden, sondern muss die Annahme ihrer spirituellen Wahrheit durch möglichst viele Menschen bleiben. Ohne Letztere wird Erstere auch dauerhaft gar nicht zu haben sein: „Die Instrumentalisierung der christlichen Botschaft zugunsten eines friedlichen, spannungsfreien Zusammenlebens innerhalb der Gesellschaft ist jedenfalls nur vorübergehend möglich. Vermag ihr Wahrheitsanspruch

---

163 Bischof Wolfgang Huber beim „Christival", zit. n. Matthias Kamann: „Der Huber ist so authentisch", in: Die Welt vom 5.5.2008

164 Matussek, Das katholische Abenteuer, 137.

nicht mehr zu überzeugen, verflüchtigen sich auch ihre sozial erwünschten Wirkungen."[165]

Sofern man die Sinnprioritäten der *Religio* nicht durcheinander bringt, ist es aber durchaus legitim, nach ihren Früchten im Leben zu fragen. Jesus selbst sagte: „An ihren Früchten werdet ihr sie erkennen. […] Jeder gute Baum bringt gute Früchte hervor, ein schlechter Baum aber schlechte. Ein guter Baum kann keine schlechten Früchte hervorbringen" (Mt 7,16-18) – und gab den hohen Anspruch vor: „Ihr seid das Licht der Welt. Eine Stadt, die auf dem Berg liegt, kann nicht verborgen bleiben. Man zündet auch nicht ein Licht an und stülpt ein Gefäß darüber, sondern man stellt es auf den Leuchter; dann leuchtet es allen im Haus. So soll euer Licht vor den Menschen leuchten, damit sie eure guten Werke sehen und euren Vater im Himmel preisen" (Mt 5,13-16). Das kann doch nur heißen: Der Lebenswandel der Gläubigen soll zum Indiz für die Existenz ihres Gottes werden und ein Grund zu seinem Lobpreis sein. Also keine falsche Demut und „Werkgerechtigkeits"-Allergie! Keine moralische Mimikry! Schon die Aufmerksamkeit, die den frühen Christen in ihrer heidnischen Umwelt zuteil wurde, galt nicht allein ihrer geistlichen Botschaft, die sie bis hin zum Einsatz des Lebens als Blutzeugen bekannten, sondern ebenso ihrem menschlichen Miteinander: „Seht nur, wie sie einander lieben", soll man über die Anhänger der Lehre Jesu gestaunt haben, berichtet Origines.

Zum Weltauftrag des Christen – für Kardinal Joachim Meisner symbolisiert durch den horizontalen Balken des Kreuzes, der

---

165 Walter Kerber: Bewusstseinsorientierung: Zur Begründung ethischer Normen in einer säkularisierten Gesellschaft, in: Franz-Xaver Kaufmann/Walter Kerber/Paul Zulehner (Hrsg.): Ethos und Religion bei Führungskräften. Eine Studie im Auftrag des Arbeitskreises für Führungskräfte in der Wirtschaft (Fragen einer neuen Weltkultur; 3), München 1986, 121-214, 182.

mit dem vertikalen das große „Plus" des Glaubens bildet –
gehört auch die Sorge um eine menschenwürdige Staats- und
Gesellschaftsordnung. Der Weltkatechismus der katholischen
Kirche bestimmt: „Die Heimatliebe und der Einsatz für das Vaterland sind Dankespflichten und entsprechen der Ordnung
der Liebe" (Ziff. 2239). Ein christlicher Humanismus ist auch in
seiner politischen Dimension keine Denaturierung, kein „Hu-
manizismus" (wie religiöse Rechte polemisieren), sondern
eine Zierde wahren Glaubens, eine Arbeit im „Weinberg des
Herrn", gewissermaßen sogar Gottesdienst: „Was ihr für einen
meiner geringsten Brüder getan habt, das habt ihr mir getan"
(Mt 25,40). Der „einfache Arbeiter im Weinberg des Herrn", Benedikt XVI., hat in der Enzyklika „Caritas in Veritate" deshalb
kein Problem mit der Kategorie der „Nützlichkeit". Ganz unbe-
fangen spricht er davon, „dass die Zustimmung zu den Werten
des Christentums ein nicht nur nützliches, sondern unverzicht-
bares Element für den Aufbau einer guten Gesellschaft und
einer echten ganzheitlichen Entwicklung des Menschen ist"
(Ziff. 4). Fragen wir also solchermaßen biblisch, katechetisch
und päpstlich legitimiert: Was nützt(e) der deutsche Katholizismus dem „Aufbau einer guten Gesellschaft" in unserem Vaterland gemäß der „Ordnung der Liebe"?

Bastion für Lebensrecht und Menschenwürde der Wehrlosesten

Die Bundesrepublik Deutschland definiert sich in Artikel 1
ihrer Verfassung als ein Zweckverband zur Verwirklichung
der Menschenwürde und garantiert in Artikel 2 das Recht auf
Leben, dem das Bundesverfassungsgericht „innerhalb der

grundgesetzlichen Ordnung einen Höchstwert" zuspricht[166]. Rechtsprechung und Gesetzgebung der vergangenen Jahrzehnte zeigen aber auch: Die praktische Geltung der grundgesetzlichen Wertordnung ist letztlich dem Grundkonsens überantwortet. Zeitgeist und Recht stehen besonders bei der Auslegung der Verfassung in einer Wechselbeziehung. Staatszielbestimmungen und Grundrechte lassen nun mal einen weiteren Interpretationsspielraum als die Straßenverkehrsordnung, und der Regelungsgegenstand des Politischen und „Werthaften" macht es Interpreten schwer, sich dem Sog der Zeitströmungen, der konkurrierenden Ideen und Interessen zu entziehen. Durch ihr Verständnis und ihre Auslegung „arbeitet" die Verfassung gleichsam wie Holz. „Wenn die Interpretationsfolie wechselt, ändert sich, ohne Änderung des Verfassungstextes, die Verfassungssubstanz. Ein Philologe, der seinen Text falsch auslegt, verfehlt sein Objekt; der Jurist, der seinen Text falsch auslegt, verändert sein Objekt und schafft substanziell neues Recht, jedenfalls wenn sich seine Auslegung durchsetzt."[167] Gerichte existieren nicht im gesellschaftlichen Vakuum; auch Richter sind Kinder ihrer Zeit, in ihrer Einstellung werden sie vom Meinungsklima der Gesellschaft beeinflusst.

Deshalb ist es von elementarer Bedeutung, das in der Verfassung verankerte Ethos in der Gesellschaft zu pflegen. Kein Akteur sensibilisiert jedoch mehr für den Wert des menschlichen Lebens, insbesondere in seinen schwächsten Phasen zu Beginn in der Schwangerschaft und am Ende im Sterben, als die katholische Kirche. Kaum jemand wählt heute für Abtreibung eine so drastische Diktion wie das Zweite Vatikanische Konzil, in dessen

---

166 BVerfGE 39, 1.

167 Josef Isensee: Freiheit – Recht – Moral. Das Dilemma des Rechtsbewusstseins im deutschen Verfassungsstaat, in: Klaus Weigelt (Hrsg.): Freiheit – Recht – Moral, Bonn 1988, 14-40, 24.

Pastoralkonstitution „Gaudium et spes" von einem „verabscheuungswürdigen Verbrechen" (Ziff. 51) die Rede ist. Welcher EKD-Vertreter fände heute so klare Worte wie Kardinal Rainer Woelki bei einer Predigt zum „Fest der unschuldigen Kinder", dem Gedenktag an den Kindermord des Herodes in Bethlehem, am 28. Dezember 2016 im Kölner Dom? Der noch kurz zuvor vom Vorsitzenden des „Bundesverbandes Lebensrecht" dumm angerempelte „rote Kardinal", dem „die Anpassung an den (Kirchen-)Zeitgeist […] keine Mühe zu bereiten" scheine[168], schärfte in der „Hohen Domkirche" – übrigens der beliebteste Ort der Deutschen[169] – die Christenpflicht ein, „uns für einen umfassenden Schutz des Lebens einzusetzen, das Leben zu behüten, es zu verteidigen. […] Das Leben eines Menschen ist vom ersten Moment seiner Existenz an bis zum letzten Augenblick ein heiliges Gut. Gott allein ist der Herr über Leben und Tod. Er selbst stellt sich schützend vor das Leben des Menschen mit seinem Gebot: Du sollst nicht töten! Daher hat niemand das Recht, über menschliches Leben zu verfügen, auch nicht in den ersten zwölf Wochen! Wo sich Menschen zu Herren über Leben und Tod aufwerfen, haben sie den Weg der Menschlichkeit bereits verlassen. Das gilt auch für die Gesellschaft, auch für unseren Staat"; Christen wehrten sich dagegen, dass hunderttausendfache Abtreibung „als die Normalität einer liberalen, humanen und aufgeklärten Gesellschaft ausgegeben wird. Was ist das für eine Liberalität, die die Freiheit auf Kosten der Schwächsten propagiert?"

---

168 Martin Lohmann: Auf Profilsuche. Rainer Maria Woelki. Der einst konservative Kleriker hat sich gründlich gewandelt, in: Junge Freiheit vom 23.12.16, 3. „Für viele" sei Woelki, der „ihm missliebige Überzeugungen als ‚Populismus' geißelt", selbst „ein – knallroter – Populist", setzte Lohmann noch eins drauf. Offenbar unter Druck geraten, entschuldigte er sich – nach Wochen – auf Facebook.

169 Laut einer Abstimmung durch 350000 Menschen für die ZDF-Sendung „Unsere Besten – Die Lieblingsorte der Deutschen" im September 2006. Auf den zweiten Rang kam das Brandenburger Tor.

Der deutsche Protestantismus hat sich von der tradierten christlichen Morallehre, wie sie noch 1989 vom Rat der EKD und der Deutschen Bischofkonferenz in der gemeinsamen Erklärung „Gott ist ein Freund des Lebens" vertreten wurde, inzwischen partiell verabschiedet, wenn man etwa an die Diskussionen um die Verschiebung des Stichtages in der Stammzellforschung, an Themenpräferenzen für die ökumenische „Woche für das Leben" oder an manche Interviewäußerung zur Sterbehilfe denkt. Regelrecht stolz hob im Dezember 2016 der ehemalige EKD-Ratsvorsitzende Manfred Kock hervor: „In der Frage des Lebensschutzes, der Abtreibung und des Verständnisses der Ehe bin ich froh, als Evangelischer den Suchenden näher zu sein, als es das römische Lehramt erlaubt."[170] Die katholische Kirche gewann dadurch beinahe ein Alleinstellungsmerkmal als Trutzburg für die Unantastbarkeit des menschlichen Lebens. In der Debatte um die Präimplantationsdiagnostik machten die Bischöfe und das Zentralkomitee der deutschen Katholiken geschlossen Front gegen die Tendenz zur Selektion „lebensunwerten" Lebens. Der Katholizismus ist in diesen Fragen praktisch zum Gewissen der Nation geworden, unterstützt von evangelikalen Christen, während die Haltung des landeskirchlichen Protestantismus hier matt, diffus, relativistisch erscheint – von den in den Lebensrechtsgruppen praktisch gar nicht vertretenen Konfessionslosen ganz zu schweigen.

Die Unterschiede in den Positionierungen der Kirchenleitungen spiegeln sich in der Demoskopie wider: Katholiken erinnerten sich 2003 deutlich häufiger als Protestanten an kirchliche Stellungnahmen zur Zulässigkeit von Abtreibung (88 : 64 %), zur Forschung an Embryonen (76 : 60 %) und zur Sterbehilfe für

---

170 Manfred Kock: Wir sind den Suchenden näher, in: Christ und Welt/Die Zeit vom 1.12.2016, 3.

unheilbar Kranke (64 : 56 %)[171] und befürworteten solche Wort-
meldungen auch etwas häufiger[172]. Etwas öfter als Protestanten
unterstützten sie die Aussagen: „An menschlichen Embryonen
darf auf keinen Fall, auch nicht zu medizinischen Zwecken, ge-
forscht werden" (61 : 54 %) und: „Aktive Sterbehilfe darf auch
bei Todkranken nicht angewendet werden" (21 : 17 %)[173]. Laut
Allensbach befürworteten jeweils mehr Protestanten als Katholiken die Gewährung aktiver (56 : 50 %) oder passiver Sterbehilfe (73 : 64 %)[174]. „Wenn jemand das Leben unheilbar Kranker auf
deren Wunsch hin beendet, Sterbehilfe leistet", „sollte man ihn
zurechtweisen", fanden 16 Prozent der Katholiken und 11 Prozent der Protestanten[175]. Im Jahr 2016 meinten 19 Prozent der
Katholiken und 12 Prozent der Protestanten, Sterbehilfe „sollte
der Staat in jedem Fall verbieten"; 2014 war die Differenz noch
geringer (15 : 11 %)[176].

Bei Katholiken wie Protestanten mit hoher Kirchgangsfre-
quenz (49 : 47 %) findet sich „eine besonders starke Zustimmung zum Abtreibungsverbot"[177]. Bei der Allensbacher
Permissivitätsskala meinten 33 Prozent der Katholiken, 28 Prozent der Protestanten und 16 Prozent der Konfessionslosen
zur Abtreibung: „Das darf man unter keinen Umständen tun"
(Stufe 1 von 10); die uneingeschränkt oder tendenziell bil-
ligenden Stufen (7–10) wählten 13 Prozent der Katholiken,
18 Prozent der Protestanten und 24 Prozent derer ohne
christliches Bekenntnis; wenn jemand abtreibe, „sollte man

---

171 Vogel, Religion und Politik, 284ff.

172 Ebd., 206, 208.

173 Ebd., 341f.

174 Allensbacher Berichte Nr. 14/2008

175 Allensbacher Archiv, Freiheitsindex 2012, Tabelle 25d, IfD-Umfrage 10097.

176 Ebd., Freiheitsindex 2016, Tabelle 6d, IfD-Umfrage 11055.

177 Viola Neu: Religion, Kirchen und Gesellschaft, Sankt Augustin/Berlin 2012, 31.

ihn zurechtweisen", meinten 22 Prozent der Katholiken, 12 Prozent der Protestanten und 5 Prozent der Nichtchristen; zu dem, was „der Staat verbieten" solle, zählte die Abtreibung jeder vierte Katholik, jeder fünfte Protestant und jeder achte ohne christliches Bekenntnis[178]. Der „Religionsmonitor" der Bertelsmann-Stiftung fand 2013 für die Meinung: „Eine Schwangerschaft abzubrechen, sollte grundsätzlich erlaubt sein" keine Mehrheit bei den Katholiken (46 %), wohl aber bei den Protestanten (62 %)[179]. Von einem Politiker, der sage, „dass er für christliche Werte eintritt", erwarten deutsche Katholiken denn auch häufiger als Protestanten, „dass er gegen Abtreibung, gegen Schwangerschaftsabbrüche ist" (46 : 39 %) und „dass er dagegen ist, dass Embryonen vor einer künstlichen Befruchtung auf Erbkrankheiten untersucht werden" (26 : 23 %)[180]. Nach einer INSA-Umfrage für „Idea" (14.9.2016) qualifizierten 50 Prozent der Katholiken und 45 Prozent der landeskirchlichen Protestanten Abtreibung als Tötung, Freikirchler zu 77 Prozent.

Rechtsgehorsam, Gewaltverbot und Bürgerloyalität

In der „Reeducation" der Alliierten und der späteren politischen Bildung der Deutschen ging es hauptsächlich um deren „Demokratiefähigkeit" und die Abkehr von einem übermäßig obrigkeitshörigen Denken. Für dieses machte der Soziologe und Wirtschaftswissenschaftler Alexander Rüstow eine „lutherisch-masochistische Untertanenfrömmigkeit" verantwortlich, die vom Römerbrief auf geradlinigem Weg zu

---

178 Allensbacher Archiv, Freiheitsindex 2012, Tabellen 23b, 25d und 32d, IfD-Umfrage 10097.

179 Bertelsmann-Religionsmonitor 2013, 22.

180 Allensbacher Archiv, IfD-Umfrage 10097 (September 2012).

Hitler hinführe[181]. Allerdings war davon seit den Sechzigerjahren in der Bundesrepublik kaum noch etwas zu spüren, im Gegenteil: Ein „nachgeholter Widerstand" machte sich inflationär breit, auch in Kirchenkreisen – und hier, vielleicht aus Wiedergutmachungseifer, besonders unter jungen Protestanten. Während linke Politik antrat, „mehr Demokratie zu wagen" (Willy Brandt), geriet ein weises Wort des Rechtsgelehrten und SPD-Reichsjustizministers (1921–23) Gustav Radbruch in Vergessenheit: „Demokratie ist gewiss ein preisenswertes Gut, Rechtsstaat aber ist wie das tägliche Brot, wie Wasser zum Trinken und wie Luft zum Atmen, und das Beste an der Demokratie gerade dies, dass nur sie geeignet ist, den Rechtsstaat zu sichern."[182]

Im protestantischen Milieu machte sich ein Vorrang des politischen Anliegens vor der legalen Form seiner Durchsetzung breit. Wer nur inbrünstig genug zu wissen meinte, was den Weltenbrand verhindern könnte, der hatte auch das Recht, die Gesetze und die öffentliche Ordnung zu missachten. Schließlich, so die christliche Legitimationshilfe derer, die genau wussten, was etwa in der Nachrüstungsfrage „vom Evangelium her geboten" sei, müsse man „Gott mehr gehorchen als den Menschen" (Apg 5,29). So kam es in den Achtzigerjahren zu einer Widerstandsschwemme, der sich die Deutsche Bischofskonferenz, insbesondere ihr Vorsitzender Joseph Kardinal Höffner, und das Zentralkomitee der deutschen Katholiken in etlichen Stellungnahmen entgegenstemmten[183]. Die

---

181 Ortsbestimmung der Gegenwart. Eine universalgeschichtliche Kulturkritik, Bd. II: Weg der Freiheit, Erlenbach/Zürich 1952, 219, 222.

182 Gesetzliches Unrecht und übergesetzliches Recht (Süddeutsche Juristenzeitung, 1946), in: Gustav Radbruch, Der Mensch im Recht, Göttingen, 3. Aufl. 1969, 111-124, 124.

183 Siehe Püttmann, Ziviler Ungehorsam, 170-210.

evangelischen Kirchenleitungen hingegen lavierten. Die EKD erwies in der „Demokratie-Denkschrift" von 1985 sämtlichen Empörungsobjekten des ökopazifistischen Fundamentalismus – christlich gewandt als „konziliarer Prozess" für „Frieden, Gerechtigkeit und Bewahrung der Schöpfung" – ihre Reverenz. Sie legitimierte „zeichenhafte Handlungen, die bis zu Rechtsverstößen gehen können" und schrieb ihnen einen Bezug zum „Erbe des Protestantismus" zu[184]. Hierbei tat sich besonders der evangelische Sozialethiker und spätere EKD-Ratspräsident Wolfgang Huber hervor, etwa mit seinem Buch „Protestantismus und Protest"[185]. Den Vogel aber schoss das Moderamen des Reformierten Bundes ab, als es gegen die Nachrüstung den „status confessionis" ausrief, diese also zur Bekenntnisfrage erhob – im Blick auf die bald folgende Überwindung der alten Ost-West-Konfrontation und die Bedeutung der rüstungspolitischen Entschlossenheit des Westens für die beidseitige Abrüstung eine gesinnungsdilettantische Torheit.

Auf signifikante, „überraschend vielfältige" Zusammenhänge von Konfession und Rechtsbewusstsein stießen Andreas Heldrich und Gerhard Schmidtchen 1982 bei einer Repräsentativumfrage unter Jurastudenten, Rechtsreferendaren, jungen Anwälten und Richtern[186]: Die Autorität der staatlichen Rechtsordnung wurde „von den Angehörigen der beiden christlichen Religionsgemeinschaften und von den Konfessionslosen unterschiedlich bewertet", sowohl bei der grundsätzlichen Einstellung zum zivilen Ungehorsam als auch bei den Durchsetzungsstrategien für konkrete politische Anliegen. „Katholiken zeigen ein ungebrocheneres Verhältnis zur Autorität der staatlichen

---

184 Ebd., 233-250.

185 Wolfgang Huber: Protestantismus und Protest. Zum Verhältnis von Ethik und Politik, Reinbek 1987

186 Gerechtigkeit als Beruf, München 1982, 167-169, 70.

Rechtsordnung als Protestanten"; die Unterschiede „entziehen sich den nivellierenden Einflüssen von Studium, Referendariat und Berufspraxis"; „besonders ausgeprägt ist die Neigung, ungesetzliche Aktionen einschließlich Gewaltanwendung zu rechtfertigen, bei Studenten ohne Konfession". Erstaunlich ist daher, dass zwei Forscher im Auftrag der Bertelsmann-Stiftung sich 2010 über entsprechende eigene Befunde wunderten: „Etwas überraschend ist der über alle Spezifikationen hinweg festgestellte kriminogene Einfluss der Konfessionslosigkeit"[187].

Die Umfragen der Gewaltkommission der Bundesregierung (1989/90) ergaben ein ähnliches Bild: Während die kirchennahen Katholiken bei allen legalen Formen politischer Einflussnahme (Wahlbeteiligung, Parteimitarbeit, Bürgerinitiative, genehmigte Demonstration, Sammlung von Unterschriften u.a.) eine höhere Partizipationsbereitschaft bekundeten als kirchennahe Protestanten, waren sie zu illegalen und gewaltsamen Aktionen im Durchschnitt weniger bereit („kommt für mich in Frage")[188]. Die Permissivität der Protestanten überraschte umso mehr, als sie illegale Aktionen häufiger als Gewalt qualifizierten, also einen weiteren Gewaltbegriff als die Katholiken hatten, die nur Handgreiflichkeiten, Bewaffnung und Beschädigung häufiger zur „Gewalt" zählten[189]. 28 Prozent der kirchennahen Protestanten konnten sich „Umstände vorstellen, unter denen es gerechtfertigt ist, dass Bürger in der Politik Gewalt anwenden", fünf Prozent mehr als unter den kirchennahen Katholiken[190].

---

187 Horst Entorf/Philip Sieger: Unzureichende Bildung: Folgekosten durch Kriminalität, Gütersloh 2010, 29.

188 Max Kaase/Friedhelm Neidhardt: Politische Gewalt und Repression. Ergebnisse von Bevölkerungsumfragen (Bericht der unabhängigen Regierungskommission zur Verhinderung und Bekämpfung von Gewalt, Bd. 4), Berlin 1990, 250-253.

189 Ebd., 261.

190 Ebd., 205-208.

Das Kriminologische Forschungsinstitut Niedersachsen ermittelte, „dass mit zunehmender Religiosität der westdeutschen Jugendlichen die Gewaltbereitschaft insgesamt und gerade auch im Hinblick auf die Mehrfachtäterquoten deutlich sinkt"[191]; die katholischen Jugendlichen wiesen in etwas geringerem Anteil ein gewalttätiges Verhalten auf als Protestanten (13,5 : 14,8 %) und erfuhren, soweit stärker religiös gebunden, auch seltener Gewalt durch ihre Eltern. „Für die evangelischen Jugendlichen ist ein solcher Zusammenhang nicht festzustellen." Auffallend sei, dass sich bei ostdeutschen evangelischen Jugendlichen – die meist weder eine starke Kirchenbindung noch ein kulturell christliches Umfeld haben – mit zunehmender Religiosität kein Rückgang der Gewaltbereitschaft zeige. „Dies interpretieren wir als Hinweis darauf, dass häufig erst die Einbettung in eine christliche Gemeinschaft den Glauben verhaltensrelevant werden lässt"; die bloße Zugehörigkeit zur Kirche sei eben „kein Schutzfaktor; bei katholischen Schülern Westdeutschlands erwächst aus ihr allerdings ein geringer, signifikanter Effekt".

Eine Auszählung Allensbacher Umfragen der Achtziger- und Neunzigerjahre zum Rechtsgehorsam nach Konfession und Kirchennähe in den Streitfragen „zivilen Ungehorsams" gegen Rüstungs- und Bauprojekte in Form von Straßenblockaden, Fabrikbesetzungen, Umsägen von Strommasten und Ähnlichem ergab ein klares Muster: Am gesetzestreuesten antworteten die kirchennahen Katholiken, gefolgt von den kirchennahen Protestanten, den kirchenfernen Katholiken, den kirchenfernen Protestanten und den Konfessionslosen; beim Einsetzen eines Altersfilters (nur unter 40-Jährige) rutschten

---

191 Christian Pfeiffer et. al.: Kinder und Jugendliche in Deutschland: Gewalterfahrungen, Integration, Medienkonsum, Hannover 2010, 109f. die folgenden Zitate: 112, 110.

die kirchennahen Protestanten allerdings teilweise auf den vierten Rang ab; bei Delikten der sogenannten Alltagskriminalität wie Steuerhinterziehung, Versicherungsbetrug, Schwarzfahren oder Fahrerflucht nach Pkw-Beschädigung zeigten hingegen die kirchennahen Protestanten einen geringen Gesetzestreue-Vorsprung[192]. Die Katholiken standen somit zwar nicht als durchweg „bravere" Bürger da, aber doch als loyalere Staatsbürger der grundgesetzlichen Demokratie.

Auf die Frage: „Glauben Sie, die Demokratie, die wir in der Bundesrepublik haben, ist die beste Staatsform, oder gibt es eine andere Staatsform, die besser ist?", entschieden sich 2013 etwas mehr Katholiken als Protestanten (79 : 72 %) für die aktuelle Staatsform als die Beste; Protestanten waren öfter unentschieden (22 : 15 %). Häufiger als die Katholiken stimmten Protestanten auch der Aussage zu: „Unser Land ist in den Händen einer korrupten Elite, die nur auf ihren eigenen Vorteil bedacht ist. Dagegen müssen wir uns zur Wehr setzen und diese Elite davonjagen, notfalls mit Gewalt. Erst dann wird es unserem Land besser gehen" (22 : 15 %)[193]. Gegenüber dem Umgang des Staates mit gespeicherten Daten bekunden Katholiken weniger Misstrauen als Protestanten (52 : 60 %) und mehr Vertrauen (18 : 12 %). „Um seine Bürger möglichst gut zu schützen", gestehen mehr Katholiken als Protestanten und Konfessionslose dem Staat zu: „öffentliche Plätze wie z.B. Flughäfen, Bahnhöfe und Fußgängerzonen stärker videoüberwachen" (62 : 55 : 52 %), „Internetaktivitäten der Bürger überwachen, um die Verbreitung von Kinderpornografie zu verhindern" (52 : 45 : 40 %), „Terrorverdächtige in Sicherheitshaft nehmen, auch wenn ihnen keine konkreten Straftaten nachgewiesen

---

192 Püttmann, Ziviler Ungehorsam, 269ff.

193 Allensbacher Archiv, IfD-Umfrage 11008.

werden können" (34 : 27 : 24 %) und „Personalien der Bürger auf der Straße kontrollieren, wenn sie verdächtig aussehen" (26 : 19 : 17 %); beim Listenvorschlag: „die Todesstrafe für Schwerverbrecher einführen, z.B. für Mörder, Vergewaltiger, Terroristen" kehrt sich die Reihenfolge jedoch um: Dafür sind 29 Prozent der Konfessionslosen, 25 Prozent der Protestanten und 20 Prozent der Katholiken[194]. Es scheint so, als hätten die Katholiken ein eingebautes „Lebensschutz-Gen", das auch gegenüber konkurrierenden Anliegen – hier „Law and Order" – dominant bleibt. Übrigens ist auch ein folgenblinder Gesetzesrigorismus weniger die Sache der Katholiken. Die Aussage: „Ich bin für die strenge Durchsetzung aller Gesetze, egal, welche Folgen das hat", machen sie sich etwas weniger (19 %) zu eigen als ihre evangelischen Mitchristen (24 %)[195]. Das von höchster (kölsch-)kirchlicher Autorität legitimierte „Fringsen" als ein partieller und temporärer Dispens vom unbedingten Rechtsgehorsam kommt also nicht von ungefähr.

Warum aber die ausgeprägtere katholische Staatsloyalität in der Bundesrepublik? Welche Eigenschaften machten den Unterschied? *Eine erste, naheliegende Hypothese*: „Die evangelische Kirche ist ja eine Kirche der Diskussion, die katholische hingegen eine Kirche des Gehorsams", stellte Uta Ranke-Heinemann bedauernd fest[196]. Es könnte sich demnach um die Übertragung eines Verhaltensmusters aus seinem religiösen Kontext in den politischen handeln. Allerdings fand Allensbach bei den Katholiken keine höheren Sympathiewerte für das Wort „Gehorsam"

---

194 Ebd., Freiheitsindex 2014, Tabelle 16a, 14d-e.

195 Ebd., Freiheitsindex 2012, Tabelle 34d.

196 Uta Ranke-Heinemann: Das Märchen von den guten Hirten, in: dies.: Widerworte. Friedensreden und Streitschriften, Essen 1987, 115-126, 115f.

als bei Protestanten, eher im Gegenteil[197]. Auch begrüßten die Katholiken in Umfragen nicht häufiger als Protestanten eine Gesellschaft mit „mehr Achtung vor Autorität"; sie forderten auch nicht häufiger, „dass man die Anordnungen eines Vorgesetzten befolgen soll, auch wenn man damit nicht völlig übereinstimmt"; nur jüngere westdeutsche Katholiken tendierten hier etwas stärker zum Gehorsam, in Ostdeutschland war es konfessionell umgekehrt[198]. Zudem war spätestens im dritten Jahrzehnt der Bundesrepublik bekannt: „Einst waren die deutschen Katholiken die gehorsamste Herde der Welt gewesen, nun wurden sie nach den Holländern die aufsässigste."[199] Ferner widerspräche die Annahme einer typisch katholischen Gehorsamsgesinnung der Tradition des Widerstandsrechts sowie dem schroffen Gegensatz zur Staatsgewalt, in den die Katholiken in vielen Ländern gerieten. NS-Propagandaminister Goebbels hatte sich am 31.1.1937 nach Hitlers Eklat mit dem katholischen Verkehrs- und Postminister Paul von Eltz-Rübenach über die virulentere katholische Aufmüpfigkeit geärgert: „Das sind die Schwarzen. Sie haben über ihrem Vaterland eben einen höheren Befehl: den der alleinseligmachenden Kirche."[200] Auch der evangelische Eugen Gerstenmaier betont, „wie sehr Leuten wie Freisler die katholische Kirche und ihr Klerus verhasst waren. Im Vergleich zu ihm hielten sie den evangelischen Klerus für nationale Trottel – samt Niemöller."[201]

---

197 Allensbacher Archiv, IfD-Umfrage 5042 (Oktober 1990). „Gehorsam" war 39 Prozent der Katholiken und 42 Prozent der Protestanten „sympathisch".

198 Püttmann, Ziviler Ungehorsam, 284f.

199 Frederic Spotts: Kirchen und Politik in Deutschland, Stuttgart 1976, 34.

200 Zit. n. Hans Günter Hockerts: Die Goebbels-Tagebücher 1932-1941, in: Albrecht u.a. (Hrsg.): Politik und Konfession. Festschrift für Konrad Repgen zum 60. Geburtstag, Berlin 1983, 359-392, 375f.

201 Eugen Gerstenmaier: Streit und Friede hat seine Zeit. Ein Lebensbericht, Frankfurt/Berlin/Wien 1981, 200.

Eine zweite Hypothese: Kirchennahe Katholiken seien einfach nur politisch konservativer, den (damals) neuen sozialen Protestbewegungen weniger zugeneigt und entsprechend kritischer gegenüber deren Aktionen. Doch in den Umfragen der Gewaltkommission beurteilten sie die Anti-Kernkraft-, die Friedens- und die Umweltbewegung sogar häufiger als Protestanten als „(sehr) positiv"; nur durch eine größere evangelische Sympathie unter den Kirchenfernen (mit Kirchgang manchmal, selten/nie) wurde dies ausgeglichen[202]. Nicht weniger als Protestanten betrachteten es Katholiken zudem als „Aufgabe des Christen, zu versuchen, die Gesellschaft zu ändern, gegen alles anzukämpfen, was man als Christ für falsch und ungerecht hält"[203]. Auf einer Links-Rechts-Skala von 0 (ganz links) bis 100 (ganz rechts) stuften sich Bürger beider Konfessionen durchschnittlich fast gleich ein, zwischen 51 und 52[204]. Im Jahr 2013 lagen die Protestanten im Durchschnitt bei 50.3, die Katholiken minimal weiter rechts bei 50.8, die Konfessionslosen (und Anderen) bei 46.4, also links der Mitte; je 28 Prozent der katholischen und evangelischen Christen sortierten sich als ausgeprägt (61–100) oder gemäßigt (53–60) rechts ein und je 32 Prozent in der Mitte (48–52); den Unterschied machte eine etwas häufigere Selbsteinstufung der Protestanten im linken Spektrum (29 : 25 %), während die Katholiken etwas häufiger keine Angabe machten (15 : 11 %)[205].

Eine dritte Hypothese unterstellte dem bundesdeutschen Katholizismus für seine Staatsloyalität wesentlich konfessionelle

---

202 Siehe Kaase/Neidhardt, Politische Gewalt, 262, 266.

203 Allensbacher Archiv, IfD-Bericht 3760/I: Vertrauenskrise in der Kirche? Eine Repräsentativerhebung zur Kirchenbindung und -kritik, Allensbach 1989, Tab. 26 und A4.

204 Allensbacher Archiv, IfD-Umfrage 5069 (September 1992).

205 Ebd., IfD-Umfrage 11008 (Mai 2013).

Motive. Hinderte „eine gewisse Sorge vor rheinisch-süd-deutsch-katholischer Dominanz"[206] viele Protestanten 1949 daran, sich vorbehaltlos mit dem neuen Gemeinwesen zu identifizieren, so habe „sich der deutsche Milieu-Katholizismus im ‚Provisorium' gute Chancen ausrechnen" können: „Preußen, der alte Gegner im Kulturkampf und der Hort protestantisch-idealistischer Staatstheorie, war demontiert, der Prozentsatz von registrierten Katholiken im Staat schnellte nach oben, und die gewohnte Geschlossenheit in politicis konnte nun viel energischer ins Spiel gebracht werden. [...] Auf jeden Fall zögerte der deutsche Katholizismus nicht, die Sache Bonn zu der seinigen zu machen und vor allem den Einen zu sakralisieren, der seine Rose partout nur dort züchten wollte"[207], frotzelte Carl Amery. Neutraler nannte Gerhard Schmidtchen die Katholiken „die eigentlichen Entdecker der Bundesrepublik als einer neuen politischen Heimat"; sie erklärten 1959 zu 46 Prozent, die Protestanten aber nur zu 35 Prozent, in der Bundesrepublik entfalte sich geschichtlich Deutschlands beste Zeit in diesem Jahrhundert; dementsprechend richteten sich die Katholiken „mit deutlicherem Engagement und schärferem Realitätssinn als die Protestanten in der Gegenwart ein"[208], die dem verlorenen Reich, „das für sie die Funktion einer Ersatzkirche hatte"[209], nachhingen. Unter den vor 1936 Geborenen erinnerten sich 1985 signifikant mehr Katholiken als Protestanten (50 : 40 %) daran, „an dem Tag, an dem Sie von der Kapitulation erfahren

---

206 Hans Maier: Der deutsche Katholizismus seit 1945, in Herder Korrespondenz 10/1976 (30. Jg.), 490-496, 491.

207 Carl Amery: Die Kapitulation oder Deutscher Katholizismus heute, Reinbek 1963, 97f

208 Gerhard Schmidtchen: Protestanten und Katholiken. Soziologische Analyse konfessioneller Kultur, Bern, 2. Aufl. 1979, 245.

209 Ders.: Was den Deutschen heilig ist. Religiöse und politische Strömungen in der Bundesrepublik Deutschland, München 1979, 115.

haben" sei bei ihnen „das Gefühl der Befreiung stärker als das Gefühl der Niederlage gewesen"[210].

Die katholische Identifikation mit der „Bonner Republik" hatte auch nach dem Abtritt Konrad Adenauers, zwei evangelischen CDU-Bundeskanzlern und dem Machtverlust der Union 1969 Bestand. Im 16-köpfigen Kabinett Brandt/Scheel waren mit Georg Leber (SPD) und Josef Ertl (FDP) nur noch zwei Minister katholisch. Trotz der Erfahrungen von Abbau und Auflösung traditioneller katholischer Ordo-Vorstellungen durch die fortschreitende Säkularisierung und die volle Entfaltung des Pluralismus (mit Folgen in der Schul-, Straf-, Ehe- und Familienrechtsreform) konnte ZdK-Präsidentin Rita Waschbüsch die Bundesrepublik in ihrem vierzigsten Jahr noch als „unseren Staat" preisen, „in dessen Wertordnung wir unsere eigene Glaubensüberzeugung wiedererkennen: Die Begründung des Person-Seins aus dem christlichen Glauben vom Menschen als Geschöpf und Ebenbild Gottes"[211]. Die „unbestrittene, lückenlose und stabile"[212] Loyalität der Katholiken zur Bundesrepublik beruhte also weder auf dem Output „katholischer Gesetze" noch auf eigener personeller Dominanz durch die beiden „ewigen Kanzler" Adenauer und Kohl.

---

210 Allensbacher Archiv, IfD-Umfrage 4053 (Jan./Feb. 1985).

211 Zit. n. Herder Korrespondenz 6/1989 (43. Jg.), 260.

212 Manfred Spieker: Die Demokratiediskussion unter den deutschen Katholiken 1945 bis 1963, in: Anton Rauscher (Hrsg.): Katholizismus, Rechtsethik und Demokratiediskussion, Paderborn 1981, 77-79.

Staatsethische Differenzierung, politische Urteilskraft und Mäßigung

Die Kurzschlüssigkeit des personell-konfessionellen Argumentes zeigt auch ein Blick auf das Verhalten der Katholiken in den Reichspräsidentenwahlen der Weimarer Demokratie: 1925 hatte Paul von Hindenburg als Kandidat des evangelischen Deutschland gegen den rheinischen Katholiken Wilhelm Marx gesiegt. 1932 blieb Hindenburg in den protestantischen Gebieten aber weit hinter seinen Ergebnissen von 1925 zurück. Seine besten Ergebnisse lagen in katholischen Regionen. „Selbst wenn es galt, einen preußischen Feldmarschall zu wählen – gegen einen katholischen Gegenkandidaten"[213] (allerdings nur der Taufe nach!), blieben die Katholiken dem gemäßigten demokratischen Kurs des Zentrums treu. Ihre Kirche positionierte sich in den letzten fünf politischen Systemen Deutschlands (Kaiserreich, Weimarer Republik, „Drittes Reich", DDR und Bundesrepublik) sehr unterschiedlich – und in der Rückschau im Großen und Ganzen richtig. Dies spricht für gute Kriterien, nach denen sie die Staatsqualität ethisch bemisst sowie für die Konsequenz, mit der sie diese Messungen beherzigte.

Politische Geradlinigkeit kann man dem deutschen Protestantismus schwerlich nachsagen. Er legte in den letzten Jahrhunderten einen „merkwürdigen politischen Zickzackkurs" hin, „vom Absolutismus zum liberalen Bürgertum, vom Konservatismus zu den ideologischen Naziparvenüs und dann, teils von bürgerlichen Gesinnungen her kommend, schließlich zur Sozialdemokratie". „Ist das alles politische Charakterlosigkeit,

---

213 Adolf Kimmel: Konfession und Wahlverhalten in Deutschland, in: Themenportal Europäische Geschichte, 2008, <www.europa.clio-online.de/essay/id/artikel-3843>.

oder steckt dahinter am Ende Prinzip?"[214] – fragt notabene kein katholischer Kritiker, sondern ein Ehrendoktor der Evangelisch-Theologischen Fakultät der Universität Erlangen. Der ebenfalls evangelische Historiker Thomas Nipperdey meinte, das Prinzip gefunden zu haben: Der „Zug zur innerweltlichen Transzendenz begünstigt wie das Fehlen eines festen Systems von Normen und Institutionen den metaphysischen Opportunismus der Protestanten, den Überzeugungshunger, die Neigung, sich dem Geist der Zeit anzupassen, vom kaisertreuen Nationalprotestantismus über die deutschen Christen bis zu Grünen und Pazifisten"[215]. Roman Herzog, langjähriges Mitglied der EKD-Synode (1973–91) und Vorsitzender der EKD-„Kammer für öffentliche Verantwortung" (1971–80) warf seiner Kirche vor, sie habe „sich mit dem Staat immer schwer getan – und sie tut sich mit ihm auch heute noch schwer"; Ursache dafür sei eine mangelnde Beachtung der Unterschiede zwischen den realen Staaten, welche „viel, viel, größer als die Gemeinsamkeiten" seien und es sinnlos machten, „so allgemein und abstrakt nach dem Verhältnis des Christen zum Staat zu fragen, wie das in der evangelischen Kirche heute noch oft geschieht"[216].

Die Folge für die staatsbürgerliche Loyalität besteht in Deutschland vor allem in erratischen Versuchen, „aus der Geschichte zu lernen" und versäumten Widerstand gegen die Diktatur in der Demokratie nachzuholen – oder in einer staatskritischen Haltung zu verharren, weil diese sich ja im Nachhinein als richtig herausgestellt habe. So kritisierte Gottfried Sprondel, von 1982

---

214 Schmidtchen, Protestanten und Katholiken, 469, 339.

215 Thomas Nipperdey: Man kann die Welt nach dem Denken einrichten, in: Die Welt vom 22.7.89, 23.

216 Roman Herzog: Der evangelische Christ im Staat des Grundgesetzes, in: Evangelischer Arbeitskreis der CDU/CSU (Hrsg.), 10 Bonner Theologische Gespräche 1985-88, Bonn 1989, 12-19, 15.

bis 1995 Landessuperintendent für den Sprengel Osnabrück der Hannoverschen Landeskirche, „dass die alten Kämpfer, die jetzt (nach 1945) überall das Wort führten in der Kirche und auf den Kathedern der theologischen Fakultäten, weithin auf den Positionen blieben, die sich ja auch als so erfolgreich erwiesen hatten, und damit auch auf der ständigen Suche nach neuen Gegnern. Ich habe das selbst von älteren Amtsbrüdern im Pfarramt erlebt, die ihre heroische Vergangenheit im Kirchenkampf der ersten Jahre als junge Vikare oder junge Pastoren gehabt haben und nicht davon lassen konnten, auch nicht unter völlig anderen Verhältnissen. Sie blieben immer sozusagen im Schillerkragen der Aufbruchzeit."[217]

Karl Barth verwahrte sich im Berner Münster 1948, auf dem Höhepunkt der Bolschewisierung Osteuropas, dagegen, den Marxismus mit dem ‚Gedankengut' des Dritten Reiches und einen „Mann von dem Format von Josef Stalin mit solchen Scharlatanen wie Hitler, Göring, Heß, Goebbels, Himmler, Ribbentrop, Rosenberg, Streicher usw. […] auch nur einen Augenblick im gleichen Atem (zu) nennen"[218]. Er riet den Christen angesichts der Ost-West-Konfrontation: „Nicht mittun bei diesem Gegensatz! Er geht uns als Christen gar nichts an. Er ist kein echter, kein notwendiger, kein interessanter Gegensatz. Er ist ein bloßer Machtkonflikt. […] Wird der Weg der Gemeinde Jesu Christi in der Gegenwart nicht […] ein anderer, ein dritter, ihr eigener Weg sein müssen?"[219] Ähnlich irrlichterte auch ein anderer Held der „Bekennenden Kirche", der als antijüdischer

---

217 Gottfried Sprondel: Der deutsche Protestantismus und sein Verhältnis zur Demokratie, in: Walter Bernhardt u.a. (Hrsg.). Glaube und Politik. Die Bad Bramstedter Gespräche. Vorträge zum Dialog zwischen Kirche und Staat 1985-1986, Neumünster 1987, 24-38, 30.

218 Karl Barth: Die Kirche zwischen West und Ost, Zürich 1949, 22.

219 Ebd., 9, 10f.

Freikorpsoffizier und Anhänger der Dolchstoßlegende schon seit 1924 NSDAP gewählt und die Einführung des Führerstaates begrüßt hatte, diesen dann aber überwiegend als KZ-Häftling (1937–45) erlebte: Martin Niemöller. Der spätere Träger der DDR-Friedensmedaille und des sowjetischen Lenin-Ordens befürchtete, dass die Kirche in der Bundesrepublik „einen unbotmäßigen Flirt mit dem Staat eingehen, ja sich im Bett des Staates prostituieren könnte"[220].

Als Déjà-vu tauchte die nach 1945 unsinnig perpetuierte Staatsdistanz 1990 im ostdeutschen Protestantismus wieder auf: Der Ost-Berliner Superintendent Günter Krusche kündigte „spannungsreiche Auseinandersetzungen" an, denn die Kirchen in der DDR würden „mit Sicherheit" ihre kritische Einstellung zur Staatsgewalt in den Prozess der Einigung mit den Kirchen in der Bundesrepublik einbringen[221]. Der neue Vorsitzende des Evangelischen Kirchenbundes, Bischof Christoph Demke, antwortete auf die Frage des „Deutschen Allgemeinen Sonntagsblattes" vom 6.4.1990, ob in der DDR etwas gewachsen sei, „was vielleicht wertvoller ist als das, was die Bundesrepublik zu bieten hat, […] ein Herdfeuer, das man nicht ausblasen darf": „Dass der Kirche die Distanz zur staatlichen Macht ganz gut bekommt, […] daran müssen wir auch dann festhalten, wenn, anders als es bisher in der DDR der Fall war, die Einflussreichen auch wieder Glieder der Gemeinde sein werden." Ehrhart Neubert, theologischer Referent beim Kirchenbund, lobte die ostdeutschen Protestanten für ihre Weigerung, „die Einheit Deutschlands, zu der sie viel beigetragen hatten, triumphal zu feiern" und dafür, dass sie „dem Konzept der kritischen Solidarität gegenüber Staat und Gesellschaft trotz aller Anpassungsleistungen nicht

220 Wolfgang Gerlach: Vom Seeteufel zum Friedensengel. Wer war Martin Niemöller?, in: Die Zeit vom 10.1.1992, 33.

221 Zit. n. Kölner Stadtanzeiger vom 2.5.1990.

abgeschworen" hätten[222]. Angesichts solcher staatsethischer Ignoranz, die auf eine Gleichbehandlung von demokratischem Rechtsstaat und Diktatur hinausläuft, bewahrheitete sich das Wort des Widerstandskämpfers Julius Leber, den die Nazis im Januar 1945 ermordeten: „Die Deutschen sind oft wie Pferde! Sie scheuen immer an der Stelle, an der sie einmal von einer Gefahr überfallen worden sind. Sie denken nicht daran, dass die Gefahr das nächste Mal an einer ganz anderen Stelle lauern kann."[223]

Dass der deutsch-protestantische Mangel an staatsethischer Unterscheidung kein reines Ost-Phänomen war, verdeutlicht eine Allensbacher Umfrage vom Vorabend der Wiedervereinigung: Dass „unsere Gesellschaftsordnung, so wie sie ist, wert ist, verteidigt zu werden", meinten unter jungen Christen (unter 40 Jahre) 89 Prozent der Katholiken und 66 Prozent der Protestanten; „Zweifel" bekundeten 18 Prozent der evangelischen und vier Prozent der katholischen „Kinder der Bundesrepublik"; die evangelischen antworteten auch doppelt so häufig (16 : 7 %) „unentschieden"[224]. Dass man die DDR als einen „Rechtsstaat" bezeichnen könne, meinten im Herbst 1987 8 Prozent aller kirchennahen Katholiken und 15 Prozent der kirchennahen Protestanten; der Aussage: „Ob man das politische System der Bundesrepublik oder das politische System der DDR besser findet, ist Ansichtssache. Eine wirkliche Überlegenheit des einen oder anderen Systems gibt es nicht", stimmte jeder vierte Protestant und jeder sechste Katholik zu (24 : 16 %)[225].

---

222 Ehrhart Neubert: Protestantische Kultur und DDR-Revolution, in: Aus Politik und Zeitgeschichte 19/1991 (41. Jg.), 21-29, 28f.

223 Zit. n. Armin Boyens: Luther unter der Last Preußens, in: Rheinischer Merkur vom 11.2.1983

224 Püttmann, Ziviler Ungehorsam, 294.

225 Ebd., 297.

Angesichts der politischen Irrtümer des deutschen Protestantismus, der im „Dritten Reich" und in der DDR „nicht nur größeres Gewicht besaß, sondern sich auch als ungleich anfälliger, verführbarer"[226] erwies, wundert man sich, dass die mediale Debatte über kirchliches „Versagen" gegenüber dem Nationalsozialismus nicht selten mehr katholizismus-kritisch geführt wurde und jene über die „Kirche im Sozialismus" fast völlig erloschen ist. Selbst in Begabtenförderungswerken kann man Absolventen höherer Schulbildung begegnen, die meinen: „Vor allem die katholische Kirche hat sich doch in der NS-Zeit diskreditiert." Rolf Hochhuths Theaterstück „Der Stellvertreter" war für das allgemeine „Dafürhalten" vermutlich wirkungsmächtiger als viele Regalmeter Kirchengeschichtsforschung. Während das katholisch-apologetische Geschichtsnarrativ ausblendet, dass eine sehr aktive kirchliche Minderheit antiliberaler Rechtskatholiken, „darunter überproportional viele publizistisch tätige Intellektuelle, adelige Namensträger und auch Geistliche"[227], die Weimarer Demokratie mit zerstörte und von der Zentrumspartei großenteils zu den Deutschnationalen (manche sogar zur NSDAP) abwanderte, versuchen linke Laizisten seit Jahrzehnten durch Geschichtsklitterung Religionspolitik gegen die ihnen verhasste katholische Kirche zu betreiben.

Zur Erinnerung: Die NSDAP bekam bei den Reichstagswahlen im Juli 1932 in (fast) rein evangelischen Gebieten (zu 93–100 %) durchschnittlich 43,1 Prozent, in nahezu rein katholischen Gebieten (0–15 % Protestanten) 17,5 Prozent der Stimmen. Nach klaren bischöflichen Warnungen vor dem Nationalsozialismus

---

226 Karl Dietrich Bracher: Kirche in der Diktatur. Die deutsche Erfahrung von 1933/34, in: Kultusminister des Landes Nordrhein-Westfalen (Hrsg.): Barmer Theologische Erklärung und heutiges Staatsverständnis, Köln 1986, 7-16, 8.

227 Rudolf Morsey: Martin Spahn (1875-1945), in: Zeitgeschichte in Lebensbildern, Bd. 4 (hrsg. von Jürgen Aretz, Rudolf Morsey, Anton Rauscher), Münster 2000, 143-158, 143.

als „mit der katholischen Lehre unvereinbar"[228] lag im katholischen Milieu „nicht nur eine positive, das Zentrum und die BVP begünstigende, sondern auch eine negative, gegen die Wahl der NSDAP gerichtete Verhaltensnorm" vor, von der „selbst auf Wähler, die sich der positiven Wahlnorm des katholischen Milieus nicht (mehr) verpflichtet fühlten, eine gewisse Ausstrahlung ausgegangen zu sein scheint"; „kein anderes Sozialmerkmal hat die nationalsozialistischen Wahlerfolge so stark beeinflusst wie die Konfession"; „Der Katholizismus erwies sich dabei als starker Resistenzfaktor"[229].

Die Religionszugehörigkeit der Minister in der Weimarer Republik (28 % evangelisch, 25 % katholisch, 3 % jüdisch, 11 % andere, 30 % unbekannt) änderte sich im NS-Regime massiv zugunsten der Protestanten (46 % evangelisch, 9 % katholisch, 45 % unbekannt). Im Reichstag von 1924 gab es 25 Prozent Katholiken, im sogenannten Großdeutschen Reichstag von 1943 noch 7 Prozent. Zugleich ließ die kirchliche Aktivität der Protestanten nach; die konfessionelle Struktur der Bevölkerung veränderte sich durch eine überwiegend protestantische Kirchenaustrittsbewegung, sodass der Anteil der evangelischen Christen 1939 gegenüber 1925 um etwa 4 Prozent auf 60,8 Prozent zurückgegangen, der der Katholiken um ein Prozent auf 33,2 Prozent gestiegen war. Nach der Machtergreifung erhielten die „Deutschen Christen", die bei den Kirchenwahlen in Preußen im November 1932 ein Drittel aller Sitze gewonnen hatten, großen Zulauf und stellten in der preußischen Generalsynode zeitweise eine Zweidrittelmehrheit. Angesichts all dessen fragt Schmidtchen, „ob der Nationalsozialismus in einem katholischen Deutschland überhaupt an die Macht gekommen

---

228 Aufruf der Bischöfe von Mainz, Freiburg und Rottenburg im Frühjahr 1931.

229 Jürgen Falter: Hitlers Wähler, München 1991, 176f, 188, 193.

wäre" und sich sein „Terrorregime so zügig hätte etablieren können"[230] – auch wenn es in anderen, katholischen Ländern ebenfalls rechte Diktaturen gab, wird man zur Vorbeugung katholischer Selbstgerechtigkeit allerdings hinzufügen müssen.

Übrigens waren die Katholiken den Protestanten bis in die Sechzigerjahre hinein auch in der Bewältigung der NS-Vergangenheit „um ein Beträchtliches voraus"; sie meinten seltener, „dass Hitler ohne den Krieg einer der größten deutschen Staatsmänner gewesen wäre" (1960: 38 % der Protestanten, 29 % der Katholiken) und standen einer erneuten rechtsradikalen Strömung ablehnender gegenüber[231]. Als die rechten „Republikaner" 1992 laut „Politbarometer" in Westdeutschland auf durchschnittlich fünf Prozent Sympathisanten in der Bevölkerung kamen, lag ihre Anhängerschaft bei Katholiken mit Gottesdienstbesuch „jeden Sonntag" unter zwei Prozent, bei regelmäßigen evangelischen Kirchgängern leicht darüber; nur bei den Kirchenfernen war die Neigung katholischer zu der rechten Partei größer[232]. Das gleiche Muster zeigt eine Allensbacher Zählung im Juni 2016 für die AfD: Während etwas weniger katholische als evangelische Kirchennahe (8 : 9 %) die Rechtspopulisten wählen wollten, zeigten sich bei den Kirchenfernen die katholischen (12 : 5 %) erheblich empfänglicher als die evangelischen[233]. Die Forschungsgruppe Wahlen zählte bei der baden-württembergischen Landtagswahl 16 Prozent evangelische und 13 Prozent katholische AfD-Wähler, unter Katholiken mit regelmäßigem Gottesdienstbesuch nur

---

230 Schmidtchen, Protestanten und Katholiken, 225f.

231 Ebd., 229ff.

232 Zählung durch den Mainzer Wahlforscher Jürgen Falter, vgl. Püttmann, Gesellschaft ohne Gott, 177.

233 Allensbacher Archiv, IfD-Umfrage 11057 (Juni 2016).

7 Prozent[234]. Freikirchliche Protestanten entschieden sich laut INSA mit 17 Prozent bundesweit überdurchschnittlich für die Rechtspopulisten – etwa so häufig wie Konfessionslose.

Eine Allensbacher Studie zum „Extremismus-Potenzial unter jungen Leuten in der Bundesrepublik Deutschland" machte 1984 eine stärkere Tendenz westdeutscher Protestanten zu extremen politischen Positionen aus[235]. Dass 68 Prozent der deutschen Linksterroristen evangelisch oder, falls konfessionslos, in evangelischen Familien groß geworden waren – Gudrun Ensslin sogar im evangelischen Pfarrhaus –, dagegen nur 26 Prozent einen katholischen Hintergrund hatten, deutete Gerhard Schmidtchen konfessionspsychologisch: „Die mystische Komponente des deutschen Protestantismus macht sich in der säkularen Erziehung durch die Betonung der Autonomie der eigenen Überzeugungen bemerkbar. Es kommt darauf an, dass man von irgendetwas überzeugt ist. Dies verleiht dem Handeln letzte Evidenz und Legitimation"; alles werde „richtig, wenn nur die Überzeugungen richtig sind; und diese sind richtig, wenn man von ihnen ergriffen ist. Soziale Konsequenzen, das heißt auch menschliche Opfer, sind dann sekundär. Ein religiös inhaltsleer gewordener Protestantismus ist das formale Erziehungsgefäß für Ideologen und politische Überzeugungstäter." Wo die Wortmission als unwirksam verworfen werden müsse, „gibt es nur noch zwei Wege: entweder die Resignation oder die Mission mit der Waffe"[236]. Ähnlich die evangelischen Theologen Friedrich Wilhelm Graf und Klaus Tanner: „Die radikale Internalisierung von Verbindlichkeit, wie sie aus dem

---

234 Umfrage: Im Vergleich wählen mehr Frei- als Landeskirchler AfD, in: Pro-Medienmagazin online vom 22.11.2016

235 Elisabeth Noelle-Neumann/Erp Ring: Das Extremismus-Potenzial unter jungen Leuten in der Bundesrepublik Deutschland 1984, Bonn 1984.

236 Schmidtchen, Protestanten und Katholiken (in: Landeszentrale), 93f.

Bewusstsein einer höheren Konkordanz mit dem Absoluten resultiert, eröffnet die Möglichkeit eines Terrors der frommen Seele. […] In dem Maße, wie Unmittelbarkeit zu Gott sich in innengeleiteter Handlungsorientierung konkretisiert, tendiert sie zum Abbruch der kulturellen Bemühungen, Handlungsorientierung durch institutionell vermittelte Konsensbildungsprozesse zu gewinnen."[237] Führt das individualistische Ich-Ideal in die „Innerlichkeitsanarchie", „werden äußere Erfolgskriterien, ja sogar das Bedenken von Konsequenzen sekundär. Es ist, als ob sich Protestanten in Konfliktsituationen zur Beratung und zum inneren Abstimmungsgeschäft zurückziehen, um dann in naiver Bekennergebärde mit unerwarteten, unwahrscheinlichen Lösungen hervorzutreten"[238] – und sei es nur mit dem radikal realitätsverweigernden Vorschlag, „besser mit den Taliban zu beten, als sie zu bombardieren"[239].

Demoskopisch spiegelt sich etwas von solcher hypertroph ins Politische ausgreifende Christlichkeit in den protestantischen Antworten auf die Frage auf: „Kann sich ein Politiker oder eine Partei bei politischen Entscheidungen konsequent an christlichen Wertvorstellungen orientieren, oder ist das kaum möglich?": Mehr als ein Drittel der deutschen Protestanten (36 %) hält dies für möglich, aber nicht einmal ein Viertel der Katholiken (22 %). Man braucht in der Frage nur zwei Worte auszutauschen, um ein konfessionell ganz anderes Bild zu erhalten: „Kann sich ein Politiker oder eine Partei bei politischen

---

237 Friedrich Wilhelm Graf/Klaus Tanner: Protestantische Staatsgesinnung. Zwischen Innerlichkeitsanarchie und Obrigkeitshörigkeit, in: Evangelische Kommentare 12/1987 (20. Jg.), 699-703, 702.

238 Gerhard Schmidtchen: Gibt es eine protestantische Persönlichkeit? Zürich 1969, 39f.

239 So Margot Käßmann 2011 auf dem Dresdner Kirchentag; zit. n. Spiegel online vom 2.6.2011.

Entscheidungen konsequent an moralischen Grundsätzen orientieren, oder ist das kaum möglich?" Jetzt sind Katholiken
etwas optimistischer als Protestanten (Ja: 43 : 40 %), was darauf hindeuten könnte, dass die Katholiken kategorial stärker
zwischen dem Christlichen und dem Moralischen unterscheiden (21 Prozent Differenz in der Zustimmung auf die beiden
Fragen!). Die „weltfrommen" Protestanten billigen der Schöp-
fungswirklichkeit weniger Eigenstand gegenüber der Offen-
barungswirklichkeit zu, weil die Unterwerfung unter die „Kö-
nigsherrschaft Christi" menschliche Moralreflexion letztlich
überflüssig macht, das Wort Gottes direkt regieren kann (de
facto allerdings über menschliche „Vizekönige" auf den Kan-
zeln und Kathedern). Dazu passt, dass die fundamentalistische
Überzeugung: „Nur Politiker, die an Gott glauben, sind geeignet für ein öffentliches Amt" etwas häufiger von evangelischen
Christen als von katholischen geteilt wird (14 : 11 %)[240]. Eine
Deutungsvariante wäre, dass die mehr an kirchliche Morallehre
gewöhnten Katholiken einfach nur vorbehaltloser mit Allge-
meingültigkeit beanspruchender „Moral" umgehen als die in-
dividualistischeren protestantischen „tutoyeurs de Dieu"[241], die
„per Du mit Gott" ihre Handlungsanweisungen direkt von oben
bzw. aus Bibelworten beziehen. Damit sind wir beim nächsten
Konfessionsmerkmal:

Moralgrundsätze, Ordo-Orientierung, anthropologischer Realismus

„Spiegel"-Reporter Erich Wiedemann unterschied in einem Psychogramm der Deutschen zwischen der „katholischen Inter-

---

240 Bertelsmann-Religionsmonitor 2013, 24.

241 Jean Baubérot: Le protestantisme doit-il mourir?, Paris 1988, 195.

nationale, die ihre Schäfchen strenger hält, ihrer Klientel eine Leitschiene bietet, an der sie sich in jeder Lebenslage festhalten kann", und den Protestanten, die „sich ihre Haltegriffe selbst machen" müssten, während ihre „Synodalen sowie die nachgeordneten Instanzen ständig die Nase im Wind des Wandels haben"[242]. Ähnlich, nur positiver für die Evangelischen ausgedrückt, ein Vergleich der Frankfurter Allgemeinen Sonntagszeitung: „Das Protestantische passt besser in eine säkularisierte Gesellschaft. Es ist moderner und individualistischer, offener und unbestimmter als das Katholische. Der Katholizismus stellt klare moralische Forderungen auf und denkt mehr von der Kirche als vom Einzelnen her."[243] Tatsächlich offenbaren Umfragen nicht nur stärkere politische Stimmungsschwankungen der Protestanten und eine häufigere Selbsteinstufung als Wechselwähler[244], sondern auch eine stärkere Neigung zu moralischem Relativismus.

Die Meinung: „Es gibt völlig klare Maßstäbe, was gut und was böse ist. Die gelten immer für jeden Menschen, egal, unter welchen Umständen" wurde bei einer Allensbacher Umfrage 2005 von 56 Prozent der kirchennahen Katholiken, aber nur von 35 Prozent der kirchennahen Protestanten und 32 Prozent der Konfessionslosen (und „Anderen") unterstützt; die Gegenposition: „Es kann nie völlig klare Maßstäbe über Gut und Böse geben. Was gut und böse ist, hängt immer allein von den gegebenen Umständen ab" („situative Ethik") fand Zustimmung bei 18 Prozent der katholischen und 29 Prozent der evangelischen Christen mit starker Kirchenbindung (Konfessionslose:

---

242 Erich Wiedemann: Die deutschen Ängste. Ein Volk in Moll, Frankfurt a.M./Berlin 1988, 22f.

243 Wehner, Luther regiert (FAS vom 29.3.2015), 11.

244 Schmidtchen, Protestanten und Katholiken, 216.

49 %)[245]. Die absoluten Formulierungen dieser Frage („völlig", „klar", „immer", „nie", „allein") mögen differenzierten Denkern ungeeignet für einen vernünftigen Problemzugang erscheinen; doch kann das Angebot polarisierender Alternativpositionen methodisch sinnvoll sein, um im breiten Spektrum individueller Haltungen die inneren Tendenzen („in dubio pro") zu klären, die im Zielkonflikt entscheidend sind; zudem waren ja als Ausweg die Antworten „stimme beiden nicht zu" und „unentschieden" möglich. Die gleiche Frage ergab auch 2015 signifikante konfessionelle Differenzen: Für die Protestanten hingen Gut und Böse mit deutlicher Mehrheit (50 : 33 %) „allein von den gegebenen Umständen ab", die Katholiken votierten mit knapper Mehrheit für die Gegenmeinung: „klare Maßstäbe", die „immer für jeden Menschen, egal, unter welchen Umständen" gelten (41 : 39 %). Diesmal lagen zwar kirchennahe Katholiken und Protestanten im Votum für „klare Maßstäbe" nah beieinander (47 : 46 %), eine signifikante Differenz zeigte sich nur im Votum der Kirchenfernen (35 : 25 %); doch die „situationsethische" Gegenposition fand unter Kirchennahen und -fernen wieder mehr evangelische als katholische Zustimmung (38 : 31 % bzw. 57 : 46 %)[246].

Aufschlussreich in diesem Kontext ist auch eine ältere Frage an Paare, die in gemischtkonfessioneller Ehe leben: „Das ist sicher schwer zu sagen, aber wo gibt es Ihrer Meinung nach Unterschiede zwischen Protestanten und Katholiken – was findet man häufiger bei Protestanten, was bei Katholiken?" (Listenvorlage). Das Ergebnis: Katholiken wie Protestanten in interkonfessionellen Ehen verorteten „feste moralische Überzeugungen" zu 45 Prozent häufiger bei Katholiken und nur

245 Allensbacher Archiv, IfD-Umfrage 7070 (Mai 2005).

246 Ebd., IfD-Umfrage 11039 (Mai 2015).

zu 2 bzw. 4 Prozent bei Protestanten, 42 bzw. 45 Prozent „bei beiden gleich"[247]. Auch im Selbstbild findet sich ein Hinweis auf die unterschiedlich festen moralischen Maßstäbe: Etwas häufiger als Protestanten machen sich Katholiken die Aussagen zu eigen: „Ich glaube, dass ich mehr als andere darauf achte, was richtig und was falsch ist" (38 : 33 %); „Ich bin selten unsicher, wie ich mich verhalten soll" (48 : 44 %)[248].

Die bereits beim Lebensschutz und beim Rechtsgehorsam sichtbaren Differenzen können wohl mit diesem Befund zur Moral im Zusammenhang gesehen werden. In Kombination mit der ebenfalls erörterten staatsethischen Differenzierung erhellt das strikter normative Denken der Katholiken auch die Motivlage ihrer ausgeprägten Bürgerloyalität: Ist die grundgesetzliche Demokratie nämlich aus christlicher Sicht erst einmal als eine gute Ordnung identifiziert, dann verdienen ihre Normen aus katholischer Sicht einen qualifizierten Gehorsam, der nicht nur dem „status passivus" des Bürgers als obrigkeitsunterworfenem Untertan entspricht. Aus der heteronomen Rechtspflicht wird eine autonome ethische Leistung. Auf dem Boden einer gleichsam „christlich approbierten" Verfassungsordnung formuliert auch der demokratisch „sperrige" Imperativ von Römer 13 dann „im Grunde nichts anderes als die Aufforderung zur Selbstbeherrschung"[249].

Wenn deutsche Katholiken dann auch noch etwas häufiger als Protestanten „Recht und Ordnung" als „ganz besonders

247 Ebd., IfD-Umfrage 2255 (1986).

248 Ebd., Freiheitsindex 2012, Tabelle 34c.

249 Eberhard Jüngel: „Jedermann sei untertan der Obrigkeit …" Eine Bibelarbeit über Römer 13,1-7, in: ders./Roman Herzog/Helmut Simon: Evangelische Christen in unserer Demokratie, Gütersloh 1986, 8-37, 35.

wichtig" und „erstrebenswert" im Leben halten (84 : 77 %)[250] und Kinder im Elternhaus etwas öfter als Protestanten (46 : 41 %) „für ihr späteres Leben" lernen lassen wollen, „sich in eine Ordnung einzufügen"[251], lässt sich dies nicht einfach unter „konservatives" oder „autoritäres Denken" subsumieren, sondern erscheint als ein qualifizierter Dienst am Gemeinwohl und am Nächsten, insbesondere am Schwachen. Denn „Gewalt ist für den Schwachen jederzeit ein Riese" (Schiller, Don Carlos), das staatliche Gewaltmonopol zuvörderst sein Schutz. Schon in Diskussionen des Kreisauer Kreises war es „das Kardinalthema, in Deutschland wieder Recht und Ordnung zur Herrschaft zu bringen"[252] – also „law and order" im heute meist mokanten bis pejorativen Sprachgebrauch. Im objektiv-rechtlichen Sinne von „law" forderten die Kreisauer neben der Wiederherstellung der „vollkommenen Majestät des Rechts"[253] durchaus „klare, ausgesprochene Rechtssatzungen, die weder durch das vage Volksempfinden noch durch den absoluten Nützlichkeitsstandpunkt der jeweiligen Machthaber verdrängt werden dürfen."[254] In diesem Sinne kann katholische Normorientierung auch heute einen wichtigen gesellschaftlichen und politischen Kontrapunkt setzen: naturrechtlich akzentuiert gegen den „absoluten Nützlichkeitsstandpunkt" auf dem Kampfplatz der Bioethik, des Lebensschutzes und neuerdings auch der Flüchtlingspolitik, positiv-rechtlich verstanden gegen das vage „Volksempfinden"

---

250 Allensbacher Archiv, IfD-Umfrage 4181 (1987).

251 Ebd., Freiheitsindex 2016, Tabelle 17c.

252 Gerstenmaier, Streit und Friede, 171.

253 Damit wollte Goerdeler nach erfolgreichem Attentat seine Regierungserklärung eröffnen; siehe Gerhard Ringshausen: Die Überwindung der Perversion des Rechts im Widerstand, in: ders./Rüdiger von Voss (Hrsg.): Widerstand und Verteidigung des Rechts, Bonn 1997, 211-234, 211.

254 Dossier: Kreisauer Kreis. Dokumente aus dem Widerstand gegen den Nationalsozialismus. Aus dem Nachlass von Lothar König SJ, hrsg. und kommentiert von Roman Bleistein, Frankfurt a.M. 1987, 283.

von „Wutbürgern", die sich bei der Durchsetzung drängender „Anliegen" nicht mehr um Recht und Ordnung scheren.

Die katholische Ordo-Orientierung korrespondiert mit einer anthropologischen Differenz: Während Protestanten trotz des ursprünglichen Lutherschen Sündenpessimismus heute leichter von den guten Motiven der Menschen, von der Gutartigkeit eines sich frei entscheidenden Individuums zu überzeugen sind, stehen sie der Gesellschaft mit größerer Skepsis gegenüber. Sie glauben beispielsweise „ziemlich einhellig, der Unehrliche werde in dieser Gesellschaft eher das Rennen machen als der Ehrliche. Umgekehrt die Katholiken: Sie verbinden ihre Skepsis gegenüber der Natur des Einzelnen mit einem stärkeren Vertrauen in eine ausgleichende Gerechtigkeit der gesellschaftlichen Ordnung."[255] Dementsprechend erscheinen Katholiken „eher dazu geneigt, den Vorrang von Gemeinwohlpostulaten vor Individualinteressen zu akzeptieren"[256] und die Verantwortung für menschliche Fehlhaltungen bis hin zur Delinquenz eher der Person als den gesellschaftlichen Umständen zuzuschreiben, indes die Protestanten, schon länger der individuellen Bußpraxis durch die Beichte ledig, im Schuldverständnis zu einer Art „sola-structura-Lehre" tendieren. So beobachtete der Soziologe Helmut Schoeck konfessionell unterschiedliche Bewertungstendenzen bei Straftaten: „Es gibt bei uns symbolträchtige Persönlichkeiten, die das latent und residual stets vorhandene Böse im Menschen nicht wahrhaben wollen und deshalb nicht wahrnehmen können. Vielmehr suchen sie immer außerhalb der Täter die Ursachen und mildernden Umstände für die Deliktlust. Sie betreiben damit eine Verharmlosung des Menschen schlechthin und rechtfertigen diese Einstellung mit

---

255 Schmidtchen, Protestanten und Katholiken, 197f.

256 Heldrich/Schmidtchen, Gerechtigkeit als Beruf, 169.

ihrer Verwurzelung im Christentum. Solche Geister scheinen übrigens unter Protestanten häufiger als unter Katholiken gleichen Bildungsstandes."[257]

Soziale Integration, Vertrauen, Familiensinn, Toleranz

Durch das protestantische Autonomieideal[258] wird einerseits ein Freiheitsimpuls für den Einzelnen gesetzt, andererseits unter Umständen ein Problem für die Gemeinschaft erzeugt, die darauf angewiesen ist, dass Individualinteressen oft genug zugunsten des Gemeinwohls zurücktreten. Die ein Wort John F. Kennedys abwandelnde, anspruchsvolle Einstellung: „Ich will nicht fragen: Was tut der Staat für mich, sondern: Was tue ich für den Staat?" machten sich in einer Allensbacher Umfrage in Westdeutschland 28 Prozent der kirchennahen Katholiken, 23 Prozent der kirchennahen Protestanten und 20 Prozent der Konfessionslosen zu eigen („Ist meine Auffassung"); beim Einsatz eines Altersfilters (nur unter 40-Jährige) wuchs die Differenz (29 : 22 : 15)[259]. Vielleicht zeigt hier auch die von der katholischen Soziallehre vertretene Theorie einer subsidiären Gesellschaft Wirkung, die zuerst die Aktivierung der eigenen Kräfte verlangt, bevor man nach dem Staat ruft.

Auch das Prinzip der Solidarität verdankt nicht nur der Arbeiterbewegung und der Sozialdemokratie, sondern ebenso dem sozialen und politischen Katholizismus wesentliche Impulse.

---

257 Helmut Schoeck: Das Edle im Mörder, in: Rheinischer Merkur vom 18.11.88, 20.

258 Protestanten sagten häufiger als Katholiken: „Ich mache nur das, wovon ich wirklich überzeugt bin" (57 : 51 %) und „Wenn ich etwas nicht will, dann mache ich das unter keinen Umständen" (47 : 37 %); Allensbacher Archiv, IfD-Umfrage 4181 (1987).

259 Ebd., IfD-Umfrage 5066 (Juni 1992).

Die Zentrumspartei war wie kaum eine andere politische Formation ein Integrationsfaktor zur Aussöhnung sozialer Gegensätze. In ihr konnten der Generaldirektor wie der ungelernte Arbeiter eine politische Heimat finden. So betonte der frühere Zentrumspolitiker Konrad Adenauer auf dem CDU-Bundesparteitag 1962 in einer Kontroverse mit dem Bundestagspräsidenten Eugen Gerstenmaier, „dass wir das Wort ‚christlich' gewählt haben nicht nur, um damit zu sagen, dass wir Antinationalsozialisten sind. Dazu hätten wir keine neue Partei zu gründen brauchen […]. Gegen den Nationalsozialismus waren doch auch eine ganze Reihe anderer Parteien, die damals auf den Plan traten. Angefangen mit den Sozialdemokraten, Demokraten usw. waren es vier, fünf oder sechs Parteien. […] Wir haben uns in erster Linie aus einem ganz anderen Grunde zusammengefunden. Sie wissen, dass ich mit zu den Gründern gehört habe. Wir haben uns gesagt: Wir können diese ganz auseinander gerissene Welt nur dann wieder in Ordnung bringen, wenn wir eine Partei gründen, die auf der dem großen Teil des Volkes gemeinsamen christlichen Weltanschauung steht. […] Nur dieser gemeinsame Boden trägt unsere Mitglieder hinweg über Gegensätze, die aus ihren verschiedenen Ständen, aus ihren verschiedenen Berufen, aus ihrer Herkunft aus verschiedenen Gegenden unseres Vaterlandes ganz selbstverständlich kommen […]. Wo sind die Parteien geblieben, die eben nur Stände vertraten? Denken Sie doch einmal zurück. Es hat eine Mittelstandspartei gegeben, es hat eine Bauernpartei gegeben, und die Sozialdemokratie ist doch als Arbeiterpartei gegründet worden. […] Nein, eine Partei muss einen weltanschaulichen Boden haben, auf dem sie steht!" Die CDU konnte das sozialintegrative Konzept von der katholischen Zentrumspartei im Grunde fast fertig übernehmen und musste nur noch konsequenter ökumenisch seine Basis erweitern.

Beide Konfessionen in der Bundesrepublik Deutschland hätten eine „bedeutende integrierende Funktion", betont eine Studie des Deutschen Instituts für Wirtschaftsforschung: „Vor allem die aktive und regelmäßige strukturelle Einbindung in Form des Gottesdienstbesuches ist der Generierung und Aufrechterhaltung sozialer Beziehungsnetzwerke förderlich"; die öffentliche religiöse Praxis gehe „mit einem größeren Freundschaftsnetzwerk und einer regeren Soziabilität einher", sei eine „Quelle sozialer Integration". Eine bloß „subjektive Religiosität ist demgegenüber von geringerer Bedeutung". Zwar führten „stark ausgeprägte katholische Überzeugungen zu weniger Interaktionen mit Freunden und Nachbarn", doch werde „dieser geringere Grad außerfamiliärer Soziabilität bei Katholiken durch häufigeren Austausch und vermehrtes Treffen mit Familie und Verwandten kompensiert. Der ausgeprägte Familismus der Katholiken (Fukuyama 2000, Lenski 1961) lässt sich somit auch innerhalb Deutschlands feststellen." [260]

Nicht von ungefähr verbanden, wie schon erwähnt, das Attribut „Sorgt für stabile Ehen und Familien" 23 Prozent mit der katholischen und 15 Prozent mit der evangelischen Kirche[261]. An kirchliche Stellungnahmen zum „Schutz von Ehe und Familie durch den Staat" erinnern sich mehr Katholiken als Protestanten (47 : 40 %)[262]. Dass „Hilfe für Familien in Not" eine kirchliche Aufgabe sei, meinen 94 Prozent der katholischen und 87 Prozent der evangelischen Christen.[263] Von einem Politiker, der „für christliche Werte eintritt", erwarten mehr Katholiken als Protestanten (44 : 36 %) die traditionelle Ansicht, „dass Kinder in den ersten Lebensjahren von der Mutter betreut werden, die Mutter

---

260 SOEPpapers Nr. 144 (Nov. 2008), 17ff.

261 Allensbacher Jahrbuch 1984-1992, 202.

262 Vogel, Religion und Politik, 207/285.

263 Ebd., 226.

in dieser Zeit nicht berufstätig ist"[264]. „Starke Zustimmung findet vor allem bei Katholiken mit hoher Kirchgangshäufigkeit die Aussage, dass es die natürliche Berufung der Frau sei, ein Klima der Geborgenheit für die Familie zu schaffen", und zwar mit 73 Prozent weit über dem Durchschnitt von 48 Prozent[265].

Mit etwas geringerer Mehrheit als die Protestanten unterstützen Katholiken die Forderung: „Ein homosexuelles Paar sollte die Möglichkeit haben zu heiraten" (70 : 78 %, Konfessionslose 87 %, Muslime 48 %)[266]. Keinen konfessionellen Unterschied gibt es hingegen bei der Aussage, dass man Homosexuelle „nicht gern als Nachbarn hätte" (16 : 17 %)[267]; die noch seltenere Intoleranz unter Konfessionslosen (10 %) ist hier bei Einsatz eines Altersfilters (unter 50 Jahre) nicht mehr festzustellen; die Jüngeren, die (fast) jeden Sonntag oder ab und zu am Gottesdienst teilnehmen, zeigen sich sogar etwas toleranter als solche, die „selten" oder „nie" zur Kirche gehen (8 : 11 %)[268]. Von einer christlich induzierten Homophobie kann insofern keine Rede sein, eher von einem Problem der unter den kirchennahen Christen überrepräsentierten älteren Generation. Wichtiger für den Schutz der Ehe erscheint den Gläubigen – besonders den Katholiken – die Ehemoral Heterosexueller: „Als verheirateter Mann/verheiratete Frau ein Verhältnis haben", „das darf man unter keinen Umständen tun" (Stufe 1 von 10), meinen 55 Prozent der katholischen und 43 Prozent der evangelischen Christen, doch nur 32 Prozent der Konfessionslosen und Anderen[269].

---

264 Allensbacher Archiv, IfD-Umfrage 10097 (September 2012).

265 Neu, Religion, Kirchen und Gesellschaft, 32f.

266 Bertelsmann-Religionsmonitor 2013, 22.

267 Allensbacher Archiv, IfD-Umfrage 11008 (Mai 2013).

268 Siehe Püttmann, Gesellschaft ohne Gott, 168f. (Auszählung einer IfD-Umfrage vom März 2008).

269 Allensbacher Archiv, Freiheitsindex 2012, Tabelle 21b.

Zum gesellschaftlichen Zusammenhalt gehören auch die Einstellungen zu sozialen Randgruppen. Wilhelm Heitmeyer schließt aus empirischen Erhebungen zur „Gruppenbezogenen Menschenfeindlichkeit" (GMF), dass „antisäkular orientierte"[270] Protestanten „grundsätzlich feindseliger gegenüber schwachen Gruppen" seien; für die „antisäkular orientierten" Katholiken gelte dies nur eingeschränkt; „gegenüber Obdachlosen erweisen sie sich sogar als weniger feindselig"[271]. Von einem Politiker, der sich zu „christlichen Werten" bekennt, erwarten mehr Protestanten (23 %) als Katholiken (13 %) ein Eintreten dafür, „dass die Arbeitslosenunterstützung deutlich niedriger ist als das Einkommen eines Berufstätigen"; auch sind Katholiken häufiger als Protestanten dafür, dass der Staat „besonders hohe Löhne und Gehälter, z.B. mehrere Millionen Euro im Jahr" verbietet (57 : 49 %)[272] und halten öfter eine Zurechtweisung für angebracht, „wenn jemand seinen Reichtum zur Schau stellt" (25 : 14 %)[273]. Sie verstehen unter einem christlich wertorientierten Politiker häufiger als Protestanten (47 : 41 %) jemanden, „der sich für die Länder in der Dritten Welt einsetzt"[274].

„Die wichtigsten Gründe dafür, dass manche Leute in Deutschland rechtsextrem sind", suchen Katholiken mehr als Protestanten im sozialen Bereich (falsche Freunde, Gruppenzwang, schlechte Zukunftsaussichten, Probleme mit dem Elternhaus, der Familie), Protestanten mehr als Katholiken im kognitiven Bereich (mangelnde Bildung, Dummheit, Veranlagung zur

---

270 Darunter firmieren diejenigen, die der Meinung sind, der Staat und die Gesetze sollten „mehr an christlichen Grundwerten ausgerichtet" sein. Ob das jedoch schon als „antisäkular" gelten kann?

271 Beate Küpper/Andreas Zick: Riskanter Glaube. Religiosität und Abwertung, in: Wilhelm Heitmeyer (Hrsg.): Deutsche Zustände. Folge 4, Frankfurt 2006, 179-188.

272 Allensbacher Archiv, Freiheitsindex 2016, Tabelle 6c.

273 Ebd., Freiheitsindex 2012, Tabelle 25d.

274 Allensbacher Archiv, IfD-Umfrage 10097 (September 2012).

Gewalttätigkeit, feste Überzeugung, schlechter Charakter)[275], also im Individuum selbst; sie meinen zwar kaum häufiger als Katholiken: „Jeder ist seines Glückes Schmied. Wer sich heute wirklich anstrengt, der kann es auch zu etwas bringen" (51 : 49 %), doch signifikant seltener als diese, „dass die einen oben sind und die anderen sind unten und kommen bei den heutigen Verhältnissen auch nicht hoch, so sehr sie sich auch anstrengen" (26 : 33 %)[276]. Papst Franziskus' These: „Wir müssen heute Nein zu einer Wirtschaft der Ausschließung und der Ungleichheit[277] der Einkommen sagen. Diese Wirtschaft tötet", stimmen katholische Christen stärker zu („sehe das auch so": 37 %, „nicht so": 11 %) als evangelische (33 : 17 %) – wobei dieselbe Umfrage ohne Verweis auf den Papst (stattdessen: „Wenn jemand sagt …") die katholische Zustimmung um 11, die konfessionslose/andere gar um 16 Prozent (von 46 auf 30 %) sinken lässt, die evangelische aber kaum (von 33 auf 32 %)[278]. Offenbar lassen sich Nichtchristen von der Autorität des Papstes (hier) weit mehr beeinflussen als Protestanten und sogar mehr als Katholiken.

---

275 Ebd., IfD-Umfrage 11008 (Mai 2013).

276 Ebd., Freiheitsindex 2016, Tabelle 1a.

277 Im Wortlaut der Fundstelle in Evangelii Gaudium (Nr. 53) heißt es allerdings: „Disparität", was semantisch für eine ausgeprägtere Kluft zwischen den Einkommen steht als bloße „Ungleichheit".

278 Allensbacher Archiv, Freiheitsindex 2016, Tabelle 27a, 28a.

Soziales Kapital (freiwilliges Engagement, Vertrauen)
und Religion (2013)[279]

	freiwilliges Engagement	Vertrauen in andere Menschen allgemein (ziemlich/völlig)	Vertrauen in religiöse Menschen (ziemlich/völlig)	Vertrauen in Menschen der gleichen Religion (ziemlich/völlig)	Vertrauen in Konfessionslose (ziemlich/völlig)
gesamt	35 %	63 %	49 %	66 %	56 %
gar nicht/ wenig religiös	29 %	53 %	36 %	47 %	49 %
mittel religiös	35 %	67 %	53 %	69 %	59 %
ziemlich/ sehr religiös	49 %	75 %	69 %	81 %	65 %
Christen	39 %	68 %	53 %	66 %	58 %
Muslime	24 %	49 %	60 %	67 %	35 %
Konfessionslose	28 %	56 %	38 %	—	53 %
Katholiken	39 %	71 %	52 %	65 %	59 %
Evangelische	39 %	64 %	52 %	64 %	55 %

In der Kategorie: „Vertrauen in andere Menschen allgemein (ziemlich/völlig)" liegen laut „Religionsmonitor" die Katholiken mit 71 Prozent vor den Protestanten (64 %), Konfessionslosen (56 %) und Muslimen (49 %); sie haben sogar mehr Vertrauen in Konfessionslose (59 %) als die Konfessionslosen selbst (53 %). In nahezu allen Fragen zeigen katholische Christen mehr als evangelische Toleranz gegenüber Muslimen. 2003 fand eine Zweidrittelmehrheit der Katholiken und die Hälfte der Protestanten, muslimische Schulkinder sollten islamischen Religionsunterricht in deutscher Sprache erhalten[280]. Der Meinung: „Die

---

279 Bertelsmann-Religionsmonitor, 49.

280 Vogel, Religion und Politik, 383.

in Deutschland lebenden Muslime sollten ihre Religion ohne Einschränkungen ausüben können", stimmen 71 Prozent der Katholiken und 63 Prozent der Protestanten zu und der Forderung, dass Muslime bei ihrer Religionsausübung „stärker Rücksicht" auf die deutsche Bevölkerung nehmen sollten, 70 Prozent der Protestanten und 60 Prozent der Katholiken; die Meinung: „Deutschland ist ein christliches Land. Muslimische Gebräuche haben hier nichts zu suchen", unterstützten 20 Prozent der Protestanten und 16 Prozent der Katholiken[281]. Protestanten würden sich auch häufiger durch den Bau einer Moschee in ihrer Nachbarschaft gestört fühlen (37 : 30 %) und stimmen etwas häufiger als Katholiken der Aussage zu: „Das Christentum ist tolerant, der Islam nicht" (47 : 42 %)[282].

In den letzten Jahren fielen die konfessionellen Unterschiede noch deutlicher aus: „Katholiken und hier besonders die Katholiken mit einer starken Kirchenbindung sind offener für Islamunterricht als Protestanten mit einer starken Kirchenbindung": Dafür votierten sogar doppelt so viele kirchennahe Katholiken wie kirchennahe Protestanten (55 : 27 %) – die übrigens auch mehr als doppelt so oft wie Katholiken der Aussage zustimmen, es gebe nur „eine wahre Religion" (36 : 17 %)[283]. Auf mehr Ablehnung bei Protestanten als bei Katholiken (84 : 73 %) stößt der Vorschlag, „einen christlichen Feiertag zu streichen und dafür einen islamischen Feiertag einzuführen, der als gesetzlicher Feiertag in ganz Deutschland gilt". „Die Beschneidung von Jungen aus religiösen Gründen" wollen Protestanten häufiger als Katholiken staatlich verbieten lassen (42 : 36 %); die Katholiken plädieren hier für mehr staatliche Toleranz, obwohl sie die Beschneidung stärker ablehnen als

---

281 Ebd., 396.

282 Ebd., 400, 390.

283 Neu, Religion, Kirchen und Gesellschaft, 29f.

Protestanten und Konfessionslose[284]. Dass es „in jedem Fall in Ordnung" sei, „in Gegenwart von Muslimen Schweinefleisch (zu) essen", meinen 54 Prozent der evangelischen und 44 Prozent der katholischen Christen[285]. Dass Muslime „auf der Welt zu viel Einfluss haben", missfällt 36 Prozent der Protestanten und 31 Prozent der Katholiken[286].

Auf das evangelische Deutschland scheint die Religion der Muslime also fremder und bedrohlicher zu wirken als auf das katholische. Da der Islam jedoch in Zukunft mehr Präsenz im Land haben wird, könnte mehr Katholiken als Protestanten eine mäßigende, vermittelnde Rolle bei Spannungen zufallen. Eine Grenze ist für die katholische Offenheit allerdings erreicht, „wenn jemand sagt: Der Islam gehört inzwischen zu Deutschland": Protestanten lehnen den Satz mit Zweidrittel- (56 : 25 %), Katholiken sogar mit Dreiviertelmehrheit ab (67 : 20 %)[287].

„Seelenheimat" und Hort der Transzendenz

Die divergierende Sicht auf den Islam hängt wohl auch mit dem jahrzehntelang offenkundigsten Unterschied zwischen Katholizismus und Protestantismus in Deutschland zusammen: dem in der Glaubensweise und -intensität. Stets bezeichneten sich, unabhängig davon „ob Sie in die Kirche gehen oder nicht", mehr Katholiken als Protestanten als „religiöser Mensch": 1985 betrug die Differenz in Westdeutschland 18 Prozentpunkte (69 : 51 %), 1999 sogar 25 (72 : 47 %, 2005 14 (68 : 54 %) und 2017

---

284 Allensbacher Archiv, Freiheitsindex 2012, Tabelle 32c, 19b.

285 Ebd., Freiheitsindex 2015, Tabelle 11b.

286 Ebd., IfD-Umfrage 11008 (Mai 2013). Auch dass die Juden zuviel Einfluss haben, meinten Katholiken seltener als Protestanten (16 : 25 %).

287 Ebd., Freiheitsindex 2015, Tabelle 24a.

17 (65 : 48 %)[288]. „Eine sehr hohe oder hohe Bedeutung" hatte Religion nach einer Umfrage der BAT-Stiftung für Zukunftsfragen im Jahr 2012 bei 35 Prozent der Katholiken und 20 Prozent der Protestanten, „keine Bedeutung" hatte sie für 20 Prozent der evangelischen und 13 Prozent der katholischen Kirchenmitglieder; dass „christliche Wertvorstellungen, christliche Überzeugungen" in ihrem Leben „eine sehr wichtige Rolle" spielen, sagten 24 Prozent der Katholiken und 15 Prozent der Protestanten, „eine wichtige" weitere 45 bzw. 40 Prozent, für bedeutungslos („gar nicht") in ihrem Leben erklärten mehr als dreimal so viele evangelische wie katholische Kirchenmitglieder christliche Wertvorstellungen (5 : 17 %)[289]. Häufiger als Protestanten zählen Katholiken „christliche Wurzeln, christlichen Glauben" auch zu dem, was die „gemeinsame westliche Kultur" ausmache, „also einen westlichen Lebensstil, der sich von anderen Kulturen unterscheidet" (18 : 12 %)[290].

Nicht nur die Gebetshäufigkeit liegt „bei den Katholiken deutlich über der der Evangelischen"[291]. Legt man den Begriff „regelmäßig" für den Kirchgang etwas weiter aus, lässt sich immer noch sagen: „Die Katholiken sind hierzulande die fleißigsten Gottesdienstbesucher: Ein Drittel von ihnen gibt an, mindestens einmal monatlich in die Kirche zu gehen. Dicht dahinter liegen die Muslime mit 30 Prozent regelmäßigen Moscheebesuchern. Demgegenüber geht mit 18 Prozent nicht einmal jeder fünfte Angehörige der evangelischen Konfession regelmäßig in den Gottesdienst."[292]

---

288 Allensbacher Archiv, IfD-Umfrage 10097.

289 Umfrage: Religion ist wichtig für Frauen und Senioren, in: evangelisch.de vom 6.11.2012.

290 Allensbacher Archiv, Freiheitsindex 2016, Tabelle 19d.

291 Pollack/Rosta, Religion in der Moderne, 128.

292 Bertelsmann-Religionsmonitor, 17.

Auch bei wichtigen Inhalten des christlichen Glaubens zeigen sich beträchtliche konfessionelle Differenzen. Die deutschen Katholiken überflügeln die Protestanten beim Glauben an Gott (75 : 69 %), an Jesus Christus als „Sohn Gottes" (60 : 51 %) und „die Dreifaltigkeit, dass Gott Vater, Sohn und Heiliger Geist ist" (47 : 33 %); „dass es ein Leben nach dem Tod gibt" (56 : 43 %), „den Himmel" (48 : 37 %) und „die Auferstehung der Toten im Reich Gottes" (44 : 29 %); „dass es Schutzengel" (64 : 59 %) und „Engel gibt" (47 : 37 %); „dass es Wunder gibt" (58 : 51 %) und „dass Gott die Welt geschaffen hat" (45 : 37 %), „an das Jüngste Gericht" (28 : 22 %), „dass es die Hölle gibt" (23 : 16 %) und „den Teufel" (20 : 16 %). Etwas weniger als die Protestanten glauben die Katholiken nur an Inhalte, die nicht zur christlichen Lehre gehören oder ihr sogar entgegen stehen: „an schicksalhafte Fügungen" (57 : 60 %) und daran, „dass im Leben alles vorherbestimmt ist" (34 : 38 %); „dass in der Natur alles eine Seele hat, auch Tiere und Pflanzen" (59 : 61 %), „dass es Menschen gibt, die über übernatürliche Kräfte verfügen, die zum Beispiel in die Zukunft sehen können" (27 : 30 %) und an „die Macht der Sterne, dass die Sterne Einfluss auf das menschliche Schicksal haben" (14 : 18 %).

Katholische und evangelische Glaubensüberzeugungen (2012)[293]

an Gott
75 %
69 %

„dass es Schutzengel gibt"
64 %
59 %

an Jesus Christus als „Sohn Gottes"
60 %
51 %

„dass alles in der Natur eine Seele hat"
59 %
61 %

„dass es Wunder gibt"
58 %
51 %

an „schicksalhafte Fügungen"
57 %
60 %

„dass es ein Leben nach dem Tod gibt"
56 %
43 %

an „den Himmel"
48 %
37 %

an „die Dreifaltigkeit, dass Gott Vater, Sohn und Heiliger Geist ist"
47 %
33 %

„dass es Engel gibt"
47 %
37 %

„dass Gott die Welt geschaffen hat"
45 %
37 %

an „die Auferstehung der Toten"
44 %
29 %

„dass im Leben alles vorherbestimmt ist"
34 %
38 %

an „das Jüngste Gericht"
28 %
22 %

„dass es Menschen gibt, die über übernatürliche Kräfte verfügen"
27 %
30 %

„dass es die Hölle gibt"
23 %
16 %

Katholisch
Evangelisch

an „den Teufel"
20 %
16 %

„dass die Sterne Einfluss auf das menschliche Schicksal haben"
14 %
18 %

---

293 Allensbacher Archiv, IfD-Umfrage 10097 (September 2012).

Die konfessionelle Frömmigkeitskluft scheint ein generationen-übergreifendes Phänomen zu sein: Aus einem „sehr religiösen Elternhaus" zu kommen, berichten mehr als doppelt so viele Katholiken wie Protestanten; dass ihre „Eltern keine besondere Beziehung zur Religion" hatten, gaben dreimal so viele evangelische wie katholische Christen an[294]. Die Allensbacher Frage (2012): „Wenn Sie an Ihre Kindheit zurückdenken: Wurde da vor oder nach der Mahlzeit ein Tischgebet gesprochen?", bejahten 60 Prozent der Katholiken und 39 Prozent der Protestanten; dies heute zu tun, gab jeder sechste Katholik und jeder zehnte Protestant an; addiert man die zumindest „manchmal" bei Tisch Betenden hinzu, kommt man auf 40 Prozent der katholischen und 26 Prozent der evangelischen Christen[295]. Dies wird ebenso Auswirkungen auf die religiöse Prägung der künftigen Generation haben wie Unterschiede in der allgemeinen Wertschätzung der religiösen Erziehung: Unter das, „was man Kindern für ihr späteres Leben alles mit auf den Weg geben soll, was Kinder im Elternhaus lernen sollen" halten „Religiosität, Glaube an Gott" 36 Prozent der Katholiken und 29 Prozent der Protestanten für „besonders wichtig"[296].

Die relative Glaubensschwäche der deutschen Protestanten zieht unvermeidlich eine Kirchenschwäche nach sich: Selbst im Jahr 2010, dem *annus horribilis* für die katholische Kirche, erklärten mehr Protestanten als Katholiken (38 : 30 %), „schon mal mit dem Gedanken gespielt" zu haben, aus der Kirche auszutreten, und doppelt so viele evangelische wie katholische Christen waren dazu entschlossen (4 : 2 %); zugleich stuften Katholiken ihre subjektive Verbundenheit mit ihrer Kirche bei durchschnittlich

---

294 Allensbacher Jahrbuch 2003-2009, 809.

295 Allensbacher Archiv, IfD-Umfrage 10097.

296 Ebd., Freiheitsindex 2016, Tabelle 17d.

4.9, Protestanten bei 4.4 ein[297]. Die evangelische Kirche mag also politisch und medial besser dastehen und weniger Unmut auf sich ziehen als die katholische – ihre Bindungskraft bleibt trotzdem schwächer. Gerhard Schmidtchen nennt als einen Grund dafür, dass die Kirche für Katholiken eine „wahre Seelenheimat" sei, seine „eigentliche Gebetsstätte, wo er, von Markt und Familie und Geschäft ungestört, sich an Gott wenden kann, während jener Sinn, der am raschesten Erinnerungsbilder vorzaubert, der Geruchssinn, schon durch den Weihrauchduft an alle früheren frommen Erlebnisse dieser Stätte gemahnen hilft. Die Seinsordnung, der zuverlässig arbeitende Gnadenmechanismus, sein Heil abzustufen, die Entlastung durch die Beichte und das realistische Unsterblichkeitsdogma kennzeichnen ein Gebäude, in dem sich Menschen sehr zu Hause fühlen können, eine Welt zwar mit ein paar bedrohlichen unteren Stockwerken, aber doch eine Welt, aus der man nicht herausfallen kann."[298]

Solche vordergründig rein private seelische Geborgenheit kann, wenn sie einem Teil der Bevölkerung eigen ist, durchaus politische Relevanz für ein Land entfalten: als Quelle der Gelassenheit, der Besinnung, des Trostes, der Orientierung, der Unabhängigkeit, des Mutes – und an der richtigen Stelle oder im richtigen Moment auch der Entfremdung. Der Politologe Richard Löwenthal, langjähriger stellvertretender Vorsitzender der SPD-Grundwertekommission, unterschied drei Grundformen antitotalitären Widerstandes: politische Opposition, gesellschaftliche Verweigerung und weltanschaulichen Dissens – und erwähnte auch den „Teilwiderstand aus religiöser oder moralischer Überzeugung, aus Anhänglichkeit an überlieferte soziale Bindungen und Lebensformen"; auch solcher Dissens setze totalitärem

---

297 Allensbacher Archiv, IfD-Umfrage 10056.

298 Schmidtchen, Protestanten und Katholiken, 455.

Machtwillen Grenzen, wenn auch (zunächst) meistens unsichtbar: „Was schließlich keine Aufzählung der offenen Konflikte wiedergeben kann, ist die Auswirkung der von der nationalsozialistisch bestimmten Öffentlichkeit so radikal verschiedenen Atmosphäre des Gottesdienstes auf die moralische Haltung vieler gläubiger Christen: Auch dann, wenn die Kirche kein Faktor des gewollten Widerstandes gegen den Nationalsozialismus war, blieb sie überwiegend ein Faktor der Entfremdung von seinem Geist."[299] Insofern war es auch für die ostdeutsche katholische Minderheitenkirche keine Schande, dass sie in der DDR, wie ein evangelischer Theologe 1991 in einer Würdigung des DDR-Protestantismus anmerkte, „auf eigentümliche Weise im Land fremd"[300] blieb.

Fazit: Grund zum Selbstbewusstsein und zur Demut

Unsere kleine „katholische Leistungsschau" mag unzeitgemäß erscheinen, sollte aber als Kontrapunkt zum verbreiteten antikatholischen Ressentiment erlaubt sein. Wo Kritik am deutschen Protestantismus geübt wurde, geschah dies meistens im Einklang mit evangelischen Wissenschaftlern, und fast alle Thesen sind empirisch belegbar. Dabei ergeben sich als Gemeinwohldienste des deutschen Katholizismus: Er ist eine Bastion für den Schutz menschlichen Lebens und gegen eine „Kultur des Todes". Er hat in den Legitimitätskrisen der demokratischen Staatsgewalt Bürgerloyalität bewiesen, auch wenn er politische Entscheidungen für ethisch falsch hielt, und hat den Rechtsgehorsam stets klar gegen Widerstandsrhetorik verteidigt. Durch

---

299 Richard Löwenthal: Widerstand im totalen Staat, in: Karl Dietrich Bracher/Manfred Funke/Hans-Adolf Jacobsen (Hrsg.): Nationalsozialistische Diktatur, 618-632, 627.

300 Neubert, Protestantische Kultur, 24.

Verantwortungsbereitschaft in der Demokratie und Verweigerung in der Diktatur bewies er staatsethische Urteilskraft, gegen politische Radikalisierung und Extremismus trug er zur Mäßigung bei. Er hat die Chance der deutschen Wiedervereinigung klug und konsequent genutzt und sie, gemessen an seinem gesellschaftlichen Gewicht in den Neuen Bundesländern, herausragend mitgestaltet. Er stiftet bis heute geistige Orientierung durch feste Moralgrundsätze gegen einen ethischen Relativismus und stützt soziale Ordnungen durch anthropologischen Realismus. Er dient als Kirche und in der Politik der sozialen Integration durch Impulse für Familiensinn, gesellschaftliche Solidarität und religiöse Toleranz. Er sorgt dafür, dass unserer säkularisierten Gesellschaft der „transzendente Atem" nicht ganz ausgeht, stiftet Hoffnung und Trost und immunisiert gegen innerweltliche Heilslehren.

Man könnte die Liste noch verlängern, etwa durch Hinweise auf den katholischen Internationalismus, der übernationales Denken lehrt und wesentlich die europäische Integration und das „Eine Welt"-Denken inspirierte, oder auf die katholische Lebensfreude, Sinnlichkeit und Feiertagskultur inklusive des Karnevals. Sie trug den Katholiken in Erich Wiedemanns Psychogramm der Deutschen („Ein Volk in Moll") die Kapitelüberschrift: „Symbiose von Kirche und Kneipe" ein, während die Protestanten über ihrem Kapitel lesen mussten: „Elftes Gebot: Du sollst Dich nicht freuen."

Zu Beginn des Reformationsgedenkjahres führte der „Spiegel" nicht nur „Tugenden, auf die die Deutschen stolz sind", auf die Reformatoren zurück, sondern auch „Zwänge, die ihnen peinlich sind" und „manchmal ganz schön anstrengend". Etwa den Hang, „einander ungefragt zu erziehen. […] Es ist der Hang, der heute in sozialen Netzwerken einen idealen Kanal hat: Twitter und Facebook, das sind Paradiese für Menschen, die mit erhobenem Zeigefinger durchs Leben laufen"[301]. Vor diesem „Alltagsprotestantismus" würde man „im Urlaub gern mal für zwei Wochen nach Italien, Spanien, Frankreich flüchten (für Hamburger tut es manchmal schon ein Wochenendtrip nach München). Es geht nicht bloß ums Wetter, es geht um Urlaub vom Protestantismus"; wer als Hamburger nach München reise, „dem ist schon mal so, als läge dort Weihrauch in der Luft. Das Essen ist besser, auch das Angebot in Bäckereien. Zur Mittagszeit staunt der Hamburger, wenn er Anzugträger beobachtet, die bei einer halben Maß zusammenhocken: Oha, Alkohol während der Arbeitszeit!" Der Katholizismus sei zwar gnadenlos mit den Häretikern gewesen, aber stets milde mit den Sündern; er kenne den – vom reformierten Großen Kurfürsten Friedrich Wilhelm unter Strafe gestellten – „Karneval und die Fastenzeit, eine Zeit des Frustes nach übertriebener Freude, der Buße nach exzessiver Sünde, ein ritualisierter Kater. Er kennt die Beichte, ein Ritual mit reinigender Kraft, er kannte den Ablasshandel, also den Freikauf von Sündenstrafen. All das hat Luther den Leuten ausgetrieben. Regiert seit Luther das schlechte Gewissen?" – heute etwa in Gestalt der in Deutschland besonders starken Grünen als Verkörperung einer „Politik des schlechten Gewissens", als „ungemein protestantische Partei"?[302]

Mancher würde einige der hier erwähnten Eigenarten und Tendenzen von Katholizismus und Protestantismus wohl anders bewerten, zum Beispiel politische Wechselhaftigkeit als Flexibilität, Anpassung an Zeitströmungen als konstruktive

---

301 Ein empirisches Indiz für den Hang zu solcher Sozialkontrolle mag man in dem Umfragebefund sehen, dass mehr Protestanten als Katholiken (44 : 33 %) sich zu denen zählen, die „besonders darauf achten, was in Ihrer Umgebung, z. B. Ihrer Straße passiert"; Freiheitsindex 2012, Tabelle 27a.

302 Becker, Deutsche Protestantische Republik, 140f, 142.

Modernität oder Islamkritik als Weitsicht. In der Gesamtschau wird man jedoch kaum um die Feststellung herumkommen, dass die deutschen Protestanten sich im letzten Jahrhundert politisch erratischer positionierten als die deutschen Katholiken.

Um ein konkretes Beispiel zu nennen: Otto Dibelius begrüßte den Machtantritt Adolf Hitlers und hielt am 21. März 1933 als zuständiger Generalsuperintendent am „Tag von Potsdam" eine Festpredigt vor den evangelischen Reichstagsabgeordneten. Darin lobte er die neuen Machthaber für die Maßnahmen nach dem Reichstagsbrand, durch die Regimegegner verhaftet und staatsbürgerliche Rechte weitgehend außer Kraft gesetzt worden waren, und schwärmte: „Durch Nord und Süd, durch Ost und West geht ein neuer Wille zum deutschen Staat, eine Sehnsucht, nicht länger, um mit Treitschke zu reden, eine der erhabensten Empfindungen im Leben eines Mannes zu entbehren, nämlich den begeisterten Aufblick zum eigenen Staat. […] Wir haben von Dr. Martin Luther gelernt, dass die Kirche der rechtmäßig staatlichen Gewalt nicht in den Arm fallen darf, wenn sie tut, wozu sie berufen ist. Auch dann nicht, wenn sie hart und rücksichtslos schaltet." Am 1. April erklärte er: „Schließlich hat sich die Regierung genötigt gesehen, den Boykott jüdischer Geschäfte zu organisieren – in der richtigen Erkenntnis, dass durch die internationalen Verbindungen des Judentums die Auslandshetze dann am ehesten aufhören wird, wenn sie dem deutschen Judentum wirtschaftlich gefährlich wird. Das Ergebnis dieser ganzen Vorgänge wird ohne Zweifel eine Zurückdämmung des jüdischen Einflusses im öffentlichen Leben Deutschlands sein. Dagegen wird niemand im Ernst etwas einwenden können."[303] In einem vertraulichen Osterbrief

---

303 Zit. n. Wolfgang Gerlach: Als die Zeugen schwiegen. Bekennende Kirche und die Juden (Studien zu Kirche und Israel, Bd. 10), 2. Aufl., Berlin 1993, 41f.

an seine Amtsbrüder in der Kirchenprovinz schrieb er: „Für die letzten Motive, aus denen die völkische Bewegung hervorgegangen ist, werden wir alle nicht nur Verständnis, sondern volle Sympathie haben. […] Man kann nicht verkennen, dass bei allen zersetzenden Erscheinungen der modernen Zivilisation das Judentum eine führende Rolle spielt."[304] Erst als die Reichsregierung im Mai 1933 Staatskommissare für die evangelischen Landeskirchen einsetzte, protestierte Dibelius, wurde kurzzeitig abgesetzt, später beurlaubt und wandte sich schließlich der Bekennenden Kirche zu. Er wurde Mitautor des „Stuttgarter Schuldbekenntnisses" der EKD im Oktober 1945, Bischof der Evangelischen Kirche Berlin-Brandenburg und Ratsvorsitzender der EKD (1949–61). Vielleicht inspirierte ihn auch das Erschrecken über seine eigenen, von vielen Glaubensbrüdern geteilten politischen Irrtümer, als er 1961 erklärte: „Überlassen wir die Politik den Katholiken!"[305]

Mehr als von solcher Anerkennung könnte das katholische Kollektivgedächtnis jedoch geprägt worden sein durch Inferioritäts- und Illoyalitätsunterstellungen gegen die angeblich von Rom aus ferngesteuerten Staatsbürger zweiter Klasse. Nur dass etwaige Selbstzweifel heute nicht durch weltliche Obrigkeiten verursacht werden, sondern durch den Anpassungsdruck einer mehrheitlich – nominell zu über 70 Prozent, faktisch wohl zu 85 Prozent[306] – nichtkatholischen Gesellschaft und katholizismuskritischen öffentlichen Meinung. Bezeichnenderweise nehmen es 67 Prozent der Katholiken heute als „out, unmodern, nicht

---

304 Zit. n. Saul Friedländer: Das Dritte Reich und die Juden. Bd. 1. Die Jahre der Verfolgung 1933–1939, 2. Aufl., München 1990, 55 f.

305 Zit. n. Spotts, Kirchen und Politik, 103.

306 Wenn man jene Hälfte der Katholiken zur nichtkatholischen Mehrheit zählt, die sich selbst ausdrücklich nicht – nicht einmal „kritisch" – der katholischen Kirche verbunden fühlen.

zeitgemäß" wahr, „religiös, gläubig (zu) sein", aber nur 46 Prozent der Protestanten; sogar dass Kirche „in', modern, zeitgemäß" sei, meinen evangelische Christen etwas mehr als katholische Christen (19 : 16 %)[307].

Während die deutschen Katholiken als eine ihres festen Milieus weitgehend verlustig gegangene Minorität allmählich zur „protestantischsten" Provinz der Weltkirche[308] wurden, haben sie, das sei zur Güte gesagt, auch von den Stärken der reformatorischen Konfession etwas mitbekommen: von der Wertschätzung der Bibel, von der Kirchenmusik – „in der Musik prägt die evangelische Tradition unsere Kultur"[309] –, von der Betonung der Gewissenskompetenz, vielleicht sogar vom legendären protestantischen Arbeitsethos oder dem bildungsbürgerlichen Ideal des Kulturprotestantismus. Die bedeutenden Beiträge der deutschen katholischen Theologie zur Entwicklung der Weltkirche könnten von der Tuchfühlung mit dem Protestantismus durchaus inspiriert worden sein.

Jedenfalls sollte man angesichts des ideologischen und praktischen Atheismus sowie des islamistischen Fundamentalismus und Terrors die Gemeinsamkeit der Konfessionen zu schätzen wissen und höher gewichten als innerchristliche Konkurrenzen[310]. Ein „geschwisterlicher Wettbewerb" im Sinne des biblischen Bildes vom „Lauf" um des Evangeliums willen (1 Kor 9, 23-24) muss aber nicht unterbleiben, soweit man sich demütig zweier biblischer Einschränkungen bewusst bleibt: „Meine Brüder und Schwestern, ich schätze mich selbst nicht so ein, dass

---

307 Allensbacher Archiv, Freiheitsindex 2016, Tabelle 7d.

308 Vgl. Johannes Gross: Protestanten und Katholiken, a.a.O., 99.

309 Kock, Wir sind den Suchenden näher, a.a.O. (C&W Nr. 50/2016).

310 Beispielhaft etwa: Klaus Mertes/Antje Vollmer: Ökumene in Zeiten des Terrors. Streitschrift für die Einheit der Christen, Freiburg/Basel/Wien 2016.

ich's ergriffen habe" (Phil 3,13), und: „Hinfort liegt für mich bereit die Krone der Gerechtigkeit, die mir der Herr, der gerechte
Richter, an jenem Tag geben wird, nicht aber mir allein, sondern
auch allen, die seine Erscheinung lieb haben" (2 Tim 4,8). Nur
unter diesen geistlichen Voraussetzungen darf hier als Conclu-
sio an ein Sprichwort erinnert werden, das in evangelischen Gegenden Deutschlands den Katholizismus abwertete [311], aber im
Licht unserer Betrachtungen einen positiven, einladenden Sinn
gewinnt: „Das ist ja zum Katholischwerden!"

---

311 So erinnerte sich Kardinal Meisner: „Als wir nach Körner in Thüringen kamen,
waren wir dort die ersten Katholiken seit der Reformation. Da sagte man als Re-
densart für: „Das ist ja zum Verrücktwerden!": „Das ist ja zum Katholischwerden!";
Joachim Kardinal Meisner: „Ein schlafender Diener wollte ich nie sein." Gespräch
mit Andreas Püttmann, in: MUT Nr. 523 (46. Jg., Mai 2011), 44-55, 44.

III. Kirche und Demokratie vor neuen Herausforderungen

Angesichts des unaufhörlichen Mitgliederschwundes der Kirchen wird bisweilen sogar von einem „Ende des Christentums" in Europa gesprochen. Das mag voreilig klingen angesichts unwägbarer Zeitläufe, die der christlichen Religion durchaus auch wieder Plausibilitätsgewinne verschaffen könnten, und übertrieben im Blick auf ihre immer noch herausragenden Ressourcen sozialer Wirksamkeit, von ihrer globalen Bedeutung ganz zu schweigen. Doch tut man gut daran, sich für das eher pessimistische Regionalszenario geistlich und organisatorisch zu wappnen. Zu Letzterem werden schon die sich verengenden finanziellen und personellen Spielräume zwingen. Das schafft vielerorts Frustration und löst Streit aus: Welche Einrichtung darf oder muss bleiben, was kann aufgegeben werden? Welche Gemeindegröße und -struktur ist noch praktikabel? Bischöfe, Generalvikare und ihre Mitarbeiter kämpfen seit Jahren an dieser Front. Sie bindet Kräfte, die an anderer Stelle vielleicht noch nötiger wären. Denn mit der Schrumpfung gehen sozialpsychologische Entwicklungen einher, die sich noch als brisant erweisen könnten. Wie wird eine Gemeinschaft, der die junge Generation erdrutschartig entgleitet und die älteren Jahrgänge „wegsterben", die an Macht und Prestige verliert und angefeindet wird, sobald sie sich eine Blöße gibt, mit ihrem Erbe und Auftrag umgehen? Diese Frage ist angesichts dessen, was aus der Sozialkapital-Forschung über die Rolle der Kirchen als „Motoren"[312] sozialen Vertrauens und Engagements bekannt ist, nicht nur eine innerkirchliche, sondern

---

312 Bertelsmann-Religionsmonitor, 50.

auch gesamtgesellschaftliche. Auf unser Buchthema bezogen: eine Frage von staatspolitischem, nationalem Rang.

Das „Schifflein Petri" zwischen Skylla und Charybdis

Kommen wir also zurück auf die eingangs erwähnten zwei Versuchungen einer zur Minderheit werdenden Kirche, die Hans Conrad Zander als „trotzige Einbunkerung" und „Flucht in die Liberalisierung" identifiziert. Sie gleichen Skylla und Charybdis in der griechischen Mythologie, wobei das Beschwören der einen Fehlhaltung leicht der Propaganda der anderen dienen kann. Um an ein schönes Bild aus der Rücktrittsrede Benedikts XVI. anzuknüpfen: Zwischen beiden wird „das Schifflein Petri" in einer „Welt, die sich so schnell verändert", „durch Fragen, die für das Leben des Glaubens von großer Bedeutung sind, hin- und hergeworfen"; um es sicher hindurch zu steuern, sei, so der greise Papst, „sowohl die Kraft des Körpers als auch die Kraft des Geistes notwendig"[313].

Man schätze weder das eine noch das andere im Leben der Kirche gering, weder den „Körper": eine starke Institution mit weit verzweigten „Strukturen des Guten" in der Gesellschaft – gegen welche die Eiferer der religiösen Rechten gern die Abrissbirne schwingen würden – noch die Geisteskraft: stete geistliche Besinnung sowie intellektuelle Vertiefung und Verfeinerung dessen, was Christen nichtgläubigen Mitmenschen als Weg, Wahrheit und Leben „vorschlagen" – ein in seiner demütigen Unaufdringlichkeit und Rationalität angemessenes Wort, unter das die französischen Bischöfe 1996 einen Brief an die Katholiken stellten: „Proposer la foi dans la société actuelle"

---

313 Rücktrittserklärung Benedikts XVI. am 28.2.2013.

(„Den Glauben in der heutigen Gesellschaft vorschlagen"). Es trägt sowohl der globalen religiösen Pluralität als auch der weltanschaulich diversifizierten heimischen Gesellschaft Rechnung, in welcher der christliche Glaube meistens – wenn überhaupt – nur noch „als Option"[314] wahrgenommen wird. Angemessen erscheint dann auch die in Frankreich geläufigere Rede von der „Intelligence de la foi", mit der allerdings manche öffentlichen Katholikenauftritte, insbesondere im Internet, schlechterdings nicht mehr in Verbindung zu bringen sind. Auch manche „spirituelle" Initiative setzt mehr auf Lichtorgelgestützte Gefühligkeit und Suggestion im Stil: „Wer ist jetzt gerade geheilt worden? Der komme nach vorn!" Man hüte sich jedoch, von einem „Erfolg" in Zahlen auf die Präsenz des Heiligen Geistes unter solchen Schwärmern rund um pseudomoderne Gurus und Marktschreier des Christlichen zu schließen. Nicht im lauten, stürmischen Brausen oder im hoch lodernden Feuer war der Herr bei Elia am Horeb, sondern in einem sanften, leisen Säuseln" (1. Könige 19,11-12). Das Senfkorn wächst im Unscheinbaren, Verborgenen.

Die Selbstsäkularisierung der Modernitätsbeflissenen droht eine Generation später zur Milieuauflösung zu führen. Ein um den jenseitigen Glaubenskern – die Auferstehung, das ewige Leben, das Jüngste Gericht, die Wiederkunft des Herrn – sich herumdrückendes Kulturchristentum hat keine existenzielle Tröstung mehr zu bieten. Seine Sozialphilosophie mag eine Klugheitsressource bleiben, doch Menschen für Glaube und Kirche zu gewinnen, vermag sie nur selten. Sie lässt nicht in den Gottesdienst strömen, allenfalls tröpfeln. Für die Sakramente der Buße und der Priesterweihe gilt sogar kaum mehr

---

314 Siehe Hans Joas: Glaube als Option. Zukunftsmöglichkeiten des Christentums, Freiburg, 2. Aufl. 2013.

das. Bei der christlichen Ehe und der Kindererziehung bremsen den Niedergang noch etwas die zeremoniellen Anreize und die vage Überzeugung, dass eine religiöse Erziehung gut für die moralische Orientierung sei. Doch die Bedeutung eines regelmäßigen Gottesdienstbesuches und auch gemeinschaftlichen Gebetes in der „Hauskirche" für eine stabile Glaubensbiografie wird vielfach verkannt.

Biologen nennen die optische Angleichung an die Umwelt bzw. andere Arten um eines Überlebensvorteils willen „Mimikry". Die Psychologie hat den Begriff übertragen auf die Nachahmung von Mimik, Gestik und Verhaltensmustern um sozialer Beziehungsvorteile willen. Vor solcher „Mimikry" im christlichen Denken und Leben warnt Paulus: „Gleicht euch nicht dieser Welt an!" (Röm 12,2). Eine klügere Reaktion auf den Massenabfall vom Christentum wäre: unerschrocken in Würde zu schrumpfen, weil uns biblisch ohnehin keine durchchristianisierte „Volkskirchen"-Gesellschaft verheißen ist, im Gegenteil: Im Blick auf das letzte Buch der Bibel, die Apokalypse des Johannes, lässt sich geradezu sagen: „Das Scheitern des Christentums ist nicht seine Widerlegung, sondern selbst christliche Lehre."[315] Es gilt das geistliche und moralische Proprium zu bewahren und nicht jeder Mode nachzulaufen, jedoch einladend, dialog- und lernbereit zu bleiben, auch weil schon früher manche zunächst als „antikirchlich" wahrgenommenen Impulse von außen letztlich zu einer Reinigung der Kirche, zur Justierung ihres Selbstverständnisses und Modifikation ihrer Lehren beitrugen.

---

315 So (in Anknüpfung an Nicolas Gomez Dávila) Robert Spaemann: „Aufhalten ist alles!", Interview in: Die Tagespost vom 29.12.2010, online: www.kath.net/news/29529

Wer die „iusta autonomia" der Kultursachbereiche mit dem Konzil anerkennt, der muss bereit sein, den Wissenschaften, insbesondere denen vom Menschen, nicht nur lehrend, sondern auch lernend zu begegnen. Nur so kann die Kirche dem hohen Anspruch christlicher Wissenschaftler gerecht werden, aus dem Konflikt zwischen kirchlichem Dogmatismus und Aufklärung sei ein Konflikt „zwischen einem Bündnis aus Kirche und Aufklärung einerseits und einem neuen politischen Dogmatismus andererseits geworden"[316]; das Christentum sei „in die Rolle einer kulturellen Schutzmacht der Aufklärung eingerückt"[317]; die liberalen Freiheitsrechte kollidierten längst nicht mehr mit einem weltlichen Herrschaftsanspruch kirchlich vermittelter christlicher Wahrheiten, sondern „mit dem ‚Recht' der sozialistischen Wahrheit, der nationalistischen Wahrheit, der ökologistischen Wahrheit, der pazifistischen und sonstigen Wahrheiten, die dem Absolutheitsbedarf transzendenzentfremdeter Gesellschaften zeitweilig Genüge tun"[318]. Konfrontiert mit einer ideologischen Staats- und Gesellschaftskritik, oft kombiniert mit einer „selbstgestrickten Theologie", säßen „Kirche und Demokratie in einem Boot"[319]. Nachdem die ideologische Mode in erheblichen Bevölkerungsteilen gewechselt hat und rechte Demagogen selbstbewusst tönen: „Der Wind hat gedreht!", wird das Staatsschiff mancher westlichen Demokratie heute nicht weniger „hin- und hergeworfen" als das „Schifflein Petri".

---

316 Martin Kriele: Befreiung und politische Aufklärung. Plädoyer für die Würde des Menschen, Freiburg, 2. Aufl. 1980, 250f.

317 Hermann Lübbe: Religion nach der Aufklärung, Graz/Wien/Köln 1986, 73.

318 Josef Isensee: Keine Freiheit für den Irrtum. Die Kritik der katholischen Kirche des 19. Jahrhunderts an den Menschenrechten als staatsphilosophisches Paradigma, in: Zeitschrift der Savigny-Stiftung für Rechtsgeschichte, 104. Bd., 1987, 296-336, 297.

319 Lothar Roos: Demokratie in der Kirche?, in: Günter Baadte/Anton Rauscher (Hg.): Christen und Demokratie (Kirche heute, Bd. 4), Graz/Wien/Köln 1991, 125-148, 148.

„Gesundschrumpfung" oder Krankschrumpfung?
Das Wagenburg-Syndrom

Je weiter der Schrumpfungsprozess der Kirche voranschreitet, desto mehr tritt nach der Versuchung der Angleichung an die Welt jetzt auch die der trotzigen Einbunkerung zutage. Denn durch die Passivität und Abkehr von „Lauen" kann relativ wieder das Gewicht der Vertreter einer „heißen" christlichen Religion steigen, auch ohne dass diese in absoluten Zahlen zunehmen. Sie brauchen nur weniger rasch zu schwinden. Wichtiger als die Mehrheitsverhältnisse sind ohnehin ihre überdurchschnittliche Motivation zum Engagement mit Zeit, Geld, „Herzblut", Medienaktivitäten, Vernetzung, Exponierbereitschaft. Auf den ersten Blick kann man deshalb sogar zu der Annahme gelangen, es gebe so etwas wie eine „Gesundschrumpfung" der Kirche auf einen konservativen Kern.

Dabei ist leicht zu übersehen, dass auch die „heiße Religiosität" erhebliche Risiken birgt. Mit dem erlebten „Abdriften" der Mehrheitsgesellschaft in ein unchristliches und teilweise antichristliches Fahrwasser wächst im „Schifflein Petri" nämlich allzu leicht die Empfänglichkeit für ein manichäistisches Weltbild, in dem eine nur gute christliche Elite einer nur bösen, verderbten Welt gegenübersteht. Jahrelang erlittene Fremdabwertung durch säkularistische und kirchlich-liberale Kräfte und eine kompensatorische Selbstaufwertung begünstigen die Entwicklung zur „narzisstischen Kirche".

Nicht nur im Außenverhältnis zur „Welt", sondern auch im kirchlichen Binnenraum wächst die Reizbarkeit. Debatten werden aggressiver und unversöhnlicher geführt. Differenzierende, auch gegenüber dem eigenen Kirchenlager kritische Vertreter werden noch mehr verachtet als alte Gegner, die man als

„hoffnungslose Fälle" abgeschrieben hat. In der wohlmeinenden Variante heißt es dann: „Du setzt dich zwischen alle Stühle", in der giftigen: „Der trägt auf beiden Schultern Wasser", oder gleich: „Du bist ja ein Renegat". Für das „Heerlager" – eine durchaus gebräuchliche Selbstbezeichnung – gibt es nur noch Angreifer und Verteidiger. Tertium non datur.

Im Prozess der emotionalen und ideologischen Verhärtung droht eine regelrechte Kettenreaktion, die ein Milieu auch in relativ kurzer Zeit „kippen" lassen kann. Am Anfang steht der Verlust der Kritikfähigkeit. Selbstzweifel, soweit es sie überhaupt gibt, werden unterdrückt. In strittigen Fragen schließt man ein zunächst die eigene Vernunft befragendes „Etsi Deus non daretur" – „als wenn es Gott nicht gäbe" – aus zugunsten einer reflexhaften Ableitung von Positionen aus Glaubenssätzen und Katechismusparagrafen. Selbst das Ergebnis einer päpstlich verordneten Synode hat schon vorher festzustehen, weil man „die Wahrheit" ja bereits kennt. Sie muss nur militant genug verteidigt werden. Ein vielsagender Leserkommentar am Ende des ersten Teils der Bischofssynode zur Familie im Oktober 2014 lautete: „Wir romtreuen und traditionsverbundenen Katholiken müssen die Fäuste oben behalten und mit unserem Medien-Flaggschiff Kath.net noch kampagnenfähiger werden. Ein ganz wertvoller Vorteil ist auf unserer Seite: Wir kämpfen wirklich für die Wahrheit und die wird am Ende immer siegen."[320] Bebildert dann aber eine Zeitung einen Artikel über Radikalisierungen im kirchlichen Milieu mit einer Faust[321], ist die Empörung

---

320 Leser „Benedetto05" am 18.10.14 auf dem Internetportal Kath.net.

321 Liane Bednarz: Die Radikalen. Konservative Katholiken und Evangelikale haben endlich eine politische Kraft gefunden, die zu ihnen passt: die AfD, in: Frankfurter Allgemeine Sonntagszeitung vom 31.1.2016; www.faz.net/aktuell/politik/inland/putin-orban-und-afd-rechte-christen-finden-politische-heimat-14043650.html

über „neue Verleumdungen"[322] groß. Notfalls wird auch der Heilige Vater durch die Drohung mit Widerstand gegen einen häretischen Papst unter Druck gesetzt – von solchen, die Papst Benedikts Postulat der Verschränkung von „Glaube und Vernunft" apologetisch propagieren, aber die hohe Latte, die sie damit auflegen, nicht nur akzidentiell reißen, sondern seriell im Gleichschritt unterlaufen.

In den erzkonservativen Milieumedien werden Autoren streng selektiert und notfalls zensiert. Ein „Pro und Kontra" ist nicht vorgesehen. Es gehe ja nicht an, „dass sich zwei Autoren einer katholischen Zeitung gegenseitig verkloppen", lautet die Rechtfertigungsformel eines Blattmachers für ein Replikverbot. In manchen Internetforen werden nicht nur einzelne kritische Leserkommentare gelöscht, sondern auch gleich ihre Absender für künftige Kommentierungen gesperrt. Man will unter sich bleiben in der Wagenburg. Der „Meinungskrieg" erfordert vor allem Geschlossenheit. So kommt es zu Podiumsdiskussionen, bei denen die Auswahl der Teilnehmer eine Einheitsmeinung garantiert. Konflikt hat man ja „draußen" genug. Dass alle geschlossenen Systeme zur Verdummung neigen, weil das Ringen um Erkenntnis der Freiheit der Rede zum Austausch der Argumente bedarf, kommt „Meinungskriegern" nicht in den Sinn. Es geht ihnen nicht um Erkenntnis, sondern um Heerschau, Munitionierung, Heldenkult, emotionale Erbauung, gegenseitiges Wundenlecken. Ein „Feldlazarett" (Papst Franziskus) ist diese Art Kirche auch, aber eines, in dem nur die eigenen Wunden beklagt und versorgt werden.

Je selbstgewisser man im Kampf für wahrgenommene höchste Güter ist, desto großzügiger in der Wahl der Mittel, die der gute

---

322 Mathias von Gersdorff: Neue Verleumdungen einer Möchtegern-Journalistin, in: Kath.net vom 2.2.2016.

Zweck heiligt. Das kann bis zu handfesten Schikanen – dann im Schutz der Anonymität – gehen. Regelmäßig werden tatsächliche oder vermeintliche Gegner nicht argumentativ widerlegt, sondern persönlich diskreditiert. Besonders beliebt dafür: Eine Vergangenheit als „entlaufener Mönch" oder „abtrünniger Priester", der sich bloß an seinem biografischen Bruch abarbeitet. Noch begieriger breitgetreten werden Gerüchte unterhalb der Gürtellinie. Die Vorstellung, dass die Sexualität Macht habe, das (kirchen-)politische Bewusstsein zu verändern, verbindet ultrakonservative Christen ausgerechnet mit jenen 68er-Revolutionären, gegen die sie immer gekämpft haben. Störend für ihr Erklärungsmuster ist es nur, wenn dann auch unter leuchtenden Vorbildern an „Lehramtstreue" dieselben persönlichen Schwächen ans Tageslicht kommen. Dann gilt zuerst: „Was nicht sein darf, das nicht sein kann": Alles erstunken und erlogen, aufgebauscht von der antikirchlichen Lügenpresse und der innerkirchlichen Anpasserpartei. Schnell ist der „Märtyrerbischof" geboren. Erst wenn ein Fall auch für Rom klar ist, wie beim Gründer der „Legionäre Christi", streckt man allmählich die Waffen. Im Fall des Wiener Kardinals Hans Hermann Groër lenkten einige Getreue nicht einmal danach ein. Inzwischen wurden bei Versammlungen des Heerlagers sogar Unterschriften für seine Seligsprechung gesammelt, ohne dass die Veranstalter dies unterbanden. Der entfesselte apologetische Furor ist schon lange im „postfaktischen" Zeitalter angekommen.

Zum Arsenal der Meinungskriegsführung gehört auch die demagogische Verdrehung gegnerischer Positionen. Beispiel: Ein Ministerium gibt eine Broschüre zu archaischer Gewalt gegen Frauen heraus, wozu neben Genitalverstümmelung, Zwangsheirat und Ehrenmord auch Steinigungen gehören, bei denen Frauen tiefer als Männer eingegraben werden und daher, anders als diese, praktisch nie dem Tod entrinnen können. Im

Vordergrund der Reaktion katholischer „Genderwahn"-Gegner steht nicht empathische Betroffenheit angesichts der doppelten Grausamkeit in der Verletzung der Menschenwürde. Sie versuchen gleich, einen billigen Punkt im Meinungskampf zu machen. „Kath.net" (13.2.2015) titelte: „Österreichische Frauen-Ministerin für gendergerechte Steinigung?", und brachte auch gleich die politischen Kräfte ins Spiel, die auf solche „Absurditäten" richtig reagierten: FPÖ-Generalsekretär Herbert Kickl habe „eine parlamentarische Anfrage betreffend die ‚SPÖ-Forcierung gendergerechter Steinigungen'" gestellt, um in Erfahrung zu bringen, ob Ministerin Heinisch-Hosek „hinter der unfassbaren Aussage ihrer Broschüre steht, wonach Frauen bei Steinigungen auch nur mehr bis zur Hüfte eingegraben werden sollen, um so eine diesbezügliche Gleichbehandlung mit von Steinigungen betroffenen Männern herzustellen"[323]. Entsprechend geifernd und höhnend fielen die meisten Leserkommentare aus. Hauptsache, die Effekte stimmen, man kann sich lustig machen und überlegen fühlen. Wehe aber, wenn andere im Referieren oder Bewerten dessen, was man selbst geäußert hat, nur um eine Nuance vom Gemeinten abweichen. Dann ist rasch von „Hetze" und „Kampagne" die Rede und weitere Selbstviktimisierung angesagt.

So fabulierte ein Kommentar[324] im Mai 2015 nach einigen kritischen Artikeln über das rechtskatholische Kirchenmilieu: *„Begleitet von einer wohlmeinenden Medienschar erleben wir seit einigen Monaten die Kampagne von an sich innerkirchlich bedeutungslosen Organisationen und Einzelpersonen, jeden Gläubigen, der noch das Vaterunser auswendig aufsagen kann und überzeugt ist, dass Jesus nicht so eine Art erster Sozialist*

---

323 In Kath.net vom 13.2.2015; http://kath.net/news/49458

324 Klaus Kelle: Eine kleine Triologie im Zeichen des Kreuzes", in: Kath.net vom 13.5.2015.

der Menschheitsgeschichte war, als ‚Rechtskatholiken' zu brand-marken" – zwei frei erfundene Kriterien für die Einordnung als „rechtskatholisch", quasi „alternative Fakten". Als Motiv wur-de unterstellt: *„Wer Christus' Lehre ernst nimmt, wer die Familie aus Mann, Frau und Kindern als natürliche Gemeinschaft ansieht, soll an den Rand gedrängt werden."* Solche Art Immunisierung gegen Kritik ist typisch für die Szene: Statt Fakten zu prüfen und Argumente zu wägen, werden Motive behauptet, Aus-sagen verfälscht und Verschwörungstheorien verbreitet. Tat-sächlich vorkommende Stigmatisierungen frommer Christen, etwa durch linke Antifa-Eiferer oder Radikalfeministinnen, werden benutzt, um auch seriöse, belegte Kritik zu diskredi-tieren. Übrigens sind die Parallelen zur notorisch übertreiben-den rechtspopulistischen Demagogie unübersehbar. Konrad Adam behauptete beim Essener Parteitag der AfD: „Als rechts gilt heute schon, wer einer geregelten Arbeit nachgeht, seine Kinder pünktlich in die Schule schickt und der Ansicht ist, dass sich der Unterschied von Mann und Frau mit bloßem Auge er-kennen lässt."[325]

Die Geschäftsführerin des an sich verdienstvollen Hilfswerkes „Kirche in Not", Karin Fenbert, trieb die Selbstviktimisierungs-spirale noch weiter. In einem Rundbrief vom 13. August 2015 scheute sie weder die Anknüpfung an das Schicksal der ver-folgten Kirchen des Orients noch an das der Widerstandskämp-fer gegen die NS-Diktatur: *„Nicht nur in den Ländern, aus denen viele Flüchtlinge kommen"* stehe *„die Kirche vor großen Heraus-forderungen. Auch bei uns in Deutschland wird es nicht leichter, zu den Positionen der katholischen Lehre in der Öffentlichkeit zu stehen. Bekennende Christen müssen mit Spott und Anfeindungen rechnen oder sie werden in die Schublade ‚rechter Rand' einsortiert*

---

325 Zit. n. Melanie Amann: Angst für Deutschland. Die Wahrheit über die AfD: wo sie herkommt, wer sie führt, wohin sie steuert, München 2017, 162.

im Sinne von ,rechts' oder ,rechtsradikal'. Letzteres erscheint mir ungefähr so richtig, wie wenn man die Mitglieder der ,Weißen Rose' den Nationalsozialisten zuordnen würde. Im beiliegenden Heft ,Wehret den Anfängen' analysiert der Präfekt des Päpstlichen Hauses, Erzbischof Georg Gänswein, die Lage der Christen in Euro-pa." Auf der „Demo für alle" am 22. November 2014 in Hanno-ver berichtete sie von einem Besuch *„im Irak, da werden Chris-ten tatsächlich verfolgt, und nicht nur dort. Aber was hier abgeht in Europa mit diesem Gender Mainstreaming, das wird nicht mehr lange auf sich warten lassen, bis wir hier auch Christenverfolgung haben."*[326]

Die „Einsortierung" nach rechts hat man sich allerdings selbst fleißig erarbeitet. Katholische Journalisten, Blogger, Professo-ren und „Familienschützer" schüren in sozialen Netzwerken und Internet-Kommentarspalten, bei Demonstrationen, in ihren Medien und in Gesprächen Ressentiment, Wut und Verachtung gegen unsere liberal-rechtsstaatliche Demokratie als „Merkel-Regime" und „Diktatur der Gleichschaltung" im „angeblich frei-en Westen", dessen Presse „ihre Rolle im totalitären Politbüro" erfülle. Tweets mokieren sich über „Anne Will, Laschet und klat-schende Untertanen im Betreuungsfernsehen. Demokratie war gestern"; „Noch positiver berichtet nur die Presse in Nordko-rea". Einer, der auch für namhafte konservativ-katholische Print-medien schreibt, erklärt seinen Facebook-Freunden:

„Dasjenige System, das die uneingeschränkte Geltung katho-lischer Werte sicherstellt, ist das beste. Wenn wir anders den-ken, machen wir uns einer Divinisation der Demokratie schul-dig. Wer ,Demokratie' als oberstes Gut voraussetzt und von dort aus das Verhalten von Katholiken be- und aburteilt, hat nichts vom Glauben verstanden und argumentiert fundamental an der

---

326 www.youtube.com/watch?v=wlwUpn5MBPU

Sache des Heiligen Geistes vorbei. In erster Linie bin ich Katholik, dann Christ, und dann erst Bewohner eines Landes, dessen vorläufige politische Form ‚Demokratie' heißt. Wo die Demokratie sich ihrer eigenen Totalisierung zuneigt, da beginnt der Jakobinismus. Der jakobinische Geist der Jetztzeit ist, übrigens, mindestens ebenso ‚populistisch' wie die ansonsten sogenannten Phänomene. Und jeder Katholik hat die Pflicht, diesem jakobinischen Geist des Materialismus und der falschen Idee von Gleichheit, die er impliziert, entgegenzutreten." Matthias Matussek polemisierte auf dem rechten Internetportal „Achse des Guten" (7.9.2016) unter der Überschrift: „Das neue Deutschland" gegen eine Bundeskanzlerin, die *„als verspätete Avantgarde der Arbeiterklasse, versucht, im Alleingang ihre Politik an der Spitze einer Tugendrevolution durchzusetzen, mit einer breit mobilisierten ‚Willkommenskultur', mit allen Verheerungen, die seit der französischen Revolution mit ihren Tugendrasereien sattsam bekannt sind"*, und legte dann zeitgeschichtlich nach: *„Wieder einmal ist ein Großversuch gescheitert. Ein weiteres Projekt der Volkserzieher, die in der Antifa-Liturgie der DDR groß wurden. Erinnert doch stark an die Marx-Karikatur, die kurz nach dem Mauerfall auftauchte: der Revolutionär im Bratenrock, die Hand lässig in der Hosentasche und der Spruch: „Sorry Leute, war nur so eine Idee von mir"*[327]. Angela Merkel an der Seite von Robespierre, Marx, Ulbricht und Honecker: Kein Vergleich ist der rechtskatholischen Kirchenszene zu absurd, um nicht beklatscht zu werden. Sie ist vom um sich greifenden Verlust der Mäßigung voll erfasst worden – mit Folgeschäden auch für die Kardinaltugenden Klugheit und Gerechtigkeit.

So wie in den Achtzigerjahren wahrheitsgewisse linke und ökopazifistische Eiferer zum „Widerstand" gegen Nato-Doppel-

---

327 www.achgut.com/artikel/das_neue_deutschland

beschluss und Bauprojekte bliesen, schwingen sich nun außer Rand und Band geratene Rechtskonservative zu fachfremden Interpreten der Verfassung und ihres Widerstandsrechtes auf: Die Entscheidung eines westfälischen Regionalblattes, nach Protesten eine Psychologin nicht weiter als Leserberaterin einzusetzen, nachdem sie einem Vater geraten hatte, seine Töchter nicht zur „Hochzeit" seines homosexuellen Bruders mitzunehmen, rief den katholischen Blogger und Journalisten Peter Winnemöller auf den Plan. Unter der Überschrift „Langsam wird mir bange" gab er auf Kath.net (22.5.15) zunächst seiner allertiefsten Empörung Ausdruck: „Diese Feigheit gegenüber öffentlichem Widerstand in einer Sache, die durchaus diskussionswürdig ist, ist dermaßen eklig, dass ich mich weigern würde, der Redaktionsleitung überhaupt noch die Hand zu geben", um dann „zur erinnernden Vergewisserung" zu dozieren:

„Der Artikel 5 Abs. 1 unseres Grundgesetzes lautet: ‚Jeder hat das Recht, seine Meinung in Wort, Schrift und Bild frei zu äußern und zu verbreiten und sich aus allgemein zugänglichen Quellen ungehindert zu unterrichten. Die Pressefreiheit und die Freiheit der Berichterstattung durch Rundfunk und Film werden gewährleistet. Eine Zensur findet nicht statt.' Im Shitstorm und dem Einknicken vor demselben wurde dieses Grundrecht schwer verletzt. Geschieht die Verletzung von Grundrechten systematisch und/oder gar mit Billigung staatlicher Organe, so räumt das Grundgesetz in seinem Artikel 20 Abs. 4 ein besonders wichtiges Recht ein: ‚Gegen jeden, der es unternimmt, diese Ordnung zu beseitigen, haben alle Deutschen das Recht zum Widerstand, wenn andere Abhilfe nicht möglich ist.' *Dieses Recht wird zur moralischen Pflicht für alle, die den freiheitlichen demokratischen Rechtsstaat nicht auf dem Altar einer Selbstanpassung und politischen Korrektheit geopfert sehen wollen."* Dass ein Widerstand nach Artikel 20 rechtslogisch und ausweislich der Kommentarliteratur „an gesetzliche Schranken nicht gebunden" ist und „auch durch Gewaltanwendung

geleistet werden" kann[328], ficht einen Kämpfer gegen die Gender-Apokalypse nicht an.

Unheilige Allianzen katholischer Rechtsausleger

Zum Schwinden von Skrupeln (oder von Intelligenz) in der Wagenburg gehört auch die Suche nach neuen Verbündeten, die neuerdings in rechtspopulistischen, nationalistischen Kreisen und ihren boomenden Medien gefunden werden. Meist äußert sich die Affinität nicht explizit, sondern indirekt, vor allem durch scharfe Kritik an Pegida- oder AfD-Kritikern. So stellte Cicero-Kulturredakteur Alexander Kissler nach den ersten Wochen von „Pegida" ausgerechnet Wolfgang Bosbachs „demokratische Reife" infrage, statt die von Parteienverächtern, die sich unter Führung eines wegen Körperverletzung, Diebstahl, Einbruch, Drogenhandel und Volksverhetzung Vorbestraften in Anknüpfung an die Montagsdemonstrationen der späten DDR mit „dem Volk" verwechselten:

„Wie eigentlich ist es um die demokratische Reife der Politiker Bosbach, Ulbig (beide CDU), Jäger und Lischka (beide SPD) bestellt? Wissen die Herren, dass eine Demokratie exakt in jenem Maße lebendig ist, in dem politische Meinungsverschiedenheiten offen und öffentlich und friedlich ausgetragen werden? Oder hat die regierende Klasse sich von diesem Grundprinzip zugunsten einer Kommandowirtschaft verabschiedet? Soll unter demokratischer Fassade das Gebot von Herrschen und Gehorchen zurückkehren? Anders sind die bevormundenden Äußerungen im Angesicht der Pegida, der ‚Patriotischen Europäer gegen eine Islamisierung des Abendlandes', kaum zu erklären";

---

328 Karl-Heinz Seifert/Dieter Hömig (Hrsg.): Grundgesetz für die Bundesrepublik Deutschland (Das deutsche Bundesrecht Taschenkommentar), Baden-Baden 1982, 177f.

auch Bosbach könne nicht „in die Köpfe der Zehntausend sehen", doch das halte „den langjährigen Innen-Experten der CDU nicht davon ab, dreierlei in einem Satz zu tun: Die Teilnehmer als vorbewusste Dummköpfe zu brandmarken, als Wessi auf die tumben Ossis herabzublicken und drittens der Demokratie nicht zu trauen"[329].

Die Meldung: „Marx und Schick: Christen dürfen bei Pegida nicht mitmachen", löste auf Facebook abwiegelnde bis wütende Reaktionen rechtskatholischer Autoren und Aktivisten aus: „Wenn die Bischöfe alles aufzählen wollten, bei dem Christen nicht mitmachen dürfen, kämen sie in echte Bedrängnis"; „Umso schlimmer, wenn sie es dann an der falschen Stelle zur Anbiederung tun!"; „Die ganze verlogene Anti-Pegida-Einheitsfront von Politik und Kirche" sei „blanker Zynismus", das „rituelle Treten" gegen die Dresdner Demonstranten offenbare eine „Gesinnung von HJ-Pöbeln". Die Verdunkelungen des Kölner und des Erfurter Doms als starke, international beachtete Zeichen gegen die rechtspopulistische, xenophobe Stimmungsmache lösten eine Protestwelle bis in „gutbürgerliche" kirchennahe Kreise sowie Beschimpfungen gegen die verantwortlichen Bischöfe aus.

Das bis in liberal-katholische Reihen hinein verfangende rechtskatholische Narrativ von den „Bischöfen, die sich als parteipolitische Gouvernanten aufspielen"[330] und damit ihre lehramtliche Kompetenz überschreiten, stellt übrigens ein historisches Déjà-vu dar. So beschwerte sich im Juni 1924 der Katholikenaus-

---

329 Alexander Kissler: Wählerbeschimpfung ist keine Lösung, in: Cicero online vom 10.12.2014; www.cicero.de/salon/kritik-pegida-waehlerbeschimpfung-ist-keine-loesung/58606

330 Wolfgang Ockenfels: Kirchliche Dialogverweigerung. Parteipolitische Kampfspiele gehören eigentlich nicht zum geistlichen Auftrag von Bischöfen, in: Kath.net vom 6.6.2016; http://kath.net/news/55421.

schuss der Deutschnationalen Volkspartei im Landesverband Oberschlesien bei Kardinal Bertram darüber, dass dieser eine erbetene Audienz rundweg abgelehnt hatte und mit Positionierungen vor den Maiwahlen für das Zentrum fördernd, für die DNVP jedoch schädigend gewirkt habe. Und dies obwohl von „Seiten der kirchlichen Oberen doch oft betont worden" sei, dass die Kirche „sich nicht in die Parteipolitik mischen" und „nicht zu parteipolitischen Zwecken missbraucht werden" dürfe; es stehe demnach jedem Katholiken frei, „innerhalb der von der katholischen Moral gezogenen Grenzen sich politisch frei zu betätigen"[331]. Der Ausgang der Geschichte und die Rolle der DNVP dabei sind bekannt. Das Elend des damaligen Rechtskatholizismus verdichtet sich am prominentesten in der Figur des Barons Franz von Papen.

Die politisch-ethische Irrlichterei der damaligen Rechtskatholiken dürfte nicht unwesentlich mit jener reduzierten Vorstellung von „katholischer Moral" zu tun haben, die auch heute wieder auf Abwege geraten lässt. Dass dabei sogar (ältere) katholische Sozialethiker mitmischen, die eigentlich einen komplexeren Moralbegriff und Sinn für historisch-politische Zusammenhänge haben müssten, ist für die in der Bonner Republik lange dominierende Richtung dieser Fachdisziplin ein Offenbarungseid. Im Sturm der Zeit lauert man dem bösen Feind immer noch an der linken Reling auf, wie es sich seit Jahrzehnten bewährt hat. Dass der Wind längst drehte, realisiert man nicht – oder nimmt ihn als Rückenwind wahr. Die demokratisch-rechtsstaatliche Grundierung erweist sich nun als nicht wetterfest. Die Berieselung durch autoritär-katholisches

---

331 Zit. n. Guido Hitze: Carl Ulitzka (1873–1953) oder Oberschlesien zwischen den Weltkriegen (Forschungen und Quellen zur Zeitgeschichte, Bd. 40), Düsseldorf 2002, 754.

Denken mag vom Konzil abgestellt worden sein, aber die Kleider manches alten Kämpfers sind noch so klamm davon, dass er die Spritzer der neuen Anbrandungen von rechts gar nicht als Feuchtigkeit verspürt.

Schon lange haben sich bekannte konservativ-katholische Meinungsführer die rechtsnationale Wochenzeitung „Junge Freiheit" als publizistische Plattform auserkoren, in der etliche von ihnen schreiben und für die einige ausdrücklich warben. Als der „Rheinische Merkur" im Herbst 2010 von den Bischöfen aufgegeben wurde und das Nachfolgeprodukt „Christ und Welt" der „Zeit" beigelegt werden sollte, wünschten sie sich stattdessen eine Kooperation mit dem Rechtsblatt. Die Entscheidung der Bischofskonferenz für die große liberale Wochenzeitung kommentierte Gernot Facius, ehemals stellvertretender „Welt"-Chefredakteur, so: „Hier wächst nicht zusammen, was zusammengehört."[332] Als 2012 der Augsburger Bischof Zdarsa seinem Priester Oblinger die Mitarbeit in der „Jungen Freiheit" untersagte, empörten sich Facius und andere namhafte Katholiken öffentlich über diesen „Rückfall in dunkle Zeiten" und „kirchlichen Treppenwitz"[333]. Der Bischof sei „Opfer seiner Berater" geworden, mutmaßte Robert Spaemann über diesen „schwerwiegenden Fall von Verleumdung"[334]. Gabriele Kuby präsentierte die Entscheidung als „Maulkorb" für „Priester, die dem Lehramt treu sind"[335], als wenn die Mitarbeit

---

332 Gernot Facius: Der „Rheinische Merkur" wird „eingeschläfert", in: Kath.net vom 22.9.2010.

333 Ders.: Das Schreibverbot ist ein Rückfall in dunkle Zeiten, in: Kath.net vom 21.1.2012.

334 Konservative Theologen werden in der Kirche immer mehr gemobbt. Philosoph Robert Spaemann zum Schreibverbot für Augsburger Priester Oblinger, in: Kath.net vom 27.1.2012.

335 Gabriele Kuby: Maulkorb für Lehramtstreue, Laisser-faire für „Reformer", in: Kath.net vom 20.1.2012.

in rechtsnationalen Medien irgendetwas mit Lehramtstreue zu tun hätte.

Für manche katholische Publizisten ist selbst die noch rechts der „Jungen Freiheit" stehende, vom „Institut für Staatspolitik" herausgegebene „Sezession" (Zeitschrift und Blog) nicht tabu. Ihr Verleger Götz Kubitschek, Redner der radikalen „Legida"-Bewegung, sieht sich im „geistigen Bürgerkrieg" um die Existenz der Nation und nennt den Verfassungsschutz „in seiner derzeitigen Verfasstheit ein politisches Denunziations- und Steuerungsinstrument"[336]. Ihm, dessen AfD-Aufnahmeantrag die Bundespartei im Februar 2015 ablehnte und der zu Björn Höckes politischem Freundeskreis zählt, kann es nur nützen, wenn eine prominente Katholikin mit großer Fangemeinde als Interviewpartnerin in seiner Zeitschrift auftritt und beklagt, in Politik und Medien dominierten „Frauen, die entweder selbst kinderlos sind, oder das Lebensmodell Kinder ja, aber Karriere geht weiter mithilfe von Fremdbetreuung, favorisieren. Also der Typus von der Leyen & Co. Nun ist mir persönlich ja egal, wie andere Leute ihr Familienleben gestalten. Das Problem beginnt aber, wenn sie neben ihrem eigenen Weg keine anderen Wege zulassen."[337]

Die christlich-konservative Abgrenzungsschwäche zur politischen Rechten hin kann einen erinnern an die in Frankreich berühmt gewordene Devise René Renoults: „Pas d'ennemis à gauche!" („Keine Feinde auf der Linken!"), also: Gegen die Kräfte der Reaktion gelte es, alle linken Parteien und Organisationen

---

336 Götz Kubitschek: Wir werden handeln, in: Sezession vom 16.8.2016; http://sezession.de/52684/wir-werden-handeln.html/2

337 Birgit Kelle: „Endlich sagt's mal eine!", Interview in: Sezession 57 (Dezember 2013), 6f; http://www.sezession.de/41909/endlich-sagts-mal-eine-birgit-kelle-im-gespraech.html/2

– gemäßigte wie radikale – zusammenzufassen. Gesellschaftlich hoffnungslos in die Defensive geraten, wächst heute im
christlichen Konservativismus die Versuchung eines: „Pas
d'ennemis à droite!": Um den Durchmarsch des linken und li-
beralistischen Säkularismus zu verhindern, dürfe man nicht zu
wählerisch in der Auswahl von Verbündeten auf der Rechten
sein. Dass man hierdurch vom Regen in die Traufe gerät, weil
man den eigenen Glaubwürdigkeitsverlust (und den der Kirche)
forciert und wichtige Impulse des Evangeliums konterkariert,
sehen die Strategen der unheiligen Allianzen nicht.

Die Anziehungskraft der AfD ist unter kirchennahen Christen
signifikant unterdurchschnittlich, doch kann die relative Resistenz des Kirchenvolkes angesichts des ethischen Anspruchs des
Christentums nicht wirklich zufriedenstellen. Die den Rechtspopulismus inspirierende intellektuelle „Neue Rechte" tanzt um
das Goldene Kalb des „Eigenen": die eigene Nation, die eigene „Kultur", den eigenen Wohlstand, die eigene Familienform.
Schon begrifflich sollte der Kult des „Eigenen" aber einen Christen zurückschrecken lassen, muss ein Jünger Jesu doch immer
auch vom anderen her denken. Empathie in Form von Einfüh-
lung, Mitleid und Hilfsbereitschaft ist gleichsam die DNA des
Christentums. Weitere Erkennungsmerkmale der Christen neben der Nächstenliebe sollten Demut und Gelassenheit sein:
„Geborgenheit im Letzten gibt Gelassenheit im Vorletzten" (Ro-
mano Guardini). Den Rechtspopulismus zeichnet auch hier das
Gegenteil aus: Daueralarmismus, maßlose Übertreibungen, das
Schüren von Angst und Wut, Selbstgerechtigkeit und die Hy-
bris der eigentlichen Elite. Im Grunde lässt sich der Rechtspopulismus geradezu als eine Politik gewordene Verneinung des
Christentums begreifen.

Der unter Kirchenfernen größere katholische Zuspruch zur AfD zeigt, dass sich das katholische Ordnungs- und Autoritätsdenken religiös sinnentleert als kognitive Struktur für Homogenitätsvorstellungen der politischen Rechten besser eignet als der individualistischer ausgerichtete Protestantismus. Doch auch aus dem Segment der nicht „kirchenfernen", sich besonders katholisch Dünkenden wachsen der AfD Legitimationshilfen zu. Manchen wird man wohl auch bald in ihren Berater-, Mitarbeiter- und Pressestäben finden. Jahrelang haben Bischöfe und Vertreter des ZdK die Umtriebe dieser „Rechtsausleger" im katholischen Milieu als irrelevante Randerscheinung abgetan und ignoriert. In der jetzigen nationalen und internationalen politischen Lage wäre dies fahrlässig. Die Brückenköpfe der Neuen Rechten in der Kirche verdunkeln nämlich nicht nur das christliche Zeugnis und bringen wichtige Anliegen wie den Lebensschutz in Misskredit, sondern sie führen auch den Rechtspopulisten Wähler zu, tragen zur Diskriminierung von Minderheiten bei, vergiften das Klima in der Kirche, schaden Einzelnen durch Mobbing und Rufmord bis hin zur Erschütterung ihres Glaubens und bestätigen Laizisten im Kampf gegen die kirchenfreundliche Religionspolitik. Ein ziemlich breites Schadensspektrum, das man keinesfalls unterschätzen sollte.

Manche Entgleisung gebietet sogar unmittelbaren Widerspruch aus Ehrfurcht vor Gott, etwa wenn die todernste, für viele Menschen mit bitterstem Leid verbundene „Theodizee-Frage" flapsig-zynisch für politische Agitation missbraucht wird: *„Wie kann ein gnädiger und zugleich gerechter Gott es zulassen, dass eine nahezu unbegrenzte Zuwanderungspolitik ganz gegen den Willen der jeweiligen Ureinwohner stattfindet? Den Geschichtswillen Gottes kennt natürlich keiner, außer Frau Merkel und ihresgleichen. Auf die C-Parteipolitik übertragen, lässt sich indes fragen: Wie verhält sich ihre Flüchtlingsgnadenpolitik zum*

Gerechtigkeitswillen eines Gottes, dem schöpfungs- wie auch trini-
tätstheologisch die Ordnung näher liegt als das Chaos?"[338] Ein
theologischer Leckerbissen für völkische Nationalisten wie AfD-
Rechtsaußen Hans-Thomas Tillschneider, der meinte:

„Gott hat die Menschen nach Völkern erschaffen. Die Völker sind
Gedanken Gottes; niemand hat das Recht, sie bis zur Unkenntlich-
keit zu entstellen. Mit der Globalisierung und der zügellosen Mas-
seneinwanderung erhebt sich der Mensch gegen die Schöpfung.
Anstatt Widerstand dagegen zu leisten, treibt das ‚Zentralkomitee
der Katholiken' diesen Prozess noch an. Das völlig dem Zeitgeist
verfallene ‚Zentralkomitee der Katholiken' hat mit der ecclesia
catholica, von der bei Augustinus die Rede ist, ungefähr so viel ge-
meinsam wie ein Bordell mit einem Nonnenkloster."[339]

Die angloamerikanische Politikwissenschaft unterscheidet drei
Dimensionen von Politik: politics, policy und polity. Sie stehen,
kurz gesagt, für den Prozess, die Inhalte und die Form des Politischen. Solange die „polity"-Frage, die System- und Regelakzep-
tanz, von der AfD nicht klar und durchgehend im Sinne unseres
demokratisch-rechtsstaatlichen Grundkonsenses beantwortet
ist, können ihre teilweise auch für Christen verlockenden „policy"-Angebote, etwa zum Leitbild der traditionellen Familie
oder zum Schutz vorgeburtlichen Lebens, ebenso wenig als
Wahlargumente für sie geltend gemacht werden wie beim Wa-
rentest ein gutes Gerätedesign und Preis-Leistungs-Verhältnis
ein „mangelhaft" in der Sicherheit ausgleichen könnte. Ohne
eine Besinnung auf die Menschenwürde als Dreh- und An-
gelpunkt unserer Verfassungsordnung wird man in jeder vordergründig richtigen policy immer den Pferdefuß finden: Vermeintliche „Lebensschützer" bringen Schüsse auf Flüchtlinge

---

338 Ockenfels, Kirchliche Dialogverweigerung, a.a.O.; http://kath.net/news/55421.

339 Am 25.5.2016 auf Facebook: https://www.facebook.com/hansthomas.tillschnei-
  der/posts/1002414513102425

an der Grenze ins Gespräch oder sehen in Abtreibungen vor allem ein Demografie-Problem; angebliche Law-and-order-Vertreter lassen ihr Klientel leichtfertig mit dem Widerstandsrecht hantieren, machen sich für privaten Waffenbesitz stark oder schweigen zu hundertfachen Straftaten gegen Flüchtlingsunterkünfte; selbsternannte Verteidiger des christlichen Abendlandes beschimpfen Bischöfe und Priester in seit 1945 ungekannter Schärfe.

Christen können unmöglich schweigen zu einem um sich greifenden Denken, das nicht die Person, sondern das Pathos der „Volksgemeinschaft" oder das Kalkül des Wohlstandsegoismus ins Zentrum der Politik stellt. In beachtlicher Klarheit stellen sich die Kirchen denn auch der rechten Re-Ideologisierung durch falsche Propheten „christlicher Kultur" – man nennt sie statt Christen besser „Christianisten"[340] – entgegen. Am vernehmlichsten taten dies die Erzbischöfe Ludwig Schick von Bamberg, Reinhard Kardinal Marx von München-Freising, auch als Vorsitzender der Bischofskonferenz (im März 2017), und Rainer Kardinal Woelki von Köln, der rheinische Präses Manfred Rekowski und der berlin-brandenburgische Bischof Markus Dröge. Man kann im „Wehren der Anfänge" durchaus auch ein Stück Wiedergutmachung für historische Sünden kirchlicher Kumpanei mit faschistoiden Systemen sowie für den beschämenden Befund sehen, dass „die Vielzahl kirchlicher und theologischer Worte und Äußerungen der Zeit 1933/34 [...] nirgends und an keiner Stelle [...] ein Wort des Bedauerns, der Trauer oder des

---

340 Rémi Brague: Europa – seine Kultur, seine Barbarei. Exzentrische Identität und römische Sekundarität, Wiesbaden, 2. Aufl. 2012, 149; Anwendung auf die aktuelle Migrations-Kontroverse: Lars Schäfers: Europa, Flüchtlinge und die Aneignung des Fremden. Eine christlich-sozialethische Analyse auf der Grundlage des Europabildes Rémi Bragues (Forum Religion & Sozialkultur 30), Berlin 2016, 54f.

Aufbegehrens über das Ende und die Zerstörung der ersten deutschen Republik"[341] enthält.

Ein verbreitetes historisches Missverständnis unter heutigen (auch Christlich-)Konservativen ist die Meinung, es reiche aus, sich von Rechtsextremisten fernzuhalten, alles andere sei für die Demokratie legitim und unschädlich. Weil man ja „kein Nazi" ist, fühlt man sich politisch-ethisch auf der sicheren Seite und empört sich entsprechend darüber, „in die rechte Ecke gestellt zu werden". Irrtum! Zu den Totengräbern der Weimarer Demokratie gehörten auch nicht nationalsozialistische Rechtskonservative, die im Namen einer „Konservativen Revolution" gegen „zersetzenden" Liberalismus, Parlamentarismus, „Systemparteien" und eine allgemeine gesellschaftliche „Dekadenz" zu Felde zogen. Dass einige von ihnen später selbst Opfer der Nazis wurden, ändert nichts an ihrer historischen Schuld. Übrigens kann gerade die katholische Kirche durch eine scharfe Abgrenzung vom Rechtspopulismus jetzt ihr Menschenbild und ihre Sozialethik für jene klarer herausarbeiten, die sie – von liberaler oder linker Warte aus – als eine per se gegnerische, reaktionäre Kraft missverstehen. Dass im Zentrum der kirchlichen Sozialverkündigung nach der Überzeugung so herausragender Vertreter des Katholizismus wie Johannes Paul II. und Konrad Adenauer die Freiheit steht, hat sich noch längst nicht genug herumgesprochen.

Dem Motto folgend: Der Feind meines Feindes ist mein Freund – und der Hauptfeind ist ja der westliche Liberalismus – gerät für manche Katholiken sogar Wladimir Putin in die Rolle eines

---

341 Trutz Rendtorff: Christen im Widerstand – einst und heute. Eine politische Ortsbestimmung des Protestantismus aus Anlass des Gedenkens an Barmen 1934, in: Regina Claussen/Siegfried Schwarz (Hg.), Vom Widerstand lernen. Von der Bekennenden Kirche bis zum 20. Juli 1944, Bonn 1986, 115-132, 122.

Hoffnungsträgers: als Kämpfer gegen die internationale Verschwörung der „Homo-Lobby" und für die traditionelle Familie[342]. Die „Tagespost" lobte ihn im Dezember 2013 dafür, dass er „bislang mit großer Standfestigkeit sein Land gegen die global schier unaufhaltsame Gender-Ideologie zu beschützen weiß und Demonstrationen Homosexueller, welche eine Manipulation der Menschenrechte in ihrem Sinne zu erreichen versuchen, unterbindet – auch auf dem Gebiet des Lebensschutzes nimmt Putin eine Haltung ein, die man sich von vielen westlichen Politikern wünschen würde"[343]. Ein deutscher Monsignore in der römischen Kurie dozierte 2013 vor Journalisten über eine „wachsende Übereinstimmung des Heiligen Stuhles mit Russland" unter dem „praktizierenden Christen" Putin. Den Vogel schoss aber die katholische Publizistin Gabriele Kuby, Kuratoriumsmitglied des „Forums deutscher Katholiken", ab: Bei einer von Putin-Vertrauten organisierten Kreml-Konferenz über „Große Familien und die Zukunft der Menschheit" mit Vertretern russischer Religionsgemeinschaften sowie westeuropäischen Rechtspopulisten vom „Front National" und der FPÖ ließ sie mitten im Ukraine-Krieg die „mittel- und osteuropäischen Nationen" wissen, sie hätten ja wohl „begonnen zu erkennen, dass die Mitgliedschaft in der Europäischen Union ihre Kosten hat: […] die erzwungene Zerstörung ihres eigenen Wertesystems". Kubys Rede wurde auf „lifesitenews.com" verbreitet[344], ihr Kongressbericht in der „Tagespost" (20.9.14) und auf „Kath.net" (24.9.14). Beide Leitmedien des konservativen Katholizismus berichteten aber nicht über einen Offenen Brief an

---

342 Dazu Andreas Püttmann: Die antiliberale Versuchung. Wo es um die Familie geht, scheuen manche Christen nicht die Nähe zu autoritären Mächten, in: Herder Korrespondenz 1/2015 (69. Jg.), 49-53.

343 www.die-tagespost.de/politik/Wladimir-und-die-Kinder;art315,147898

344 www.lifesitenews.com/news/from-russia-the-anti-family-poison-spread-and-now-from-russia-comes-the-ant

die Kongressteilnehmer, in dem sich 33 Vertreter der „Pro-Life und Pro-Family Organizations of Ukraine" zu Wort meldeten: Ein Land, das seine Nachbarn angreife, Krieg auf fremdem Territorium führe, Terroristen und reguläre militärische Truppen dort Tausende bereits geborene Menschen ermorden und schänden lasse, Familien ihrer Ernährer beraube, Ehefrauen zu Witwen und Kinder zu Waisen mache, könne nicht wirklich „Pro-Life and Pro-Family" sein.

So sehr man im konservativen Kirchenlager liberalere Mitchristen für ihren „zeitgeistigen" Opportunismus schilt, ist man doch selbst opportunitätsbewusst genug, um nicht die Sexualsünden der Mehrheit in den Mittelpunkt des Kampfes für Sitte und Anstand zu stellen, sondern die einer Minderheit, gegen die sich leichter Verbündete gewinnen lassen als für den Kampf gegen vorehelichen Sex, „wilde Ehe", Ehebruch, Pornografie oder Prostitution. Im Namen der Familie gegen Homosexuelle zu agitieren erscheint allemal leichter, als Jesus Christus den Gekreuzigten zu verkündigen. Das Suchwort „Familie" ergab im Februar 2017 bei „Kath.net" 1890 Treffer, weit vor „Jesus" mit 1456, der kaum häufiger vorkam als „Homo" mit 1440 Treffern (wozu „Ecce homo", „Homo orans", „Homo religiosus" etc. nur marginal beitragen). Eine Talkshow-Heldin des Milieus verstieg sich im „Focus" zu der abwegigen Prognose: „Wenn es so weitergeht, wird wohl in absehbarer Zeit in unseren Schulen das Wort ‚Hetero' als Bezichtigung verwendet. Denn wer nicht wenigstens bisexuell ist, gerät angesichts der Gender-Offensive demnächst mit seinem traditionellen heterosexuellen Geschlechtstrieb unter Rechtfertigungsdruck."[345] Einer sicher über 90-prozentigen Mehrheit Angst vor der Fremdbestimmung

---

345 Birgit Kelle: Gender mich nicht voll, in: Focus 10/2015;
     www.focus.de/politik/deutschland/ein-stossseufzer-von-birgit-kelle-gender-
     mich-nicht-voll_id_4506295.html

durch eine Minderheit einzureden – die man aber bei Bedarf auch gern irrelevant klein rechnet –, ist typisch für rechtspopulistischen Alarmismus, nicht aber für einen christlichen Umgang mit Menschen, die mancherorts noch immer Gespött, Verachtung und Aggressionen ausgesetzt sind. Doch während in Studien etwa zwei Drittel der homosexuellen Männer berichteten, wegen ihrer sexuellen Orientierung schon beleidigt, beschimpft, belästigt oder von Aktivitäten ausgeschlossen worden zu sein[346], zitierte „Die Welt" die katholische Vorsitzende der „Christdemokraten für das Leben" (CDL), Mechthild Löhr, mit der Feststellung: „Es gibt keine Diskriminierung von Homosexuellen in Deutschland mehr."[347] Rechtlich mag das stimmen. Wenn es allerdings um Diskriminierung von Christen geht, geben dieselben Kreise sich keineswegs mit Verweisen auf die Rechtslage zufrieden, sondern registrieren höchst sensibel selbst die subtilsten sozialen Abwertungen oder Benachteiligungen.

Die „Versektungs"-Tendenzen des konservativen Katholizismus sind gewiss durch den Zerfall einer gemeinsamen Öffentlichkeit in den Parallelwelten des Internets befördert worden. Hierhin kann jeder vor den Zumutungen kognitiver Dissonanz durch konträre Meinungen fliehen und zusammen mit ein paar Tausend, manchmal nur ein paar Hundert anderen seine religiösen Interessen und Spleens pflegen und sich in der gegenseitigen Bestätigung subjektiver Gewissheiten und Ressentiments üben. Irgendwann können ihm dann die Überzeugungen, Anliegen und Perspektiven Andersdenkender nur noch als „Kram",

---

346 Anne Bachmann/Bernd Simon: Society matters: The mediational role of social recognition in the relationship between victimization and life satisfaction among gay men, in: European Journal of Social Psychology, Volume 44, 2014, 195–201.

347 Thomas Vitzthum: CDU lädt erstmals Homosexuelle in Parteizentrale ein, in: Die Welt vom 16.10.2014, www.welt.de/politik/deutschland/article133334389/ CDU-laedt-erstmals-Homosexuelle-in-Zentrale-ein.html

„Schwachsinn" oder gar Bosheit erscheinen. Gegen einen wachsenden Einfluss der solchermaßen Egozentrierten und Radikalisierten in der Kirche wirken allerdings ihr Hang zu Zwist und Zersplitterung sowie der unausbleibliche Abfluss gebildeter, differenzierterer Köpfe. Diese betrachten den Niveauverlust und die Verrohung im ehemals gemeinsamen Unterstützerlager Joseph Ratzingers mit Schrecken. Doch durch den Panzer sektiererischer Wahrheitsgewissheit und kognitiver Dissonanzvermeidung dringen selbst wohlwollende Kritiker argumentativ kaum noch durch. Ihre Aussonderung aus dem Milieu macht die Bahn frei für eine noch hemmungslosere Agitation und Manipulation jener einfachen Frommen, die das verderbliche Spiel nicht durchschauen und durch idealistische Spendenbereitschaft sogar noch mitfinanzieren.

In der Bewirtschaftung von Empörungsressourcen bei „besorgten Katholiken" durch penetrantes Fundraising sind selbst Reaktionäre nicht selten hochmodern. Von daher, angesichts der Bedrohung durch politisch-religiösen Fanatismus, gewinnt selbst die profane Kirchensteuer eine quasi-theologische Relevanz: nämlich indem sie durch die Finanzierung weit verzweigter Strukturen sozialer Begegnung und Partizipation eine kontinuierliche kirchliche Rückkopplung mit der Gesellschaft garantiert, mit menschlichen Nöten, Sehnsüchten und Erfahrungen von Gottesnähe und Gottesferne. Der moderaten Kirchenmehrheit ermöglicht sie, ihren Rückstand an Eifer durch organisatorische Professionalität und öffentliche Präsenz auszugleichen. Sonst würde das Bild der Kirche nach außen hin noch mehr geprägt durch die in säkularen Medien gern vorgeführten und in ihren eigenen Medien gegen Kritik abgeschirmten katholischen Populisten.

Der Mehrheitskatholizismus wird sich auf Dauer aber nicht auf seinem erworbenen Status als „offizielle Kirche" ausruhen können, denn den wird die Erosion der kirchlichen Bindungen weiter schwächen. Es bedarf, wie im politischen Raum gegen die rechtsautoritäre Welle, einer „Militanz der Mitte". „Militanz" nicht im Sinne rabiater Methoden, sondern kämpferischen Eintretens für die eigenen Überzeugungen, und „Mitte" nicht im Sinne politischer „Gesäßgeografie", sondern verstanden als das Maß und die innere Mitte, welche für Christen nur das Evangelium sein kann. Nur dann lässt sich der Denaturierung christlichen Glaubens zu einem politisierten Wutchristentum wehren, das als fünfte Kolonne der autoritären Rechten gegen die liberale Demokratie aufmarschiert – wie die sich derzeit fürchterlich diskreditierende katholische Kirche in Polen, die den Angriff des Kaczyński-Regimes auf die Gewaltenteilung und die Freiheit der öffentlich-rechtlichen Medien nicht nur kritiklos hinnimmt, sondern mehrheitlich mit Wohlgefallen betrachtet und klerikal unterstützt. Die spätestens mit dem Zweiten Vatikanischen Konzil überwunden geglaubte katholische Maxime: „Keine Freiheit für den Irrtum!" scheint hier bloß „überwintert" zu haben und wieder zurückgekehrt zu sein, und zwar in einer Schlüsselrolle auf der großen politischen Bühne.

Säkularisierung als Chance?
Zur Idee einer „entweltlichten" Kirche

Benedikt XVI. wurde für seine 2012 in Freiburg formulierte Forderung nach einer „entweltlichten Kirche" von liberal-katholischer Seite heftig kritisiert. Doch die Versuche, seine Rede in die Schablone des „Rückzuges aus der Welt" und ins Klischee eines Sakristeichristentums zu pressen, waren ungerecht. Ihre Betreiber scheinen überfordert zu sein durch die Dialektik des

Intellektuellen Joseph Ratzinger: Eine Kirche, die „sich in dieser Welt einrichtet, selbstgenügsam wird und sich den Maßstäben der Welt angleicht", verstößt für ihn gegen den Auftrag Christi, „die Welt mit dem Wort Gottes zu durchdringen" und zugleich „nicht von der Welt zu sein, ‚wie auch ich nicht von der Welt bin' (Joh 17,16)". Distanz und Durchdringung, das brachten die Kritiker nicht zusammen, obwohl der Papst es erklärte: *„Die von ihrer materiellen und politischen Last befreite Kirche kann sich besser und auf wahrhaft christliche Weise der ganzen Welt zuwenden, wirklich weltoffen sein. […] Sie öffnet sich der Welt, nicht um die Menschen für eine Institution mit eigenen Machtansprüchen zu gewinnen, sondern um sie zu sich selbst zu führen, indem sie zu dem führt, von dem jeder Mensch mit Augustinus sagen kann: Er ist mir innerlicher als ich mir selbst (vgl. Conf. 3, 6, 11)."*

Das klingt fast nach protestantisch-individualistischer Frömmigkeit, wenn man den typischen Protestanten als den begreift, der in seiner Gottesunmittelbarkeit wenig Bedarf an geistlicher Vermittlung durch eine kirchliche Institution hat. Der deutsche Papst setzte noch eins drauf:
„Die Geschichte kommt der Kirche in gewisser Weise durch die verschiedenen Epochen der Säkularisierung zur Hilfe, die zu ihrer Läuterung und inneren Reform wesentlich beigetragen haben. Die Säkularisierungen – sei es die Enteignung von Kirchengütern, sei es die Streichung von Privilegien oder ähnliches – bedeuteten nämlich jedes Mal eine tiefgreifende Entweltlichung der Kirche, die sich ja dabei gleichsam ihres weltlichen Reichtums entblößt und wieder ganz ihre weltliche Armut annimmt" – liest sich das nicht wie eine Vorschau auf Papst Franziskus?

Deutlich benannte Benedikt XVI. auch die „Skandale" und „Unbotmäßigkeit der Verkünder des Glaubens" sowie die Versuche, bloß *„eine neue Taktik zu finden, um der Kirche wieder Geltung*

zu verschaffen. Vielmehr gilt es, jede bloße Taktik abzulegen und
nach der totalen Redlichkeit zu suchen, die nichts von der Wahr-
heit unseres Heute ausklammert oder verdrängt, sondern ganz im
Heute den Glauben vollzieht, eben dadurch dass sie ihn ganz in der
Nüchternheit des Heute lebt, ihn ganz zu sich selbst bringt, indem
sie das von ihm abstreift, was nur scheinbar Glaube, in Wahrheit
aber Konvention und Gewohnheiten sind".

Hier thematisierte ein katholisches Kirchenoberhaupt also die
Säkularisierung positiv als Chance, ermunterte zur Weltoffen-
heit, geißelte Klerikerversagen, Selbstgenügsamkeit, Reichtum und institutionelle Machtansprüche der Kirche und wollte
Menschen durch die Innerlichkeit ihrer Gottesbeziehung mehr
„zu sich selbst" als in ein kirchliches Normengefüge hineinfin-
den lassen. Hätte diese Diktion reformorientierte Christen nicht
frohlocken lassen und Konservative, denen es sehr um die Beachtung der Konvention und die Geltung der Institution Kirche
zu gehen scheint, verstören müssen? Ist die lange im antikon-
servativen Schützengraben einbetonierte „Reformpartei" auch
hier ihrem Reflex „sprungbereiter Feindseligkeit" gegenüber
Ratzinger erlegen, während die Papstverteidiger sein „friendly
fire" in die eigenen Reihen überhört haben? Hätte das Plädoyer für eine „ihres weltlichen Reichtums entblößte Kirche", die
die Armut der Armen teilt, nicht Bürgerlich-Konservative schrecken und Musik in den Ohren progressiver Christen sein müssen?

Auf konservativer Seite braucht man sich um die Erfüllung
der Sonntagspflicht oder das bei den Reformern fast ausge-
storbene Bußsakrament eher weniger Sorgen zu machen. Sie
erscheinen deshalb leicht als die frömmeren, weniger den
Verlockungen der Welt erlegenen Christen. Doch auch hier
gibt es, wenngleich nicht ins Auge springend, Symptome von

Verweltlichung. Etwa die Subkultur der liturgischen Traditionalisten, die sich im wahrsten Sinne des Wortes daran ergötzen, über Gewänder, Accessoires, Choreografien und Textpartikel zu fachsimpeln – und sich dabei nicht selten verfeinden, etwa weil die einen den alten Ritus stets, die anderen nur optional pflegen wollen. Haben solche die Transsubstantiation bekennenden Ästhetizisten vor lauter Vernarrtheit in die Formen noch die Substanz der sich im Abendmahlssaal verschenkenden Liebe real präsent? Oder befriedigen sie nur ein diesseitiges psychisches Bedürfnis? Ist unter den Kirchlich-Konservativen nicht ein weltlich-höfisches Getue um den bischöflichen Stuhl herum verbreitet, das sich offenbar weniger aus Achtung und Loyalität zu den Apostelnachfolgern speist als aus einer Persönlichkeitsstruktur, die die Devotion gegenüber Autorität an sich braucht und daher unfähig ist zum manchmal nötigen Widerspruch aus Loyalität? Solche Charaktere werden erst dann kritisch, wenn die kirchliche Obrigkeit selber ihre Autorität zu relativieren scheint. So ist es bezeichnend, dass angeblich „papsttreue" Konservative meist hinter vorgehaltener Hand, vereinzelt aber sogar öffentlich, dem neuen Papst übel nachreden.

Gibt es nicht geistliche Organisationen, die, auf Geld und Macht aus, in höchst weltlicher Manier agieren, etwa wenn sie ihre Priesteramtskandidaten wie Drückerkolonnen gezielt durch Gutverdiener-Haushalte schicken? Die, hinter den Kulissen untereinander abgesprochen, systematisch Vermögende – am besten ledig, betagt und kinderlos – und Einflussreiche mittels „Freundschaften" als Mitglieder umwerben, dadurch finanzkräftig wurden und sich edle Tagungszentren errichteten, aber öffentlich gern als „arme Familie" posieren? Möchte man sie als Verteidiger des Postulats von der „Entweltlichung" hören? Oder jene Medienmacher, die die höchst profane Zensur und eine trickreich „gelenkte Öffentlichkeit" als probate Mittel betrachten, um dem Siegeszug der Wahrheit etwas nachzuhelfen, obwohl diese nur jenseits jeder Manipulation in der Freiheit des Geistes gefunden werden kann? Trifft nicht gerade auf solche Kräfte Benedikts Ermahnung zu, „jede bloße Taktik abzulegen und nach der totalen Redlichkeit zu suchen, die nichts von der Wahrheit unseres Heute ausklammert oder verdrängt"?

Die Devise „Klein, aber fein" (und fein sind immer wir) würde dem universellen Heilswillen Jesu widerstreben. Die „Selbstgenügsamkeit", die Benedikt XVI. ebenso kritisierte wie Franziskus mit seiner Warnung vor „Selbstbezogenheit" und „theologischem Narzissmus", kennzeichnet durchaus ein Milieu, das seine Zusammenkünfte wie Hochämter der Selbstbestätigung zelebriert. Wo bleibt die von Benedikt XVI. angemahnte „Berufung zur Offenheit", sich „auf wahrhaft christliche Weise der ganzen Welt zuzuwenden", wenn nur aus eh schon „Hundertprozentigen" 150-Prozentige gemacht, 80-Prozentige aber gescholten und vielleicht nur 30-Prozentige ganz abgeschrieben werden? Dabei sollen doch gerade Christen den „glimmenden Docht" nicht auslöschen und stets bedenken: „Was siehst du den Splitter im Auge deines Nächsten, den Balken im eigenen Auge aber nicht?" Im Spiegel solcher Schriftworte hätten auch jene den „Entweltlichungs"-Impuls Benedikts XVI. einmal zu betrachten, die gewiss sind, immer ganz auf seiner Seite gewesen zu sein und nur an den Abwegen der Anderen leiden zu müssen.

Dankbarkeit für die „bescheidenste Staatsform der Weltgeschichte"

Es bedurfte einer Fülle von Leiderfahrungen durch konfessionelle und politisch-ideologische „Wahrheitsherrschaften", bevor die kirchliche Sozialverkündigung von der strikten Ablehnung der Demokratie über das Indifferenzprinzip zu einer vorsichtig positiven und dann nachdrücklich bejahenden Einstellung gegenüber dieser Staatsform gelangte. Die Religionsfreiheit wurde vom katholischen Lehramt erst 1965 (!) mit der Erklärung „Dignitatis humanae" des Zweiten Vatikanischen Konzils anerkannt. Bis heute gilt diese Wende den katholischen Traditionalisten als Einbruch des Relativismus in die Kirche. Die liberale Demokratie selbst steht religiösen Wahrheitsansprüchen jedoch keineswegs feindlich gegenüber. Sie verweist sie nur aus der staatlichen Sphäre in die der Gesellschaft und schützt ihre Bürger vor religiösem Zwang und Gewalt. In der Demokratie zählt man die Köpfe, statt sie sich gegenseitig einzuschlagen[348]. Insofern lässt sich Demokratie mit einem gewissen Recht als Staat gewordener „Relativismus" begreifen. Verfassungsrechtlich stark beschränkte Volksherrschaften wie jene des deutschen Grundgesetzes freilich weniger als andere. Davon zeugen vor allem die „Ewigkeitsklausel" (Art. 79 III) für die in Artikel 1 und 20 niedergelegten Grundsätze (Menschenwürde, Menschenrechte, Staatsprinzipien) und die „Wesensgehaltsgarantie" (Art. 19 II) für einen unverletzbaren, absoluten Kern jedes Grundrechts. Das Volk darf unter dem Grundgesetz nicht mehr alles, auch nicht mit verfassungsändernder parlamentarischer Mehrheit.

---

348 Vgl. Herbert Krüger: Allgemeine Staatslehre, Stuttgart 1964, 202 (dort in Anm. 90 Fitzjames Stevens zugeschrieben).

Mit der Selbstbescheidung demokratischer Rechtsstaaten auf das Schützen und Zählen der Köpfe statt ihrer Indoktrination oder Exekution im Namen von Wahrheiten ist das Wahrheitsproblem an sich keineswegs obsolet geworden. Die Idee objektiver Wahrheiten und damit auch eine Relativismus-Kritik wie die Joseph Ratzingers bleiben legitim und an der richtigen Stelle lebensnotwendig. Aber auch hier behält der Teufel einen Pferdefuß in der Tür: Die Versuchung zu einem unreflektierten, thematisch expansiven Wahrheitsmonopolismus kann aus dem vorpolitischen Raum in den politischen hineinwirken und das gemäßigte Klima, dessen der demokratische Staat bedarf, aufheizen bis zur Klimakatastrophe. Man kann die Freiheit des Andersdenkenden zwar aus Überzeugung und Charakter respektieren. Die zuverlässigere Grundlage der Toleranz dürfte für die meisten Menschen jedoch eigener Zweifel sein. Wo Zweifel massenhaft schwinden und Gesinnungseifer oder Angst um sich greift, wird die Lage prekär für Recht und Freiheit. In dieser Situation befinden wir uns derzeit wieder.

Der traditionelle Katholizismus neigt dazu, die ethische Qualität eines politischen Systems an seinem Output (der „policy") zu bemessen: Kommen, vor allem bei Ehe und Familie, Lebensschutz und kirchlichen Eigenbelangen, „katholische Gesetze" dabei heraus: guter Staat! Werden aber die eigenen Moralvorstellungen (und Interessen) vom Gesetzgeber verfehlt: Diktatur des Relativismus! Was auf den ersten Blick berechtigt erscheinen mag, wurzelt auf den zweiten in einer versäumten Unterscheidung: der zwischen Staat und Gesellschaft. Die beklagte „Entchristlichung" kommt aus letzterer und wird nur zeitverzögert von staatlicher Normsetzung und Verwaltung nachvollzogen. Seinen Frust über das Schwinden christlicher Wertorientierung gegen die „relativistische" Demokratie zu wenden wäre daher grundfalsch. Es verführt zum Liebäugeln mit autoritären

Lösungen, wie sie derzeit in den genannten Themenfeldern Putin zum Wohlgefallen der russisch-orthodoxen Kirche anbietet. Deshalb auf ihn oder die von ihm unterstützte extreme Rechte in Europa zu setzen, würde vom Regen in die Traufe führen. Nicht nur, weil die „policy" der rechtsautoritären Internationale in manch anderer Hinsicht zutiefst unchristlich ist, sondern auch, weil ihr Verständnis von „polity" mit einer dem christlichen Menschenbild entsprechenden Ordnung der Freiheit schwerlich zur Deckung zu bringen ist.

Die wesentlichen politischen Trennlinien verlaufen insofern heute nicht mehr so sehr zwischen links und rechts, sondern zwischen personalistisch und kollektivistisch, liberal und autoritär. Zugespitzt: Besser Freiheit auch für den Irrtum in einem prinzipiell korrekturfähigen, offenen System, als eine vielleicht sektoral „richtige" Politik um den Preis einer systemischen Unfreiheit, die in der Regel ohne ein Eingreifen von außen sehr langlebig ist. Die gewaltenteilige, freiheitliche Demokratie als ein komplexes System von Koordination und Kompromiss mag zurückbleiben hinter den verbreiteten Wünschen nach einer „Politik aus einem Guss" mit klaren Ansagen, schneller Umsetzung, hartem Durchgreifen und einem Pathos der Staatserhabenheit oder Volksgemeinschaft. Gegenüber diesem Pathos erscheint die grundgesetzliche Demokratie wahrlich als „bescheidenste Staatsform der Weltgeschichte"[349]. Aber gerade sie wird als System des Vertrauens in bürgerliche Freiheitskompetenzen und des organisierten Misstrauens gegenüber der Tendenz zum Machtmissbrauch der Anthropologie des Christentums am ehesten gerecht: „Des Menschen Anlage zur

---

349 Josef Isensee: Widerstand und demokratische Normalität, in: Peter Eisenmann/ Bernd Rill (Hg.): Jurist und Staatsbewusstsein. Beiträge einer Tagung der Akademie für Politik und Zeitgeschehen der Hanns-Seidel-Stiftung, Heidelberg 1987, 41-52, 48.

Gerechtigkeit macht Demokratie möglich; aber des Menschen Neigung zur Ungerechtigkeit macht Demokratie notwendig."[350] Deshalb darf und sollte durchaus – wogegen Karl Barth sich verwahrte – „zugunsten der Demokratie […] theologisiert"[351] werden, auch von katholischen Bischöfen und Sozialethikern.

Viel Wasser verdirbt nicht so schnell wie wenig Wasser. Ergänzt um das quasi-aristokratische Element einer unabhängigen, mächtigen, differenzierenden Verfassungsgerichtsbarkeit, bietet die Beteiligung möglichst vieler an der Bestellung und Kontrolle der Amts- und Mandatsträger immer noch die beste Gewähr, dass allen gut gedient ist. Wenn christliche Positionen beim „Zählen der Köpfe" an Einfluss verlieren, spricht das nicht gegen eine „Demokratie ohne Wahrheit", sondern gegen Christen ohne Überzeugungskraft. Und manchmal – wie die Geschichte zeigt – vielleicht auch dafür, dass die kirchliche Vorstellung vom wahrhaft Christlichen noch revisionsbedürftig ist.

Christliche Glaubensüberzeugungen sind eine sozial prägende Kraft und bleiben ein politischer Faktor im sich säkularisierenden und religiös pluralisierenden Europa. Der biblische Anspruch vom „Salz der Erde" und von den „Früchten", an denen die Jünger Jesu erkannt werden sollen (Mt 7,16), wird millionenfach eingelöst. Lebt der freiheitlich-demokratische Staat auch nicht mehr nach den Weisungen der Kirche, so doch noch „von Früchten ihrer geistlichen Existenz" (Hermann Ehlers). Deshalb tut er gut daran, die Rechtsbeziehungen zwischen Staat und Kirche weiterhin freundlich-kooperativ zu gestalten.

---

350 Reinhold Niebuhr: Die Kinder des Lichts und die Kinder der Finsternis, München 1947, 8.

351 Karl Barth: Der Römerbrief (1919), Nachdruck Zürich 1963, 381.

Die Kirchen tun dies im eigenen Interesse jedoch umgekehrt auch. Jeremia (29,7) mahnt: „Suchet der Stadt Bestes […] und betet für sie zum Herrn, denn wenn's ihr wohl geht, so geht's auch euch wohl." Im 1. Timotheus-Brief (2,1-2) folgt nach der Aufforderung zu „Bitte, Gebet, Fürbitte und Danksagung" für „alle Obrigkeit" der Hinweis: „damit wir ein ruhiges und stilles Leben führen können in aller Frömmigkeit und Ehrbarkeit". Unter welcher anderen Herrschaft als der des Grundgesetzes sollte Christen dieses friedvolle Leben besser möglich sein? Betrachten wir also nicht nur aus Gründen historischer Erfahrung und politischer Vernunft, sondern auch aus religiöser Inspiration den von innen und außen angefochtenen freiheitlich-demokratischen Rechtsstaat als ein Geschenk, dessen wir uns in Wort und Tat würdig erweisen müssen. Für die überlebenden katholischen und evangelischen Christen aus dem Widerstand gegen die Nazi-Barbarei war er ihr „Vermächtnis, das einzige große, heilige Vermächtnis dessen, was hinter uns liegt"[352].

Origenes verteidigte die Christen im dritten Jahrhundert gegen den heidnischen Philosophen Celsus auch unter Verweis auf ihr Bürgerethos: „Die Christen erweisen ihrem Vaterland mehr Wohltaten als die übrigen Menschen. Denn sie sind erzieherische Vorbilder für die anderen Bürger." In dieser Hinsicht könnte der wichtigste Dienst der Kirchen an der zweiten deutschen Demokratie gerade begonnen haben.

---

352 Eugen Gerstenmaier: Widerstand im Dritten Reich. Die Unvergleichbarkeit der Situation von damals und heute, in: Basilius Streithofen (Hg.): Frieden im Lande. Vom Recht auf Widerstand, Bergisch Gladbach 1983, S. 45-61, 59.

IV. Statt eines Epilogs:
Predigt zur „Freiheit eines Christenmenschen" am Reformationstag 2016

in der Johanneskirche in Mönchengladbach-Großheide

DER BRIEF AN DIE GALATER 5,1–6,13–14,22–23a

Zur Freiheit hat uns Christus befreit. Bleibt daher fest und lasst euch nicht von neuem das Joch der Knechtschaft auflegen! Hört, was ich, Paulus, euch sage: Wenn ihr euch beschneiden lasst, wird Christus euch nichts nützen. Ich versichere noch einmal jedem, der sich beschneiden lässt: Er ist verpflichtet, das ganze Gesetz zu halten. Wenn ihr also durch das Gesetz gerecht werden wollt, dann habt ihr mit Christus nichts mehr zu tun; ihr seid aus der Gnade herausgefallen. Wir aber erwarten die erhoffte Gerechtigkeit kraft des Geistes und aufgrund des Glaubens. Denn in Christus Jesus kommt es nicht darauf an, beschnitten oder unbeschnitten zu sein, sondern darauf, den Glauben zu haben, der in der Liebe wirksam ist. […]

Ihr seid zur Freiheit berufen, Brüder. Nur nehmt die Freiheit nicht zum Vorwand für das Fleisch, sondern dient einander in Liebe! Denn das ganze Gesetz ist in dem einen Wort zusammengefasst: Du sollst deinen Nächsten lieben wie dich selbst! […] Die Frucht des Geistes aber ist Liebe, Freude, Friede, Langmut, Freundlichkeit, Güte, Treue, Sanftmut und Selbstbeherrschung.

Liebe Gemeinde, liebe Schwestern und Brüder in Christus,

1. Eine katholische Sicht auf die „Konfession der Freiheit"

Es ist mir nicht an der Wiege gesungen worden, einmal an einem der höchsten evangelischen Feiertage in einer evangelischen Kirche zu predigen, und das auch noch zu Beginn eines weltweiten Jahrhundert-Reformationsjubiläums. Komme ich doch aus einer erzkatholischen Familie vom Niederrhein, wo es üblich war, sich klar gegen den Protestantismus abzugrenzen. Das begann schon in der katholischen Grundschule in den Pausen auf dem Schulhof, den wir mit der benachbarten evangelischen Schule teilten. Die Protestanten, so die Erzählung bei Familientreffen, hatten sich 1500 Jahre nach Christus wegen Missständen in der spätmittelalterlichen Kirche vom Hauptstrom der Christenheit abgespalten – und irrlichterten seitdem erst staatsnah, dann ideologisch zeitgeistsynchronisiert durch die deutsche Geschichte: allein im letzten Jahrhundert vom kaisertreuen Nationalprotestantismus mit seinen Imperialismuspredigern über die deutschnationalen Gegner der Weimarer Demokratie zu den nationalsozialistischen „Deutschen Christen" – die phasenweise über Zweidrittelmehrheiten in Synoden verfügten –; dann in der Bundesrepublik, die nach einem bösen Wort Martin Niemöllers „in Rom gezeugt und in Washington geboren" wurde, zu den Sozialdemokraten und in den Achtzigerjahren zu den Grünen und Pazifisten; in der zweiten deutschen Diktatur, nun kommunistisch, folgten wieder etwa zwei Drittel dem Konzept einer „Kirche im Sozialismus". Diese agierte zwar 1989 verdienstvoll als „Herbergsmutter" der friedlichen Revolution, ging aber zögerlicher als die Katholiken auf eine Wiedervereinigung unter dem Grundgesetz zu. Die westdeutsche Evangelische Studentengemeinde forderte am 21. November 1989, das Brandenburger Tor müsse geschlossen bleiben und die DDR sich zu einer gerechten sozialistischen Gesellschaft erneuern, statt zum „Spekulationsobjekt bundesdeutscher Kapital- und Wirtschaftsinteressen" zu werden.

Bischof Heinz-Georg Binder, damals Militärbischof und Vertreter der EKD bei der Bundesregierung, sagte zu evangelischen Anpassungstendenzen an den Sozialismus: „Das alles war nicht nur Opportunismus, aber es war auch nicht nur der redliche Versuch, der Kirche ihren Lebensraum in der Gesellschaft zu erhalten. Die Idee des Sozialismus selber war es, was sie faszinierte. Die Frage schließt sich an, ob dies alles geschehen konnte, weil unser Glaube erlahmt war. Wenn der Glaube unsere Herzen wirklich bewegt, dass allein Christus es ist, der unser Heil bewirkt hat, dann verlieren alle Heilslehren dieser Welt ihre Faszination. Dann sind sie für uns auch nicht mehr bündnisfähig, dann lassen sich die Schäden nicht verschweigen, die sie anrichten. Wer auf Gottes Reich wartet, lässt sich nicht auf die ein, die irdische Paradiese versprechen."

Mir leuchtete Binders Erklärung ein, dass ein Transzendenzmangel die Anfälligkeit für innerweltliche Heilsangebote begünstigte: Der relativ kirchenunabhängige evangelische Gestus: „Ich und mein Gott", also quasi „per Du" mit dem Höchsten zu sein, beschreibe ein anspruchsvolleres Christsein, für das der Mensch jedoch in der Regel nicht stark genug sei. Er brauche eine Institution als Vermittlerin des Heils, die klare ethische Leitplanken setze; sozialpsychologisch gesehen: ein Gehäuse, eine Seelenheimat, auf die sich der einzelne Gläubige stützen kann im Verständnis und Leben des Glaubens. Wo diese Institution zu schwach sei, suche man leicht nach Heilsgewissheit im irdischen Erfolg, im Ökonomischen oder Politischen.

Ein älterer, rheinisch-katholischer Freund von mir frotzelte über die Evangelischen als unsere „Brüder und Schwestern vom kleinen Glauben", und tatsächlich zeigten Allensbacher Umfragen: Fast alle Aussagen des Credo wurden von evangelischen Christen weniger bejaht als von katholischen. Nicht einmal in der Bibel lasen die geistlichen Nachfahren Luthers häufiger als die Mitglieder der Papstkirche – mit Ausnahme der Evangelikalen, die ich als missionarisch besonders engagiert schätzen lernte.

Das gute Gewissen meiner vergleichenden Werbung für das Katholische gab mir ein Umfragebefund des evangelischen Soziologen Gerhard Schmidtchen, wonach die konfessionelle Abgrenzung in Deutschland stärker von den Protestanten ausgehe: „Unter ökumenischen Perspektiven ist die protestantische Identität wahrscheinlich die schwerer modifizierbare. Protestanten sehen Katholiken weiter von sich entfernt, während Katholiken sich den Protestanten vergleichsweise verwandt fühlen" (1984). Trotzdem wurde meistens die katholische Kirche als Spielverderberin der Ökumene präsentiert, vor allem wegen der Abendmahlsfrage. In der Öffentlichkeit dominierten Forderungen an die katholische Konfession, sich der evangelischen mehr zu öffnen. Von evangelischen Zugeständnissen an die katholische Kirche hörte man kaum etwas. Im Gegenteil: Die EKD rühmte sich in einem Impulspapier vom Sommer 2006, „Kirche der Freiheit" zu sein. Bedeutete das nicht, dass die katholische als „Kirche der Unfreiheit" oder zumindest geringerer Freiheit hingestellt wurde? Angesichts der hohen Sympathiewerte für die Freiheit ein steiles Selbstlob, das einen Katholiken erst einmal irritierte.

2. Die Reformation und die abendländische Freiheitsgeschichte

Wir sind damit beim Thema der heutigen Schriftlesung aus dem Galaterbrief angekommen: der „Freiheit des Christenmenschen", wie Martin Luther 1520 eine aus 30 Thesen bestehende Denkschrift nannte. Anlass war die gegen ihn gerichtete päpstliche Bannbulle. Das Christentum galt zu dieser Zeit vor allem als heilige Ordnung, die jedem Menschen einen festen, von Gott bestimmten Platz zuordnete. Die Kirche beanspruchte die Kompetenz, diese Ordnung verbindlich auszulegen, der einzelne Gläubige hatte sich zu fügen. Nur so konnte er des Heils teilhaftig werden und auf ein besseres, jenseitiges Leben bei Gott hoffen. Dem setzte Luther die den Schriften des Paulus entnommene Auffassung entgegen, dass der Christ schon im Hier und Jetzt frei sein müsse. Er begründete dies damit, dass der Mensch nicht durch gute Werke, sondern allein durch den Glauben – „sola fide" – gerechtfertigt sei.

„Von der Freiheit eines Christenmenschen" markiert eine geistesgeschichtliche Zäsur zwischen Mittelalter und Neuzeit. Das Individuum beginnt sich von der Gemeinschaft zu emanzipieren. Das sollte nicht nur für die Kirche, sondern auch für den Staat noch grundstürzende Konsequenzen haben. Mit dem Zerbrechen der religiösen Einheit im Reformationszeitalter und dem Prinzip „cuius regio, eius religio" (wessen Gebiet, dessen Religion) war zwar noch nicht die allgemeine Religionsfreiheit errungen. Doch das Recht, das vom Landesherrn konfessionell bestimmte Territorium zu verlassen (das „ius emigrandi"), kann man als eine Wurzel der Religionsfreiheit und des modernen Rechtes auf Freizügigkeit betrachten. Der ehemalige Verfassungsrichter Udo di Fabio nennt „die Freiheit, über das religiöse Bekenntnis selbst zu entscheiden und selbst zu urteilen […] die große tektonische Verschiebung des christlichen

Abendlandes"; mit der Glaubens- und Gewissensfreiheit beginne das neuzeitliche Rechtsdenken – die Religionsfreiheit rücke in die Rolle einer „Mutter der Grundrechte" ein.

Durch die Revolutionen der folgenden Jahrhunderte wurden Schritt für Schritt – mit Rückschlägen – Rechtssicherheit und Freiheiten der Bürger gegen staatliche Allmacht und Willkür errungen. Nach dem Zivilisationsbruch des NS-Regimes mit seinen Parolen: „Du bist nichts, dein Volk ist alles" und: „Recht ist, was dem Volke nützt" kam es dann zur Aufgipfelung der Freiheitsgeschichte des Individuums. In Artikel 1 des Grundgesetzes definierte sich der Staat bescheiden als Zweckverband zur Verwirklichung der Menschenwürde: „Die Würde des Menschen ist unantastbar. Sie zu achten und zu schützen ist Verpflichtung aller staatlichen Gewalt." Das sei „verwirklichter Glauben", sagte 1991 der Bischof von Dresden-Meißen, Joachim Reinelt. Und der Rechtshistoriker Heiner Lück betrachtet die Reformation „als Wegbereiterin des Grundgesetzes".

3. Christliche Freiheit, Liebe und Wahrheit

Im heutigen Sprachgebrauch dominiert ein „negatives" Verständnis von Freiheit als Abwehr von Eingriffen und Beschränkungen – also: Freiheit wovon? – gegenüber einem „positiven" Verständnis – Freiheit wozu? Und wodurch? –, verbunden mit der Vorstellung, dass Gefährdungen der persönlichen Freiheit nur oder hauptsächlich von außen kommen, entweder von Institutionen oder von Bindungen an dominante Mitmenschen. Daher wird über die Sicherung von Freiheit mehr institutionell und psychologisch als tugendethisch nachgedacht.

Dass Freiheit wesentlich im Inneren der Person errungen wird und dass sie durch gute Bindungen sogar erst eröffnet, „freigesetzt" werden kann, wird oft übersehen. Auf die innere Dimension der Freiheit weist aber schon Luthers berühmtes Wort hin: „Ein Christenmensch ist ein freier Herr über alle Dinge und niemand untertan. Ein Christenmensch ist ein dienstbarer Knecht aller Dinge und jedermann untertan." Herr und Knecht zugleich sein, frei und dienstbar – das lässt sich nur durch innere Freiheit zusammen denken. Sie erwächst aus einer Geborgenheit in Christus als dem einzigem Richter, was unabhängiger von allen Urteilen Anderer im Alltag macht.

Das Wort „frei" entwickelte sich aus der indigenen Wurzel „prai", was soviel heißt wie „schützen, schonen, gern haben, lieben". Legt man diesen Sinngehalt zugrunde, erscheint der christliche Anspruch einer Wahrheit, „die frei macht" (Joh 8,32) gut nachvollziehbar. Nächstenliebe und Barmherzigkeit gehören zum Wesensgehalt christlicher Glaubenswahrheit. In ihrem Verständnis ist Freiheit stets eine gebundene, verankerte Freiheit, die einen Halt hat und nicht zur Beliebigkeit führt. In diesem Sinne schärft Paulus der Gemeinde von Korinth ein: „Wo der Geist des Herrn wirkt, da ist Freiheit" (2 Kor 3,17), und den Galatern: „Zur Freiheit hat uns Christus befreit", „Ihr seid zur Freiheit berufen, Brüder" (Gal 5,1+13), verbunden mit der Mahnung: „Dient einander in Liebe!"

Kennzeichen dieser Liebe als Frucht des Geistes sind „Freude, Friede, Langmut, Freundlichkeit, Güte, Treue, Sanftmut und Selbstbeherrschung". Damit ist die Freiheit in einen tugendethischen Zusammenhang gestellt, zunächst auf die theologische Tugend der Liebe bezogen – über die Augustinus sagt: „Es gibt keinen Zugang zur Wahrheit außer durch die Liebe", womit sich das Dreieck von Wahrheit, Freiheit und Liebe schließt: Die Wahrheit macht frei, die Freiheit soll zur Liebe dienen – und die Liebe eröffnet den Zugang zur Wahrheit. Denn es muss ja wohl ein guter Baum sein, der gute Früchte hervorbringt. Nach Jesu Wort soll man die Christen „an ihren Früchten" erkennen – und durch sie den himmlischen Vater: „So soll euer Licht vor den Menschen leuchten, damit sie eure guten Werke sehen und euren Vater im Himmel preisen" (Mt 5,13-16). Biblisch gilt also: Der Lebenswandel der Gläubigen soll zum Indiz für die Existenz ihres Gottes werden und ein Grund zu seinem Lobpreis sein. Die evangelische Absage an „Werkgerechtigkeit" bedeutet nicht, dass gute Werke nicht zum Grundvollzug und zum Zeugnis des Glaubens gehörten!

4. Katholische Freiheitsambivalenzen

Konrad Adenauer stellte die Freiheit an die Spitze christlicher Wertorientierung. Er sagte 1957: „Nirgendwo prägt sich das Christentum, die christliche Überzeugung stärker aus als in dem Verlangen nach Freiheit, in dem Verlangen der freien, innerlich gefestigten Persönlichkeit." Kardinal Reinhard Marx erinnerte 2009 an die gleiche Einschätzung im letzten Buch („Erinnerung und Identität") Johannes Pauls II.: „Wie soll ich diese Lehre der Kirche über die sozialen und politischen Fragen zusammenfassen? Was ist der rote Faden? Und er sagte dann: die Freiheit. Die Freiheit des Menschen." Für den früheren (ebenfalls katholischen) Bundesverfassungsrichter Paul Kirchhof enthält die Lehre von der Gottesebenbildlichkeit des Menschen „den radikalsten Freiheits- und Gleichheitssatz der Rechtsgeschichte".

Doch dieses prominente Katholiken-Defilee zugunsten der Freiheit kann nicht darüber hinweg täuschen, dass der typisch katholischen Ordo-Orientierung Risiken für die Freiheit innewohnen, und zwar keineswegs nur hinsichtlich der strikt hierarchischen Kirchenstruktur. Die relative Resistenz der Katholiken gegenüber dem Nationalsozialismus überdeckt allzu leicht die faschistische Vergangenheit etlicher katholisch geprägter Länder Europas. In Polen attackiert gerade eine nationalkatholische Regierung den liberalen Rechtsstaat in Gestalt des Verfassungsgerichtes und der Medienfreiheit. Auch andere katholisch und orthodox geprägte Gesellschaften Mittel- und Osteuropas wenden sich von freiheitlichen und humanitären Ideen ab. Auch in unseren katholischen Nachbarländern Frankreich und Österreich bedroht der Rechtsruck die liberale Demokratie. Gefahr droht allerdings auch aus einem gewissen evangelischen Milieu: In den USA erklärte eine überwältigende Mehrheit der weißen Evangelikalen, Donald Trump zu wählen. Was für ein Offenbarungseid einer vermeintlichen religiösen Elite!

Und bei uns? Wie Felsen in der autoritären Brandung stehen ein evangelischer Pastor und Bundespräsident und eine evangelische Pastorentochter und Bundeskanzlerin für westliche Freiheitlichkeit und Humanität ein. Ich gebe zu: Heute erscheint mir der evangelische Anspruch der „Konfession der Freiheit" in einem anderen Licht als früher.

5. Lehren aus der konfessionellen Spaltung

Wer sich wissenschaftlich mit dem sozialen Profil der christlichen Konfessionen befasst und entdeckt, wie seine eigene konfessionelle Prägung die Wahrnehmung beeinflussen kann, aber auch, welche Irrtümer die Geschichte aller Konfessionen zeigt, der lernt vor allem Demut. Unser Suchen nach spiritueller Beheimatung und geistiger Bestätigung, nach einer Harmonie von Wunsch und Wirklichkeit, von Selbstbild und Fremdbild, kann leicht zu falschen Gewissheiten und zu Realitätsverlust führen, nach dem Motto: Wenn meine Ideen nicht mit der Wirklichkeit übereinstimmen: Pech für die Wirklichkeit!

Manches konfessionelle Ressentiment und menschliche Leid wäre vermeidbar gewesen, hätten sich Katholiken und Protestanten mit ihrem konkurrierenden Anspruch, der göttlichen Wahrheit näher zu sein, immer wieder des Wortes Jesu besonnen: „Was siehst du aber den Splitter in deines Bruders Auge, und wirst nicht gewahr des Balkens in deinem Auge?" (Mt 7,3). Oder des Jesaja-Wortes: „Meine Gedanken sind nicht eure Gedanken, und eure Wege sind nicht meine Wege, spricht der HERR; sondern soviel der Himmel höher ist denn die Erde, so sind auch meine Wege höher denn eure Wege und meine Gedanken denn eure Gedanken" (Jes 55,8). Wir haben Gott nicht in der Westentasche, sondern tasten nach ihm in all unserer Unvollkommenheit. Er hat sich zwar in Jesus geoffenbart, doch welche Gestalt von Kirche und welche Antworten auf komplexe ethische Fragen sich auf göttlichen Willen berufen können – da wäre oft mehr Ehrfurcht vor dem Geheimnis Gottes – und dem des Lebens – angebracht. Der Schlachtruf: „Deus vult!" (Gott will es!) ist uns in der Geschichte viel zu leicht über die Lippen gekommen.

Das heißt nicht, dass wir nicht theologisch und ethisch streiten dürften – auch zwischen den Konfessionen. Christliche Streitbarkeit ist ein Lebenselexier der Wahrheit. Brüderliche Ermahnungen bis hin zum „heiligen Zorn" sind letztlich als Ausdrucksformen der Liebe zu begreifen. Auch Jesu Rede konnte „hart" sein und „schwer zu ertragen" (Joh 6,60). Doch sollte angesichts des Massenabfalls vom Christentum in Europa auch Jesu Vermächtnis, „eins zu sein" (Joh 17,11) stets erkennbar bleiben – innerhalb der Kirchen und zwischen allen Getauften. Im Hause seines Vaters „sind viele Wohnungen" (Joh 14,2). Wir müssen daraus kein Großraumbüro machen, aber die Türen dürfen nicht verrammelt sein.

So danke ich Ihnen für Ihr großherziges Zeugnis christlicher Brüderlichkeit und Gastfreundschaft, ausgerechnet heute einen Katholiken ihre Kanzel besteigen zu lassen. Beten wir darum, dass aus dem gemeinsamen Gedenken der Trennung vor bald 500 Jahren mehr Bewusstsein für unsere gemeinsamen Wurzeln im Evangelium und in einer 1500 Jahre lang gemeinsamen Kirchengeschichte wächst. Beten wir auch um mehr Demut in der Berufung auf Gott, mehr Achtung und Liebe füreinander, mehr Eifer im christlichen Bekenntnis und mehr tatkräftiges Miteinander als „Salz der Erde" und „Licht der Welt".

AMEN